梁啓超 著

飲冰室合集

文集 第九册

中華書局

飲冰室文集之二十四

中國國會制度私議

此文爲余兩年前所著曾一登於某報某報以事中輟故所登者不及什一遽戛然而止去年東京學界創設諮議局事務調查會發行一機關報曰憲政新誌因舉全稿贈之乃得以所懷抱就正於國民此著者無上之榮幸也惟一年以來時事變遷余之所見與昔日不能不小有異同因取原稿略爲訂正再刊布之讀者取憲政新誌所錄者參校之當益見其用意所存惟全文十餘萬言或致讀者生厭則余知罪矣

懸談

天下無無國會之立憲國語專制政體與立憲政體之區別其唯一之表識則國會之有無是已我德宗景皇帝外鑑世變內察輿情既已渙汗大號定中國爲立憲政體而期以九年之後召集國會大業未就鼎湖遺痛舉國臣民思所以奉戴末命而懲於執政者之慢而不及事也相率伏闕籲請提前召集雖承溫詔勉以少安無躁然自是國人益知國會爲立憲國民所一日不可缺等於日用飲食今而後乃得當以報先帝矣夫無國會固不成其爲立憲然非謂憲法未布以前卽不能召集國會今歐美諸立憲國彼英國爲不文憲法其國會發達於數百年以前固不俟論自餘各國亦大率先有國會而後有憲法其憲法什九爲國會所參與制定其憲法與國會並時成立者惟一日本耳我國立憲當盡采世界之所長豈必專師日本然則我今上皇帝或俯鑒國民之誠求而

於此一二稔中遽責以此大任亦意中事耳就令期以晚成不變前議而宣統八年之距今日爲時幾何然則我國民今日汲汲爲國會之預備已有日不暇給之勢研究國會實國民今日惟一之義務也矣

抑聞之政治者人類之產物也而一國之政治者又一國國民之產物也凡人類有普通性故政治大體之良惡其標準固不甚相遠凡一國國民有特別性故政治細目之適否其裁擇必因乎所宜夫國會之萬不可以不立此大體良惡之問題也各國之所同也國會組織之方法當若何權限之範圍當若何此細目適否之問題也一國之所獨也今世國家之能立於大地者殆莫不有國會但其國會之內容無一國焉能與他國悉從同者豈非以歷史慣習之互殊現存事實之各別其勢固有不容盡相師者耶然則居今日而倡國會論有必當注意者二事焉一曰各國國會共同之要素宜如何吸收之二曰我國國會應有之特色宜如何發揮之也此中國國會制度私議之所由作也

第一章　國會之性質

第一節　法律上之性質

國會者國家之機關也欲知國會之爲何物必當先知國家機關之爲何物欲知國家機關之爲何物又必當先知國家之爲何物

國家者何乎自古迄今學者紛紛論爭爲說可汗萬牛今不具徵辨據今世多數學者所信之說則國家者一人格而爲統治權之主體者也必根本此義然後機關之說乃得明蓋國家者法理上視爲一人雖然乃法人而非

自然人也。凡人類皆自有其意思焉。自有其行爲焉。自然人有然。法人亦有然。顧自然人之意思行爲自發表而自執行之。其事至易見。法人之意思行爲因其無生理上之性質也。故不能自發表自執行。而勢不得不假諸機關。欲明此理。莫如徵諸商事上之公司。公司者。法人而爲權利義務之主體也。但公司不能自管理自經營。而必賴諸人。其人或爲司理。或爲董事。或爲監查。要之皆公司之機關也。此等人所管理經營者。非爲自己而管理經營。實爲公司而管理經營。此機關之說也。惟國亦然。有元首。有國會。有各種各級之行政官。有司法官。國家有具足之統治權。而分掌諸此等人。此等人之行動。非爲自己而行動。實爲國家而行動。此國家機關之說也。

人身有各種機關。交相爲用而不相侵軼。腦司思。血輪司榮衛。四支司動作。耳目司視聽。有不備。謂之不成人。惟國亦然。其機關必非單一也。而甚複雜。國會既爲國家機關之一。欲知其性質。必當先知其屬於何種類之機關。欲知國會屬於何種類之機關。必當先知國家機關之種類。

國家機關之分類有二法。一曰就其機關之所由發生以分類者。二曰就其機關之所有權限以分類者。

就其所由發生以分類。則國家之機關可分爲二類。一曰直接機關。亦稱獨立機關。二曰間接機關。亦稱委任機關。直接機關者。以特定之人遇法律事實之發生。從於法律所規定。而自然得就國家機關之地位者也。間接機關反是。必緣特別之委任行爲。受他機關之委任。而後得就國家機關之地位者也。此其例取證於私法上最爲易明。如爲人後者得繼襲其所後者之遺產。此所謂法律所規定也。所後者一旦死亡。此所謂法律事實之發生也。兩者相合。而世襲遺產之權利遂以成立焉。所後者雖無法律行爲。（如遺囑）而於此權利無損也。國家直接之機關有類於是。如前皇大行之事實發生。則憲法或皇室典範所指定當紐之人自應繼體。其所以得就此地位者。

憲法命之。而非別有他機關以命之也。故君主國之君主。國家之直接機關也。又如國會之議員與夫共和國之大統領因有選舉中程之事實發生。自然爲大統領爲議員。其所以得就此地位者。亦憲法命之。而非別有他機關以命之也。故共和國之大統領國家之直接機關也。而凡立憲國之國會。亦國家之直接機關也。若夫間接機關則與此異。必經他機關之法律上委任行爲而始成立。如一切官吏之必經君主或長官之委任是也。專制國之直接機關惟一。曰元首。立憲國之直接機關必二。曰元首與國會。故其機關之權由間接委任而來者。必非國會。惟直接獨立者乃爲國會。此萬國國會共通之性質也。就其所有權限以分類。則國家之機關可分爲四類。一曰大權機關。二曰立法機關。三曰行政機關。四曰司法機關。三權分立之說倡自孟德斯鳩。論治者以爲立憲政體最重要之精神。三權者何。立法權行政權司法權是也。雖然。國家不可以無統一。極端之三權分立不足以見諸事實。故後之學者。益以大權而爲四焉。就普通之觀念。則大權機關。掌諸元首立法權機關。掌諸國會。行政權機關掌諸政府及其屬吏。司法權機關。掌諸裁判所。信如是也。則國會之性質。可以一言而解。無待詞費。雖然。謂國權之分科宜有此四者。誠無間言。謂此四權必分屬於四機關。而絲毫不相雜廁。則事實上萬不可行。而各國亦無此成例。以國會論其重要之職權在於立法。固也。然指國會爲立法機關。則無論按諸何國國會。皆有名實不相應之點。蓋立法權由君主政府國會三機關共同行之之國。什而八九。則不能指爲國會所獨有。而近世各國國會之權能。除參與立法事業以外。尚更僕難數。彼强指預算爲法律者。爲無理之牽附。無論矣。其他依於批評質問議決協贊上奏彈劾事後承諾等種種方法。對於一切之政治。無洪無纖。而皆得行其權。則國會之性質。跨通於政始之各方面。而不徒限於立法明矣。不寧惟是。彼國會者。於政治的權能之外。往往明侵入於彼三權

之範圍此則隨各國憲法所規定而互有異同者今概述之

一曰國會時而爲單獨之大權機關或與他機關共同而組成大權機關也大權機關之作用不一而其最重要者則改正憲法權也蓋憲法位於一切法律之上爲國家之根本法其有改正則國家之組織可緣此而大變更故此權實國家之最高權而持此權者卽於國家上得行其莫禦之勢力者也就各國法制考之則德國之國會爲單獨之大權機關者也英美法日諸國之國會皆與他機關共同組成大權機關者也考德國憲法皇帝對於法令不能行「不裁可權」不裁可權者謂凡法律必經元首之裁可乃謂有效故元首對於國會決議之法案苟不同意者則可以不裁可而使之無效也凡通過兩院之法案不必經皇帝裁可而直成法律而改成憲法一依尋常立法之通例故皇帝不能以不裁可妨害之以法理論國會實一國最高機關皇帝不過其從屬國會雖變更憲法使皇帝失其地位可也故曰單獨之大權機關也但皇帝以普魯士王兼之其權力非常偉大故此事實無從發生然此乃政治上之問題非法理上之問題也英國改正憲法亦一依尋常立法之成例而英國尋常之立法君主及兩院皆有發案權而君主復有不裁可權故就法理上論之英國實以國會與君主共同組織大權機關者也亦就法理上言耳若就政治上言則英國國王不行此不裁可權已二百餘年故英國國會事實上實爲單獨之大權機關也其他歐洲諸立憲君主國亦大略相同其改正憲法之手續雖非皆與尋常立法之手續同但君主與國會皆有發案權而國會之議決權與君主之裁可權相輔而完成之則其以國會與君主共行此權明矣美國改正憲法之手續最爲複雜蓋得國會兩院議員三分之二以上同意可以發議得各州立法部三分之二以上同意可以召集人民會議至其議決之法則或經各州立法部四分之三以上承認或經人民會議四分之三以上承認兩法任國會擇其一由此言之則美國國會雖不能獨力改正憲法而提倡改正參與改正最有力焉故曰與他機關共同而組成大權機關也法國憲法之改正或

由兩院發議。或由大統領要求而經各院過半數之議決。則可以此起案。至其決議。則將兩院議員集爲一團。變其名曰國民議會。以其議會過半數之議決。則爲有效。故法國國會。亦與他機關共同而組成大權機關者也。但法國大統領。無絕對的不裁可權。則國會之權。爲尤重矣。日本之改正憲法。惟天皇有發案權。而國會無之。其權視他國稍爲薄弱。然改正案非經國會之議決。不能有效。則此權須天皇所獨占亦甚明。故日本之國會。亦與君主共同組織大權機關者也。此其大略也。若其詳更於別章續論之。

二曰國會時而兼爲司法機關也。英國之貴族院。其得行司法權者有三。一曰審判貴族所犯特種之罪。爲刑事裁判所。二曰審判庶民院議決起訴之彈劾事件。爲彈劾裁判所。三曰審判特種之控訴事件。爲最高控訴裁判所。美國元老院。執行司法權者有一。曰審判代議院提出之彈劾事件。俄國參議院。其執行司法權者有四。一曰決定各聯邦對於帝國是否履行憲法上之義務。二曰各聯邦內所起訴訟。其性質非民事事件。爲管轄裁判所所不能裁判者。則裁判之。三曰調停各聯邦內所起憲法上之爭議。四曰各聯邦政府有拒絕人民之裁判者。爲受理之。法國元老院得行司法權者有二。一曰審判大統領及國務大臣之犯罪。二曰審判妨害國家安甯之罪。意大利之元老院。得行司法權者有二。一曰審判叛逆罪。爲高等法院。二曰下院彈劾國務大臣時。爲彈劾裁判所。此其大略也。

三曰國會時而兼爲行政機關也。德國聯邦參議院。其權力在君主之上。故各國君主所有行政之大權。多集於其手。語其大者。則一曰皇帝締結條約。必須經參議院之承諾。二曰參議院得發布行政命令。三曰參議院得皇帝之同意。可以解散下院。其他如美國之元老院。其得參與行政權者亦有二。一曰大統領締結條約必經其承諾。二曰大統領任用官吏。有一部分必經其承認。此外各國國會之兼行政權者。尚往往而有。於他章更別論之。

準此以談。則國會權限之所及。如此其廣漠而複雜。且各國憲法所賦與於彼者。其廣狹又萬有不齊。然則就所有權限以類列國家機關。而欲確指國會之屬於何類。蓋亦難矣。雖然。若棄小異取大同。略形式。稱精神。抽象的以求各國國會普通之地位性質。則亦有焉。曰國會者爲制限機關。以與主動機關相對峙是已。凡立憲之國家。必有兩直接獨立之機關相對峙。而此兩機關者。其中必有一焉能以自力發動國權。對於人民而使生拘束力。若此者謂之主動機關。又必有一焉。不能以自己之意思直接以生拘束國民之力。顧能以其力制限主動機關之發動。國權非得其同意。則不能有效。若此者謂之制限機關。其在前者。則元首也。其在後者。則國會也。故苟無制限主動機關之權者。必非國會。惟有此權者。乃爲國會。此又萬國國會共通之性質也。

第二節　政治上之性質

前節從法理上以論國會之性質。既已略明厥概矣。然欲使其性質益加明瞭。則更非從政治上觀察之不可。競爭者進化之母。此羣學家之名言。而實天地間不刊之公理也。人類始於競爭。中於競爭。終於競爭。競爭絕。則人類亦幾乎息矣。社會濫觴於圖騰。合無量數之圖騰。經若干之歲月。而成爲種落。合無量數之種落。經若干之歲月。而成爲國家。國家者實政治勢力競爭之成果也。及其既成國家之後。而勢力之競爭。並非緣此而減殺也。非惟不減殺。抑加激烈焉。試觀中外古今萬國數千年之歷史。舍政權競爭外。復有何事實。而其血污狼籍也。則既若是矣。夫競爭者。於事實上誠不可免。於理論上亦誠不可無。然使其程度過於劇烈。且無終局決勝之途。則國民能力將盡消磨而國將不可以立於是乎識者乃汲汲謀所以止爭節爭之法門中外古今雄主英相所畫之政策達人哲士所著之政治學書一言蔽之亦曰謀所以止爭或節爭而已於是乎有欲舉全國之勢力集於一點而此外之勢力則務所以摧鋤之抑壓之使其不堪競爭而日卽於消滅此專制論之所由起也夫專制論之在政治界固不能謂其無一節之理由亦不能謂其無絲毫之功德各國經過之歷史蓋未有不嘗食其賜者矣雖然社會日進化政治現象日趨複雜國中各方面之勢力日日句出萌達發榮滋長終非以人力所得强制制之愈甚蓄之愈久則其激而橫決也亦愈烈不旋踵間而勢力遂潰出此一點之外於彼於此過顙在山迨夫幾經慘憺收拾之以移於他之一點而其不旋踵而潰亦猶是也則息爭之策乃適爲獎爭之媒於是乎專制之道乃窮後起之哲積前古無量經驗知夫爭之必末由息也而惟謀所以節之一方面使其人人可以競爭時時可以競爭在在可以競爭毋令其怨毒久蘊一發而失其常態一方面而爲之畫一範圍焉使其競爭行於此範圍之中而毋或侵軼以獎勵競爭之形式行調和競爭之精神此立憲論之所由起而有神其用之一物焉則國會也

國會之爲用凡以網羅國中各方面政治上之勢力而冶諸一爐而其用之尤神者則民選制度也國會非以杜絕競爭而以獎勵競爭國會者諸種政治勢力交戰之舞臺也而憲法則其交戰條規也其最顯著者爲君主與人民之爭兩造各有其強有力之武器互相制限而不得以獨恣其次顯著者爲人民與人民之爭各階級各地域各黨派各有其所認爲利害者莫肯相下而其勝負消長壹於選擧場中決之故國會者自選擧召集開議以迄閉會解散刹那刹那皆可謂在內亂交戰之中但昔之戰也礮火相見今之戰也兵不血刃昔之戰也陰詐相

尙今之戰也鼓乃成列此無他焉昔也無所謂國際法上之交戰條規者存而今乃有之也

我先聖之敎曰平天下又曰天下國家可均又曰不患寡而患不均不患貧而患不安平均者實圖安之不二法門而前此無量數國家之所以常瀕於危皆國中含有不平不均之種子階之厲也然則欲平均其道何由亦曰委諸自由競爭而已夫勢力以競爭而相增長亦以競爭而相減殺此物理學之公例也如甲之勢力本優於乙乙懼劣敗也必伸張其勢力務與甲平迨乙既與甲平甲又懼劣敗也必更伸張焉使進一級甲進一級而乙之追逐而進者亦猶前也如是展轉相引而所進之級數遂罔知底極此相增長之說也競爭之始常欲盡敵而返人之情也雖然此惟敵之可侮者爲然耳若我之力自謂可以盡敵敵之力亦自謂可以盡我則我終無術以盡敵敵亦終無術以盡我則勢必各鈍其鋒而以交讓終焉此相減殺之說也故夫有國會之國其國會之勢力加大者其君主與政府之勢力亦比例而加大國會中各黨派甲派之勢力進於前者乙派之勢力亦恆比例而進於前此相增長之明效也君主以國會勢力之大而不敢蔑視國會國會以君主勢力之大而不敢淩轢君主其甲黨之視乙黨乙黨之視甲黨亦然此相減殺之明效也勢力相增長則全國各方面皆生氣勃勃精力瀰滿以之競於外而莫能禦矣勢力相減殺則無復相搏噬而常保衡平措國家於萬年不拔之基矣此國會之爲用也

故就政治上以論國會則國會者代表全國人民各方面之勢力者也惟其代表人民之勢力也故不可不以人民選舉爲原則惟其代表全國各方面之勢力也故國中若有他種特別勢力亦不可以不網羅之其網羅之也或用特別之選舉法或用選舉以外之他法則因其所宜此皆例外也各國國會之組織其內容雖各各不同至其爲代表全國人民各方面之政治的勢力則無不同也

既明國會之性質則可與語中國之國會制度矣。

第二章　國會之組織

第一節　二院制

第一款　二院制與一院制得失比較

今世各國國會大率以二院組織而成或稱爲上院下院或稱爲第一院第二院或稱爲貴族院平民院或稱爲元老院代議院或稱爲參議院代議院或稱爲貴族院衆議院其用一院制之國惟德國二十五聯邦中之十九小邦與希臘門的內哥及中美洲之三小國耳其餘各國殆無不採二院制者其故何由試略論之。國會制度濫觴於英各國踵而效之不過近今百餘年間耳故欲知國會之沿革不可不求諸英史而英國國會則初本一院後乃析爲二院者也當一二一五年大憲章之發布本由貴族僧侶出死力以得之自此以貴族僧侶之兩分子組織爲一團體以參與國政實爲國會之嚆矢其後以亨利三世之專制釀成內亂一二六四年革命軍起一戰而勝翌年革命軍首領孟德弗召集國會於倫敦命每縣每市各選出代表二人實爲平民參與國政之始自此而國會由貴族的性質一變而爲貴族僧侶平民之混合團體其後平民之勢力日增至一三三三年遂乃異軍特起別建一平民院以與貴族院相對峙而貴族院遂還一二六四年以前之舊觀此蓋附庸蔚爲大國幾經變遷而成者也爾來數百年間政治現象雖百變而二院制確乎不拔至最近百年來遂爲歐美各國相率倣效浸淫以徧於世界此決非政治社會上毫無根據之偶然現象而實爲達國家之目的計有不容已之理由存焉不可不察也。

國家之爲人格前既言之矣既爲人格則必自有其意志焉自有其行爲焉雖然國家者非如自然人有生理上獨立之形體也故其意思行爲不得不借機關以表見而承乏此機關者必自然人也國家行爲之機關當若何組織今且勿論獨至其意思機關則機關之尤重要者也當由何道以組織使完全實天下古今最難解決之問題也於是有欲以單獨一人爲國家意思機關者此獨裁政體之所由立也此在國家幼稚時代或可采用及其進化達於若干程度之後而欲恃不完全之人類（人類者不完全之上等動物也此西哲亞里士多德之言）以獨力而作成眞正之國家意思在理在勢皆所不能此可積無數之經驗以證明之者也一人既不可其第二法則惟用多人用多人則何種人當之乎此又一難問題也於是有欲以特別優秀之階級當之者則貴族政體之所由立也然少數貴族其不能作成眞正之國家意思亦與君主獨裁相去不遠其遺蛻不能久存於今之社會又章章也然則欲建設理想的善良政治勢不可不以國民全體之意思爲國家意思而合國民全體以聚議於一堂在今日之國家勢所不逮故不得不以代議制度而自即安代議制度果足以成眞正之國家意思爲絶對的善良之制度乎是非所敢言然以不完全之人類安從得完全之政治故謂代議制度爲現在所有最良之制度決非過言。

代議制度之精神其一則在以國民全體之意思爲國家意思也其二則在使之能以適當之方法發表其意思也爲達第一目的則不可不使社會各方面皆有代表人爲達第二目的尤不可不設置適當之機關以調和代表人之意思而二院制者實應於此二目的之必要而起者也無論何國其國內必包含種種分子其分子皆各有其特殊之利益既有特殊之利益則此之所利或即彼之所害而利益之衝突生苟無以調和之則所謂眞正

國家之意思者，終不可得見，雖然，爲調和此等利益起見，而欲設許多之獨立機關，使各自代表其利益，非惟事實上萬不能致，抑許多獨立機關雜然並陳，非惟不能調和也，而愈以獎衝突，故於一方而使之各代表其利益，同時於他方面爲設一範圍，以範圍內之壓制爲調和，此二院所由建也。默察今世各國情實，大抵於其國中有互相矛盾之二大主義存焉，其在歷史上本有貴族之國，其最相衝突者，則貴族主義與平民主義也，在聯邦制度之國，其最相衝突者，則聯邦主義與國民主義也，如英如日屬於前者，如美如德屬於後者，而二院制即以代表此二大主義而成立者也，英日之上院，代表貴族主義，其下院則代表平民主義也，德美之上院，代表聯邦主義，其下院則代表國民主義也，此二院制第一之理由也。

然則其國苟無此特別理由者，遂無取於二院乎，曰是又不然，二院制之利，尚有其通於各國者四焉，請一一舉之，一曰可以免國會之專橫也，吾黨固絕對的主張國會，而又絕對的不主張專制，君主專制固專制，而國會專制亦專制也，以一院而成國會，最易爲黨派所支配，苟政黨之道德不完全，則易成爲國會專制，而其弊不可勝言，有兩院則彼此互相監督，而其弊可以減殺也，二曰可以防輕躁之行動也，以今日人類之德智，其程度猶遠未完全，僅以一個之立法體爲國家意思機關，則或認不確之證據以爲事實，或蔽於感情而持偏見，往往難免，若有二院，雖非謂能盡矯正此弊，而所裨固已多多矣，蓋常能以甲院之異同，而促乙院之反省，彼此互競，而事理可趨於正確，意見可趨於公平也，三曰可以調和國會與他機關之牴觸也，國家分設諸機關，原出於不得已，而諸機關之互相聯絡，各保平衡，實爲維持國家秩序之第一義，而監督機關之國會，與執行機關之政府，常相衝突，又事理所必至也，其衝突若過甚，則爲兩虎相鬥，必有一斃，或國會強政府爲其奴隸，充其量可以流於無政府或政府強國會爲其奴隸充其量可以返於專制此皆歷史上數見不鮮之前車也二院制雖亦非能盡免此弊然以校一院則固減殺矣四曰可使優等之少數者得機會以發揮其能力於政治上也凡一院制之國會勢不得不以民選之唯一方法組織而成而僅恃民選之一方法則有時或因選舉人耳目之遺漏或優秀之人物不願競爭選舉或以不投身政黨故而選舉不能制勝以及其他種種理由致優等之少數者不得立於政界故必更有一院焉其議員資格不必純由民選以發生然後能網羅全國之勢力以集於國會也合此數端視之則二院制確有其政治上之理由而不得以偶然現象目之也甚明

至二院制之害則爲議事遲緩也國費增加也有少數壓多數之虞也缺統一也此十九世紀前半紀法國人力主一院制時學者所藉之爲口實也然兩害相權取其輕兩利相權取其重近世學者辯之甚明今不必枚舉之

第二款　中國當採二院制之理由

二院制殆成各國國會普通原則既已若是而論者對於中國將來之國會猶有主張一院制者吾蓋習聞之而日本之博士有賀長雄氏亦其一人也問其理由不過曰中國之國體既非如英日之有貴族亦非如德美之爲聯邦既無分立二院之必要且除人民平等選舉以外亦更無他種要素以別成一院也吾以爲此似是而非之言也無論二院之利有逈於萬國者如前所述即專就我國論亦不能謂無特別必要之理由也請以次舉之

我國貴族制度自秦以來幾度淘汰至本朝而殆盡故以貴族爲組織上院之要素吾黨所最反對也（別詳本章第二節第二款）雖然吾國固君主國也既爲君主國自不能絕對的無所謂特別階級者存而國會者以代表全國各方面之勢力爲目的者也既有此特別階級雖其勢力範圍不大固不可不謀所以代表之且中國國會者非本部二十

二行省之國會。而全帝國之國會也。本部之外。尚有兩大區域焉。其面積埒於本部者。曰蒙古。曰西藏。本部階級制度。雖消滅殆盡。而彼兩部乃適得其反。舍特別階級外。更無勢力之可言。使國會議員。純由人民平等選舉之一方法以發生。則此兩部者。將永見屛於國會之外。非所以保國家之統一也。此吾國國會應采二院制之理由一也。

我國雖非聯邦制。然以幅員太大。國情之複雜特甚。卽以本部及滿洲二十二行省論。其氣候兼跨溫熱二帶。其地勢兼山谷平原海瀕三種。各省利害。絕非同一。且其衝突之點甚多。非有以代表而調和之。不足以副國家意思機關之實。在人民選舉之下院。其員額比例於人口。大省之人口數十倍於小省而未已。則各省所出議員之數。勢不得不相懸絕。雖以法理論。國會當代表全國。而非代表地方。然豐於所昵。而儉於所疏。人之常情。爲議員者亦安能免。如是則難保無以大省之利益。犧牲小省之利益。而國家均衡。或自此破焉。故於比例人口以行選舉之一院外。尤必須有平均代表各省之一機關。然後兩者相劑。而適得其平。此我國國會應采二院制之理由二也。

此二理由。乃其最大者。尙有若干之小理由。更於次節分論之。若夫二院通於萬國之四利。則亦爲我之所同。雖無他特別之理由。猶當采之。況其有乎。故我國將來國會。應如各國普通之例。分設兩院。無可疑也。至其名稱。則英國日本。以貴族爲要素。故稱貴族院。其非吾之所應采。固無待言。若參議院元老院等稱。亦覺未適。直名爲上議院下議院。又嫌有軒輊於其間。若稱第一院第二院。則孰應爲第一。而孰應爲第二者無已。則稱爲國會左院國會右院。似尙比較的平穩也。以後卽用此名而分論之。

第二節　左院之組織（舊稱上院）

第一款　各國左院之組織比較

各國左院之組織．最爲複雜．且緣各國歷史上之差別．而大有異同．今舉英法德普意美日七國之制而比較之．

第一項　英吉利王國貴族院之組織

英國之貴族院．以左方之議員組織而成．

（一）合併王國之世襲貴族
（甲）公爵議員　二十五人
（乙）侯爵議員　二十二人
（丙）伯爵議員　百二十三人
（丁）子爵議員　二十七人
（戊）男爵議員　三百八人
（二）愛爾蘭選出之貴族　二十八人
（三）蘇格蘭選出之貴族　十六人
（四）僧侶貴族
（甲）大僧正　二人
（乙）僧正　二十四人

（五）法務貴族　四人

合計　五百七十九人

世襲貴族。緣其身分而有例得爲議員之資格。以其職爲世襲。故凡男子之爲人後者。於其所後者死亡之時。卽爲議員。若未成年者。則逮其成年時卽爲議員。

錫封貴族爲國王特權。然實際由大宰相奏請行之。其列於貴族者。以有勳勞於國家爲主。然時有出於政略上之理由者。又向例。凡平民議院長滿任。則列爲貴族。

愛爾蘭議員由愛爾蘭貴族團體選舉。終身在其任。有死亡則補選。

蘇格蘭議員由蘇格蘭貴族團體選舉。每會期選之。會期滿則資格消滅。

僧侶貴族中。惟康特比里及約克之二大僧正。倫敦達哈譔溫治士達之三僧正。一就職後照例卽爲議員。其餘二十一名之僧正。須經上司之任命。乃得爲議員。

法務貴族議員由國王任命。終身在其任。

第二項　法蘭西共和國元老院之組織

法國元老院之組織。自第三共和政治以來。已三變其制。據現行法律。則由各縣或殖民地選出。其數比例於人口。計選出十人之縣凡一。選出八人之縣凡一。選出五人之縣凡十。選出四人之縣凡十有二。選出三人之縣凡五十有三。選出二人之縣凡十。選出一人之縣及殖民地凡八。都爲三百十二人。

選舉會之組織　選舉會於各縣或各殖民地之首都開之。以左方之議員組織而成。

（一）其縣選出之代議院議員

（二）其縣之縣會議員

（三）其縣之郡會議會

（四）其縣各鄉市會所選出之代表人　此項代表人之數比例於其市鄉會議員之數。如其市鄉會有議員十人者。則出代表一人。有議員二十人者。則出代表二人。其詳細見現行元老院選舉法第六條。

法國自代議院議員以迄市鄉會議員。皆由人民普通選舉。今元老院議員由此等議員選舉。則元老院議員實普通選舉之間接選舉也。

被選資格　須為法國臣民滿四十歲以上享有公私權者。惟前代君主之遺裔。現役軍人及受祿官吏。不得被選。（但現役軍人中除海陸軍將官。參謀官。預備參謀官不在此數。受祿官吏中除國務大臣。各省次官。全權大使及公使。警察總監。大審院長。會計檢查院長。巴黎控訴院長。大審院檢事長。會計檢查院檢查官長。巴黎控訴院檢事長。大僧正。僧正等不在此數）

議員年限　以九年為期。每三年改選其三分之一。

第三項　德意志帝國聯邦參議院之組織

德國聯邦議院以帝國內二十五邦政府所任命之議員組織而成。計普魯士邦十七人。拜宴邦六人。索遜邦威丁堡邦各四人。黑遜邦巴敦邦各三人。米格堡沙侖邦布郎沙威邦各二人。其餘十七邦各一人。都凡五十八人。

德國聯邦參議院有最當注意者一事。則其所重者非議員之數。而投票之數是也。例如普魯士得投十七票。其餘十七小邦各得投一票。但普國所派議員。不必定派十七人。雖僅派一人。亦有投十七票之權。凡投票每邦議員其可否必當同一。如普魯士議員贊成者其十七票必舉皆贊成。拜宴議員反對者其六票必舉皆反對。議員各自以其意見投票於一邦中而有異同。憲法所禁也。此其法理無他。爲各邦之議員皆爲代表其本邦政府而來。其所發表之意思。即爲本邦政府之意思。一邦之政府不容同時而有相反之兩意思也。議員年限無一定。由各邦政府可以任意隨時召還。隨時改派。

第四項　普魯士王國貴族院之組織

普國之左院。名爲 Herrenhons。蓋特別階級之意。今強以貴族院名之。其組織最爲複雜。今列舉之。

(一)王族議員(由勅選)

(二)世襲貴族議員(及年者不待勅選當然有此資格)

(甲)前代二王室之宗子

(乙)十八家故侯之宗子(此項故侯昔嘗在國內分土以治其後見滅於普者)

(丙)一八四七年列於貴族之侯伯子爵家之宗子

(丁)國王特賜與此權之貴族

(三)勅選終身議員

(甲)內廷四大官

(乙)由各團體薦舉而國王勅任之者　其有薦舉權之團體如左

(子)三大教會之僧侶貴族
(丑)各州伯爵聯合會
(寅)大地主聯合會(現今屬此門閥者凡十一家)
(卯)舊家富族聯合會
(辰)大學校(有此權者凡九校)
(巳)大都市(現今有此權者凡四十三市)
(丙)國王任意勅任者
其員數無定員其年齡限三十歲以上。

第五項 意大利王國元老院之組織

意大利元老院凡王族成年者。例得爲議員。其餘由國王任意勅選之。但其所選者限於左方之資格。
一、大僧正及僧正 二、代議院議長 三、曾三度爲代議院議員者或六年間爲代議院議員者 四、國務大臣 五、國務大臣之書記官 六、全權大使 七、曾奉職三年以上之全權公使 八、大審院長及會計檢查院長 九、控訴院長 十、奉職五年以上之大審院檢事總長 十一、奉職三年以上之控訴院部長 十二、奉職五年以上之大審院及會計檢查院之評議官 十三、奉職五年以上之控訴院檢事長 十四、陸海軍大將中將及服役五年以上之少將 十五、在職五年以上之國務評議員 十六、曾三度任議長之縣會議員 十七、奉職七年以上之縣知事 十八、在職七年以上之學士會議員及高等教育會議員 十九、有功

勞於國家者　二十、接連三年以上納直接國稅三千利黎以上者。

其員額無制限。其任期終身。其年齡滿四十歲以上。

第六項　北美合衆國元老院之組織

美國元老院。由各州之立法部每州選出議員二名組織而成。美國之初建。其加盟之州十有三。故其議員之數二十有六。至今日其加盟之州四十有五。故其議員之數九十。

議員被選者須具三條件。（一）年齡三十歲以上。（二）九年以上爲美國臣民。（三）爲所選出之州之住民。各州不問其區域之廣狹。人口之多少。其所選出之議員。不能逾二名。亦不得不及二名。如紐約州有人口七百餘萬。奈華達州僅有人口四萬。而有選出議員之權利。毫無差別。此謂之平均代表主義。與德國聯邦參議院所採之不平均代表主義絕相反者也。又謂之代表地方主義。與法國元老院所採代表人民主義絕相反者也。其投票權委諸議員之自由。各州之立法部。不得以訓令束縛之。故同一州所選出之議員。對於同一議案甲贊成而乙反對。實數見不鮮之事也。此又與德國參議院絕相反者。蓋兩國建國之歷史及其性質。本有大相逕庭者存也。

議員之年限。以六年爲期。每二年改選其三分之一。故美國元老院。亦與各國左院同其性質。爲永久的。爲繼續的。決無全部變更之事。恰如活水之湖。旋注旋洩。旋洩旋注。其內容之一部。常無變也。加之每二年新選之議員。不過三分之一。比較的屬於少數。易爲舊議員所同化。故元老院之固定性益強。

第七項　日本帝國貴族院之組織

日本貴族院議員以左方之五種人組織而成。
(一)皇族　凡皇族達於成年者不待勅命當然爲議員。
(二)公侯爵　凡有公侯爵者滿二十五歲不待勅命當然爲議員。
(三)伯子男爵互選　有伯子男爵而滿二十五歲者由同爵中互選其中選者不待勅命當然爲議員屬於本項之議員其數不得過百四十三人而在此數中伯子男爵各比例於其總數而定之
(四)有勳勞於國家及有學識者受勅任爲議員　但其年齡須滿三十歲以上其數不得過百二十五人。
(五)多額納稅者　於各府縣中納多額之直接國稅者每十五人互選一人其中選者受勅任爲議員但年齡須滿三十歲以上。
日本貴族院議員就其身分言之可分三類。一曰皇族議員第一種屬焉二曰華族議員第二第三種屬焉三曰勅任議員第四第五種屬焉。
就其取得議員資格之方法言之可分四類。一曰依於法律之結果而當然爲議員者第一第二種屬焉二曰依於選舉之結果而爲議員者第三種屬焉三曰依於勅任而爲議員者第四種屬焉四曰選舉與勅任相待而始爲議員者第五種屬焉。
其議員之年限可分三類。一曰世襲者第一第二種屬焉二曰終身者第四種屬焉三曰以七年爲任期者第三第五種屬焉。

第八項　比較

以上所述各國左院之組織。各具特質而無一同者。此蓋由各國各異其歷史。各異其國情。故由歷史國情所演之制度。自不得不異。此事勢之當然。無足怪也。雖然。於樊然淆亂之中。折衷之以求其共通之原理。則亦有焉。

第一　左院所代表者　國會之目的。就法理上論之。則代表全國人民之意思也。就政治上論之。則代表全國各方面之勢力也。夫國家之人的要素。厥惟國民。然則國民所選舉而成之機關。其於全體意思爲最近。其於全國勢力亦爲最强。此無可置疑者也。故各國國會右院皆用單一之原則。曰國民平等選舉。其所根據之理由。卽在是也。雖然。用此單一之原則。而必謂能舉全國各方面之勢力網羅無遺乎。則大不然。蓋各國歷史之發達各殊其形。而當其前此發達進行中。則於普通勢力外。必更有其特別勢力一種或數種焉。久蟠踞於社會中而不可拔。此種特別勢力之性質。爲善爲惡。且勿具論。但夫既有之。斯不可以蔑視之。苟蔑視之。則國家秩序之破壞。或卽由此生焉。各國國會之右院。所以代表一國中之普通勢力。其左院則所以代表一國中此種之特別勢力者也。

此種之特別勢力。其種類國國不同。語其大者。則有二。一曰特別階級之勢力。二曰地方區域之勢力。其以左院代表特別階級之勢力者。則如前所舉英普意日諸國是也。而其所謂特別階級者。可分爲二大別。一曰歷史上傳來之特別階級。二曰天然之特別階級。所謂歷史上傳來之特別階級者。蓋前代之餘燼。將絕而未能遽絕者也。其在前代。固嘗握全國之莫大勢力。舍彼以外。幾無復他勢力存。及社會變遷。進化物換星移。一般人民之勢力。句出萌達。彼輩乃日立於退嬰之地位。雖然。取精用宏。魂魄猶强。百足之蟲。死而不僵。其勢力終有未能盡侮者。苟於普通機關之外。別不思所以代表之。則游魂可以爲厲。而害將及於國家。此其物維何。在一般之君主國有一焉。曰貴族。而在疇昔政教不分之國。更益以一焉。曰僧侶。前舉之英普意與夫歐洲多數國之左院。大率以代表貴族爲主要者也。此種歷史上傳來之特別階級。其對於國家爲有害無利。固無待言。顧其存而勿廢。則有不得已焉者矣。

所謂天然之特別階級者。此吾所杜撰之名詞也。此名詞似甚駭人聽聞。雖然。物之不齊。物之情也。一社會中必有其才能學識。嶄然優出於其儕者焉。度量相越。遂與常人劃然若兩階級。此階級非有形的而無形的也。非人造的而天然的也。此階級之勢力。非常偉大。國家之生存發達。往往賴之。民選代議之制。其目的固在得此階級之人。然此階級之人。僅以民選而得盡網羅之乎。是又不然。其人或前此久在行政機關有勳勞有閱歷者。或爲軍人而盡瘁國防者。或以教育等業爲其天職者。或爲學者而專以發明學理爲愉快者。或立身於實業界而指導國民經濟者。此其人大抵不願競爭選舉。故右院中往往無其位置。然苟能集爲一團。責之以參與國政之義務。則其勢力之影響於國利民福者。至遠且大。故各國恆於其左院謀所以代表之。普魯士意大利日本等國之勅任議員。卽據此理由而設置者也。而英國國王有創設貴族之權。亦爲此也。

此兩種特別階級之外。尙有其他之特別階級焉。曰富族階級是也。富族階級。仍可納於前此兩種之中。蓋有藉祖父之業以富者焉。歷史上傳來階級之類也。有自運其才能以致富者焉。天然階級之類也。而普魯士有大地主及舊家富族之議員。意大利有納直接稅三千利黎以上之議員。日本有多額納稅者互選之議員。凡皆所以代表此階級也。

其以左院代表地方區域之勢力者。則如前所舉德法美諸國是也。構成國家之人的要素爲人民。其物的要素則爲土地。故土地之勢力。其影響於國家者恆甚大。今世無論何國。其國境非自始焉而卽若茲其厖大也。蓋皆嘗有無數之小部落焉。星羅棊布。經若干歲月。心目中惟見其有一地方之利害。而此遺傳性由來甚久。根底甚深。雖至成爲今日之國家以後。而澌拔終不能以盡。此種勢力。亦在普通勢力以外。以國民平等選舉之機關。不足以代表之。而此勢力之偉大。不讓於特別階級。使蔑視焉。則國家將或緣此而失其衡平。此勢力最顯著者。則聯邦制度之國家也。以其所建聯合之大國。其歷史甚新。而國內之小國。其歷史甚舊也。其次顯著者。則幅員遼廓之國家也。幅員遼廓之國家。其中央政府與地方人民之關係甚淺薄。一般人民見不及遠。故往往視地方利害。較國家利害爲重也。此二者本皆非國家之良現象。然既有此事實。則不可無以善應之。各國恆以左院代表此勢力。其理由爲此而已。

代表地方勢力之法。有採平均代表主義者焉。如美國瑞士是也。有採不平均代表主義者焉。如德意志帝國是也。平均主義。其原則也。不平均主義。其例外也。德國之採此主義。純出於政略上之理由。蓋由彼爲聯邦帝國。以普王兼皇帝。非藉此制不能維持也。此稍治國家學者。應能知之。

其在聯邦國之左院。必以地方勢力爲唯一之要素。固已。卽在單一國之左院。亦未嘗不以此勢力爲重也。其最著者。莫如法國。蓋亦以此爲唯一之要素焉。然法並非如德美有不能不如是之理由。特以彼之國情。舍此別無可以爲左院之要素者耳。故法國之左院。其形式雖爲代表地方。其精神實乃代表人民。蓋其右院爲人民直接選舉而成。其左院爲人民間接選舉而成也。其他如英國有代表愛爾蘭蘇格蘭之議員。如普國有四十三都市薦舉之議員。皆含代表地方勢力之性質者也。

今剌取若干國之制度．觀其左院所代表者．如附表．

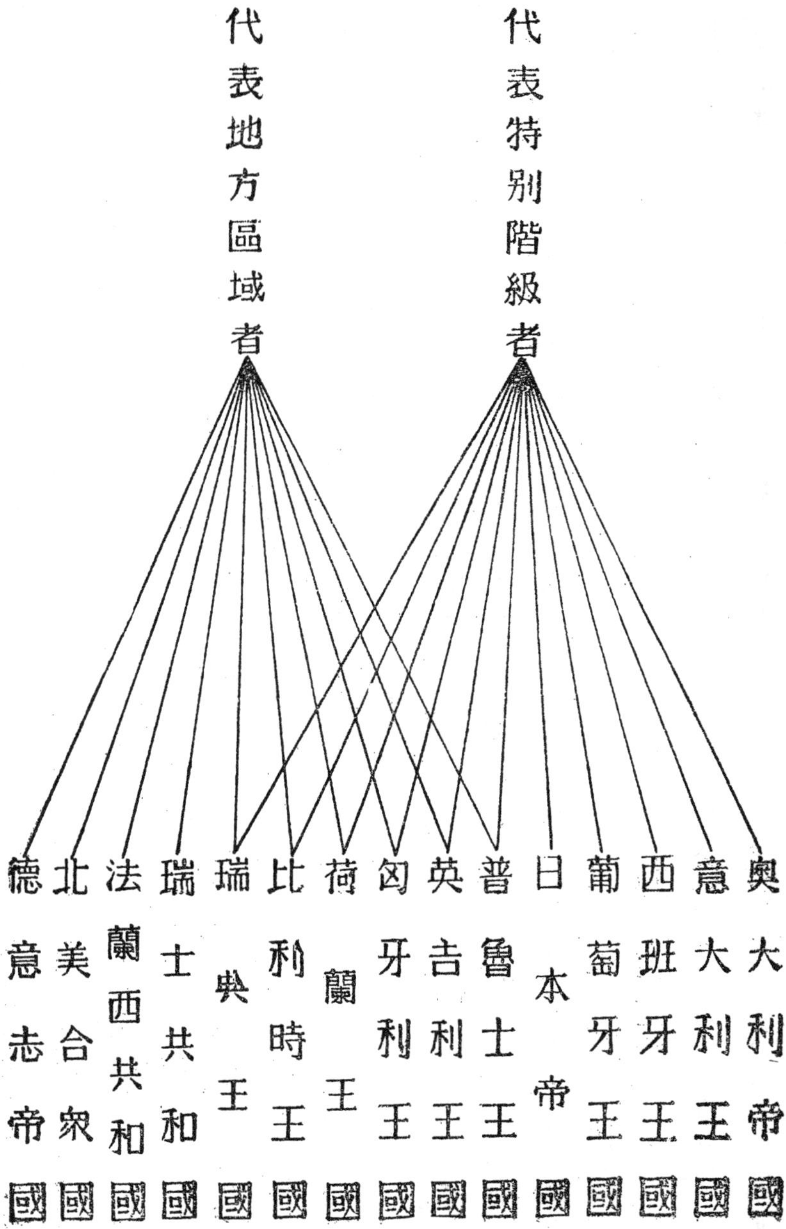

第二　選定左院議員之方法

選定左院議員之方法有通於各國之一原則焉曰非如右院議員之由人民直接選舉是也其有選定之權者在英國則國王也在法國則選舉會也在德國則各邦之元首也在普國則國王也在意國則國王也在美國則各州之議會也在日本則天皇也以上美法德意四國選定權之所自出參觀前款所舉法制言下自明獨至英普日三國其議員多有不待勅命者乃謂其權在王及天皇何也蓋此種議員或自君主之血統而生而其世襲貴族得之有身分亦自君主予之故其得議員之資格實皆自君主也由此觀之無論何國之左院議員皆必有立乎一般人民以外之一機關以選定之此左院之特色也雖然此不過形式上爲然耳若語於實際則無論何國皆有人民之意思以隱於其後而爲此機關之原動力又不可不察也如彼法國左院議員之選定權在選舉會而選舉會實由人民所選之代議院議員縣郡會議員以及鄉市臨時所出之代表人組織而成是一般人民之間接選舉也美國左院議員之選定權在各州議會而各州議會由一般人民選舉而成也亦間接選舉也此其至易見者也英國此權在國王而國王之創設貴族必待大宰相之奏請然後行而立夫大宰相之後者則右院也立夫右院之後者則人民也是人民經三重之間接以選出左院議員也獨至德國聯邦及意普日諸國既非間接選舉而政黨內閣之習慣又未確立故左院議員之選定權若與人民絕無關係然普國之勅任議員半須由各團體薦舉則人民參預者已多矣即其他諸國凡君主之行動無一不經國務大臣之副署而國務大臣必對於人民所選舉之右院而負責任然則謂左院議員之選定毫不參以人民之意思固不可也左院雖代表特別勢力而仍略受普通勢力之節制此其所以有調和之利而不致反揚衝突之波也

第三　左院議員之任期　議員之任期各國不同。且卽在一國之中。亦往往緣種類而生差別。有世襲者。如英國之貴族。意大利普魯士日本之皇族。日本之公侯爵。普魯士之諸舊家宗子等是也。有終身者。如英國之愛爾蘭貴族僧侶貴族法務貴族。意普日諸國之勅任議員等是也。有設一定之年限者。如日本之伯子男爵多額納稅議員及美法國之議員皆是也。有不設年限者。如德國參議院議員是也。以上所列舉。雖極參差。然亦有通於各國之一原則焉。曰無或同時而變更其議員之全部是也。英德意日諸國不必論。而卽如美法兩國。其任期有一定者。然或每二年改選其三分之一。或每年改選其三分之一。與右院之當總選舉時。全行除舊布新者不同。此蓋使左院有固定永久的性質。防意見變動之太急劇。爲國家百年大計應如是也。

第四　左院議員之數　議員之數。亦各國不同。有取定額主義者。如德美法是也。有取不定額主義者。如意大利是也。有折衷兩者之間。一部分定額。一部分不定額。而不定額之一部分中立一限制。而不能超此限以外者。如英日是也。定額主義。惟專含代表地方之性質者能行之。其有代表特別階級之性質者。殆難採用。然使於不定額中絕無限制。常不免太爲政略所利用。而損其價值。如意大利嘗同時新任七十餘議員。史家引以爲笑柄。故採折衷主義者。其有鑒於此矣。

以上述各國比較竟。請斟酌損益。按以吾國情實。爲中國左院組織私案。

第二款　中國國會左院組織私案

中國國會必須採兩院制。前已述其理由。今以我國國情與各國國情比較。凡爲彼所獨有而我所無者則棄之。凡爲彼我所共有者則採之。凡爲我所獨有而彼所無者則創之。爲中國國會左院組織私案。

第一項　中國不能以左院代表貴族之理由

國會制度濫觴英國英國左院純以代表貴族其他歐洲諸君主國大率效之日本且以貴族名其院爲我國耳食之士横此二字於胸中牢不可破一若君主立憲國之左院舍此更無成立之要素者嘻甚矣其陋也各國之有貴族實其國歷史所傳來燼而未盡之餘燼物理學上所謂惰力性也無論何國皆嘗經過貴族專政時代進而爲君權統一時代更進而爲民權發達時代此三時代者其次第所必經者也但其經之或遲或早或久或暫有久淹滯於第一時代而不能脫離及其一旦脫離之而入於第二時代也則以懸崖轉石之勢一躍而直進於第三時代者亦有久脫離第一時代而淹滯於第二時代遲之又久乃能漸入於第三時代者凡國家之屬於前一種者則第一時代與第三時代之距離甚近雖當民權發達之際而貴族之惰力猶存歐洲諸國及日本是也其屬於後一種者則以兩時代之距離甚遠民權未發達以前而貴族之惰力已澌滅以盡我中國是也此兩時代距離最近之國莫如日本日本當明治四年廢藩置縣以前猶在第一時代然已有萬機決於公論之明詔至明治二十三年遂開國會其間可稱爲第二時代者實僅此二十年之間耳而此二十年間已刻刻變化民權之種子播之甚廣而漑之甚熟蓋第一時代與第三時代可謂緊相銜接一方面則新勢力浩浩滔天一方面則舊勢力猶耽耽負嵎故當其建設國會既汲汲焉思所以代表新勢力尤惴惴然思所以代表舊勢力勢使然也其次則英國英國於第一第二兩時代皆曾經兩度然後入於第三時代而當其第二次經過時則第一時代與第三時代距離甚近者也英國當撒遜時代貴族極盛及那曼朝統一王權大恢此第一次所經過也然此現象不過百年至一二一五年貴族僧侶逼王以發布大憲章創設巴力門貴族之力復大張然未幾而亨利三世復攬

大權。至一二六四年革命軍起。而人民參加巴力門之例遂開。相距不過五十年間耳。蓋英國國會之創建者。乃由貴族而非平民。故其注重於代表貴族。亦固其所。其餘歐洲各國民權之發達。大率正當貴族勢力最猖披之時。如彼法國。蓋當路易第十四時。始入於第二時代。而第一時代之餘波。猶未衰息。蓋十八世紀末之大革命。與其謂之對於君主之革命。毋寧謂之對於貴族之革命也。以其爲對於貴族之革命。故將階級一掃而空。馴至爲今日之制。雖然其間猶經兩拿破崙。以第二時代之政略。一再鼓鑄之。而惰力乃克盡去。然固已血汚狼藉數十年矣。蓋固有之勢力。不可侮如是也。歐洲中原諸國。自神聖同盟以後。始入第二時代。而第三時代已同時進行。故第一時代之舊勢力與第三時代之新勢力。恆在短兵相接之中。彼政治家不能不謀所以調和之。有固然也。抑吾輩論歐洲貴族。尤有一物焉。與彼同性質。而相狼狽者。不可不察焉。則僧侶是也。歐洲各國政教混淆。而僧侶之一特別階級。常握無限大權於政界。故日本之舊勢力。僅有一。而歐洲之舊勢力則有二。以對付此二舊勢力。故乃納諸左院。而代表之。使鬼有所歸。而不爲厲。此固政治家之苦心。而實特別國情迫之使然也。

吾中國歷史之經過乃大異。是吾國當春秋時。貴族勢力達於全盛。然已爲第一時代之尾聲。至戰國七雄。紛設郡縣。登庸寒畯。既已入於第二時代。秦壹海內。而益張之。命天下之人。皆爲黔首。確然立四民平等之原則。此原則中於人心。日深一日。劉漢君臣。皆起微賤。益舉貴族餘燼而摧棄之。自茲以往。第一時代之惰力性。雖未盡泯。而微微不振。死灰偶燃。旋踵卽滅。漢初猶國與郡雜置。景武以降。悉變爲關內侯矣。典午復裂土以封。南北朝則五等之爵。僅遙領食邑矣。六朝門第之界限甚嚴。唐代興科舉。而白屋公卿。視爲常事矣。明代雖封親藩。而不能有治外法權於各省督撫之下矣。洎夫本朝。益整齊而畫一之。貴族根株。劃除淨盡。今制所謂宗室。自親王以下。

至於奉恩將軍。凡九等。僅撥予以莊田以抵古之湯沐邑。其世襲也每代降一等。至於閑散宗室而止。功臣自一等公以下。至於恩騎尉。凡二十六等。二十六等之人皆予俸無官受世職單俸有官受雙俸。其世數一等公襲二十六次。以是爲差。此種世爵除區區榮譽之稱謂及薄田薄俸外。一切權利義務無以異於齊民。且以遞降世襲故。除極少數之世襲罔替者外。無能保持其地位於永久。終必至等於齊民而後已焉。彼日本板垣伯近倡一代華族之論。舉國目笑存之。而不知我固行之已久矣。準此以談。則所謂貴族專政時代之惰力性。在我國歷史上。久已雲過天空。至今日而無復絲毫影跡之可尋。歐洲人民流億萬人之血以求所謂法律上之四民平等者。我則以歷史上自然發達之結果。先民菑之吾儕穫之。此眞我國可以自豪於世界者也。加以我國宗教夙尊自由。政權教權兩不相涉。歐洲各國所謂僧侶之一怪物。吾國人曾不解其所謂。故此種特別階級更無自發生。夫歐洲之貴族僧侶。咸有廣大之領土。能行統治權於其所屬之領土及教會。生殺予奪。悉爲所欲爲。問我國之世爵。有如此者乎。歐洲之貴族僧侶。既壟斷國中土地之大部分。顧不負納稅服役之義務。問我國之世爵有如此者乎。一言蔽之。則彼之貴族匪惟名而已。而且有絕大之特別勢力於社會者也。我之世爵無絲毫特別勢力於社會。而惟其名者也。國會者所以代表國中各方面之勢力。而非以代表各種名稱者也。在彼不幸而有此障害國家進步之一種厭物。而又無術以拂而去之。不得已乃拓階前尺地以爲位置。使與他種勢力自由競爭。則優勝劣敗之結果。冀其如幢幢鬼影。黯淡以沒而已。我幸而此厭物之束於高閣者已二千年。明鏡無翳。相好具足。自今以往。方將掃除庭院。置酒高會。乃無端欲起冢中枯骨。被以衣冠而坐諸堂皇。何其不祥也。今之言中國當設貴族院者。蓋此類也。昔孔子與門人立。拱而尙右。二三子皆尙右。孔子曰。甚矣二三子之好學也。我則有姊之喪故也。夫歐洲日本左院之代表貴族。則姊喪尚右也。他之不學。而惟此之學。是得爲善學矣乎。況吾國欲以左院代表貴族。非惟事理有所不可也。抑且事勢有所不能。在我昔代周爵五等。春秋三等。其在今世。普爵三等。英法五等。多至於五而止矣。英法普之爵主。其地位皆自數百年前封建時代傳襲以迄於今。前此與其君主俱南面而治。有不純臣之義。例諸我國。則漢初之韓成魏豹田儋也。其近世所命之新華族。不過少數耳。故合全國之有爵者。其數固非甚少。抑亦非甚多。我國則異。是若限於公侯伯子男五等爵有此權利耶。則除宗室之鎮國公輔國公。外戚之承恩公。及蒙古公外。滿漢公爵舉國無有。康乾咸同間用兵。其得侯伯子男者雖不乏。然照例遞降世襲。不數十年。已降至輕車都尉以下。其有世襲罔替字樣。能保其地位於永久者。惟曾左李三家之三侯一伯耳。（此外尚有一二與否不甚確記即有亦不足破吾說）爲此三家。而特設一貴族院以寵異之。成何體制。且自一等公以至恩騎尉。此二十六等爵者。以其最高之等與最下之等比較。雖相去懸絕。若以其相次之爵比較。則相去僅一間耳。三等男應有此權利。一等輕車都尉以何理由而獨無。一等輕車都尉有此權利。其二三等以何理由而獨無。三等輕車都尉有此權利。騎都尉雲騎尉恩騎尉何以獨無。夫以李臣典蕭孚泗一偏裨耳。徒藉金陵陷陳之一役得封子男。以李續賓一代名將。不過輕車都尉。謂臣典孚泗應有此權利。而續賓即不應有此權利。此何理也。是故不以世爵爲組織上院之要素則已耳。否則其範圍非起一等公訖恩騎尉不可。而舉國中騎都尉雲騎尉恩騎尉車載斗量。即欲如日本伯子男爵之議員以互選就職。亦何從悉調集之爲一團體以合選乎。且彼輩在社會上果有何種固有特別之勢力。而必須別置代表之理由果何在也。故中國貴族議員之設置。無論從何種方面論。皆持之不能有故。言之不能成理也。故吾黨所主張者。中國國會左院以無貴族爲原則。惟其間有例外二焉。下方別論之。

第二項　中國不必以左院代表富族之理由

日本左院。有多額納稅之一種議員。此非代表貴族而代表富族也。其淵源蓋本於普國舊憲法之第六十五六十六兩條。（一八五四年已削除）而奧大利意大利西班牙之左院亦有此制。其法理論所根本。則孟德斯鳩之法意也。孟氏之說。近世學者已駁擊不遺餘力。故歐洲各國。采之者已甚稀。日本學者。對於此制。亦紛紛攻難。想其改正。亦在早莫耳。夫歐洲諸國。所以有此制者。以彼去封建時代未遠。大地主之勢力至爲龐大。不可無所以代表之。蓋與貴族僧侶議員。有同一之性質。不得已也。苟無此不得已之理由。而捧心效顰。斯亦何取。此則日本當時立法家之陋。不能爲諱矣。我國慣例。以衆子平均襲產爲原則。與歐洲各國長子單獨襲產者全異。大地主之特別勢力。更無自發生。故此制當決然拋棄。無可疑者。

既將此兩種要素排去之。則吾國左院應採之要素。有可言焉。今列舉之。

第三項　應設皇族議員之理由及其限制

問者曰。子既排斥代表貴族主義。而復主張皇族議員。夫皇族非貴族之一種耶。何其矛盾也。應之曰。不然。彼則其原則也。而此則其例外也。凡天下事。皆起於不得已。而已得已則吾欲已。不得已則雖有聖哲。亦末如之何也。歐洲日本一般之貴族。皆不得已者也。我國則普通之貴族。其得已者也。貴族中之皇族。其不得已者也。我國政體。固不可不爲立憲。而國體又不可不爲君主。此凡有識者所同認矣。既爲君主國。而欲國中特別階級絕對的無一存者。此蓋不可致之事焉。故今世各君主國。雖以臣民之公私權一切平等爲原則。而必有一二例外焉。則皇族事也。本朝法制。皇族私權。殆與齊民立於同等之地位。其公權之特別者亦甚稀。且祖制不許親貴任軍機大臣。將來責任內閣成立。更不容以行政之地位。褻皇族之尊嚴。故皇族參與政治之權。惟在國會行之耳。國會左院特設皇族議員。以示優異。蓋揆情度理。而皆愜者也。

各國皇族之取得議員資格也。其方法有二。一曰達於成年。即當然爲議員者。英日意奥等國是也。二曰經君主勅任乃爲議員者。普班等國是也。我國自宗室覺羅。皆爲皇族。其數蓋數十萬。則第一法之不可採。固無待疑。若用第二法。則與普通之勅選議員無異。亦非所以示親親之意。吾以爲仍當採第一法。而略加限制。其限制維何。則貝子以上是也。今親王之世襲罔替者。除開國八親王外。尚有成賢親王怡賢親王恭忠親王醇賢親王及今之慶親王。凡十三家。自餘則依定制。皇子封親王。親王子降襲郡王。郡王子降襲貝勒。貝勒子降襲貝子。今若以成年之貝子以上。當然有爲左院議員之權利。則有此權利者。爲皇帝之子孫曾玄。且必爲其小宗之宗子者也。似此則斟酌於親疏厚薄之間。而適得其平矣。若夫有特封貝子以上之爵者。則出自天家殊恩。既有此爵。即隨之以得有議員身分。亦固其所。

第四項　應設代表各省議員之理由

此其理由。於本條第一節第二款。既略言之矣。抑更有當申論者。我國行政區劃。遼闊無垠。以面積埒全歐之一大國。僅區爲二十二行省。此由因襲元明之陋。誠不衷於理論。雖然其成爲歷史上之事實。已垂千年。迄今已有積重難返之勢。欲爲急劇改革。將釀無量之棼亂。且以如此大國。中央政府與初級地方自治團體之距離。勢不得以不遠。於此兩者之間。而欲如各國通例。僅置一級之地方官廳。以仰承而俯接。其力將有所不逮。故於各國所謂最高地方官廳之上。尤必當有一官廳焉。其性質界於中央與地方之間者。是卽省也。省之區域。無論或率現制之舊。或改革而縮小之。要其性質皆當與歐洲日本諸國所謂地方最高官廳者有別。其權限範圍。必須加廣。當爲政治的而不僅爲行政的。此吾黨所主張也。惟其然也。故吾國雖非聯邦國。而一切制度。有時不可不采及聯邦國所經驗者以爲淵源。而中央與地方相維繫相調和之道。尤不可不三致意。此蓋根於歷史上地理上有極强之理由。而非吾黨之好持異論也。而國會左院所以必應設代表各省議員之理由。卽在是矣。

各國左院代表地方之例。其方法有三。一曰平均定額代表者。如美國是。二曰不平均定額代表者。如德國是。三曰比例人口代表者。如法國是。德國別有其政略上之理由。與吾國無關。其不必採。不俟論。法國比例人口。與右院之選舉同一淵源。不過彼直接而此間接耳。故一地方其在右院占多數者。其在左院亦必占多數。其在右院僅少數者。其在左院亦僅少數。如此則於代表地方之目的。不能貫徹。故我國當倣美國以平均定額代表爲宜。其各地方平均之額。美國瑞士皆每州二名。澳洲聯邦則每州六名。我國幅員埒於美國。人口且遠過之。而美國本部爲四十四州（並夏威夷爲四十五）。我僅二十二省。彼適當我之倍。今依美國之數。嫌其太少。依澳洲之數。又嫌其太多。折衷之則每省四名其可也。凡各君主國之左院。其議員之分子雖複雜。然必有一種認爲中堅者。日本之五等爵議員。其左院之中堅也。我國則應以代表各省之議員爲中堅者也。故總數八十八名其可也。

選定此項議員之權。當安屬乎。德國則屬各邦之行政首長。美國則屬各州之議會。法國則別爲選舉會以選舉之。德國之制。非我所宜採。不俟論。美國之制。嫌其範圍稍狹。當如法國則組織一選舉會以行之。此選舉會之組織法。當委諸各省。使斟酌本地情形以行。不必嚴定劃一之法。大抵以該省所選出之國會右院議員。及其省會議員爲主而益以全省大團體之議員。如全省教育總會議員。全省總商會議員等最善矣。

旣爲選舉則必有任期。任滿則改選焉。法國任期九年。每三年改選其三之一。美國任期六年。每二年改選其三之一。其所以不全部改選者。以左院應含繼續的性質。而美法兩國之左院除此項議會外。更無他項。若全部改選。是失其繼續性也。我國不然。此項議員。不過占左院之一部分。故可以同時全部改選。無取學步於彼。所以免煩雜也。但其任期必當視右院議員之任期爲較長。其改選不必與右院之總選舉同時。此無他。爲二院制之精神應如是也。

第五項　應設勅選議員之理由

本章本節第一款之第八項嘗言國民中有天然之特別階級。而欲網羅此階級之人以入於國會。則僅恃人民選舉。不足以完滿達其目的。（人民選舉固可以達此目的之一大部分特未能盡耳）然則於人民選舉之外。不可不別求一機關以當此任。此機關在共和國無從得之。而在君主國可以委諸君主。君主而絕對的適於任此機關乎。雖非敢言。然比較的其適焉者也。是我國所當採也。

各國勅任議員之法。亦各不同。有君主與他機關協同行之者。如英國王勅選議員。必須經首相之奏請是也。（英國法律上並無此明文但已成慣習英國最大之勢力則慣習也）有君主單獨行之者。如日本意大利是也。（但立憲國君主一切勅命皆須經國務大臣副署是亦不能純指爲單獨行爲也）有兩法兼用者。如普國此項議員之一部分由各團體薦舉。其一部由國王任意自擇是也。其被選人資格。有規定之於法律者。如意大利日本是也。其間復分二類。有用抽象的規定者。如日本但言有勳勞於國家及有學識者是也。有用具體的規定者。如意大利列舉二十餘種之資格是也。有不規定之於法律者。如英普等國是也。

消極的資格則各國皆有規定不在此論今請言我國所當採用者。其被選人資格。將如日本之抽象的規定乎。所謂勳勞學識者。將以何爲標準。究其極不過憑君主之主觀的認識而已。是規定與不規定等也。將如意大利之具體的規定乎。則人物之種類。千差萬別。實無從枚舉。意大利所舉者。徒注重練達於國務之人耳。申言之。則大率久於其任之行政官司法官及軍人也。而在所列舉資格以外之人。雖有賢才。亦將限於法律而不得被選。此必非立法之本意也。故吾以爲毋寧如英普等國不規定之之爲愈也。至君主當單獨以行此權乎。抑當與他機關協同以行此權乎。吾以爲兼采普英兩國之制最善。卽其中一部分由指定團體薦舉。而君主任命之。一部分由首相奏請。而君主任命之。如是庶幾可以舉野無遺賢之實矣。但以法理論。則薦舉奏請權雖在他機關。而任命與否之權。仍在君主。又不待言矣。若夫何種團體應有薦舉權。吾猶未能指出之。此則俟諸將來國民進步之趨勢何如也。

第六項　應設代表蒙藏議員之理由

今之策中國者。其眼光僅見有本部。而此外則視如無物。此眞大惑不解也。所謂大清帝國者。除本部及滿洲東三省新疆外。尚有其三大區域。曰內外蒙古。曰青海。曰西藏。併此三區域。其幅員更廣於本部。此而恝焉置之。則天下孰有不可置者矣。我國古來之思想。其對於屬境。不過名義上羈縻勿絕而已。未嘗有行圓滿之主權以轄治之者。獨至本朝之於蒙古西藏也不然。其在中央置理藩院以筦之。其在該地置將軍及辦事大臣參贊大臣等以鎮之。不可謂非國家觀念之一進化也。雖然我國政治素主放任。不主干涉。其在本部。猶且有然。至屬地而益甚。馴至此三大區域者。與中央之關係。日薄一日。幾於彼此皆忘爲同一國家。夫其種族語言文字習俗。既與本部滿漢之人。劃若鴻溝。其能相結合爲一國民之原素。本甚薄弱。所恃者惟政治上之聯鎖耳。並此聯鎖而弛之。蓋不至分裂爲異國而不止也。疇昔中央之軍事行政其力之能及於彼地者尙厚今則旣成强弩之末矣而外之復有强鄰眈眈環伺威迫利誘百出其技以動搖之。而一髮苟牽全身將動。此三區域一旦解體。則帝國將隨之而覆亡。爲今日計。宜亟求使之與本部政治上之關係日加切密。此實國家前途一大方針也。其所以實行此方針者。條理萬端。而國家之意思機關使其得以參與焉。又其第一義也。此吾黨所以主張設代表蒙藏議員之理由也。

國家之意思機關。合左右兩院組織而成。此代表蒙藏之議員。當屬之何院乎。使其能與本部臣民。一切平等。兩院俱有。固甚善也。無如其程度有所不逮也。其一。則右院議員之選舉。必比例於人口。我國人民太衆。大率須數十萬人乃出一議員。而彼地人口稀疏。部落複雜。境域寥廓。選舉萬不能行也。其二。我國右院必不能遽行普通選舉。惟行制限選舉。其制限或以教育程度。或以財產。然無論用何種。而彼地之人皆將無一能中程者也。夫國會選舉法。必當通於全國。不能隨意爲一地方議設特別法明矣。如是則彼三區域者。實無可以出代表於右院之途。此吾黨所以主張在左院特置代表蒙藏議員之理由也。夫在左院而別置一種議員。以代表國內之特別地域。此其事非自我作古。彼英國左院之有愛爾蘭蘇格蘭貴族議員。其前事之師也。

然則此種議員。當以何方法發生乎。申言之。則其選定權當何屬乎。曰此又當分別論之。

蒙古者百數十部落。逐水草以居。而未嘗有一總機關能筦其中央者也。就地理上略分之。曰內蒙古。曰外蒙古。曰青海蒙古。以其人民之勢力。全蟄伏於酋長之下也。故不能用選舉。以其部落太多也。故不能每部落出一代表人。今擬內蒙古以盟爲單位。昭烏達盟出三名。哲里木盟錫林郭勒盟烏蘭察布盟各出二名。卓索圖盟伊克昭盟各出一名。凡十一名。外蒙古以部爲單位。土謝圖汗部出四名。車臣汗部三音諾顏部各出三名。札薩克圖汗部出二名。凡十二名。此外則塔爾巴喀臺阿拉善額濟納各出一名。青海蒙古亦以部爲單位。和碩特部出二名。綽羅斯部輝特部土爾扈特部喀爾喀部各出一名。凡五名。都凡蒙古議員三十一名。由該盟該部各旗之酋長互選之。

西藏者稍具國家之形。有中央政府以統一之。非如蒙古之不相統屬者也。而又黃教之根據地。宗教之勢力壓倒政治之勢力者也。故其選出議員之方法。亦應與蒙古不同。今擬由達賴喇嘛指定四名。由班禪喇嘛指定三名。由噶倫布及諸第巴互選三名。都凡十名。皆須經駐藏大臣認可。則作爲議員。必由達賴班禪指定者。代表宗敎勢力也。達賴班禪分有此權者。達賴所指代表前藏。班禪所指代表後藏也。第巴有此權者。代表宗敎以外之勢力也。第巴本須經奏准於皇帝。乃得就職。與達賴班禪同。故並有此權。於法理正合也。必經駐藏大臣認可者。駐藏大臣本代表皇帝以總攬全藏之大權。全藏一切政治本須經過此機關。乃達於中央也。

問者曰。英國之直轄殖民地。日本之臺灣。皆未嘗出代表人於其國會。爲其程度相去之太遠也。今蒙藏之在我國。正與彼類。而子必汲汲於其代表何也。應之曰。不然。英國憲法。本爲大英王國之憲法。而非大英帝國之憲法。其國會亦然。故憲法不適用於殖民地。殖民地不出代表人於母國國會。理有固然也。日本之得臺灣。在其施行憲法之後。故暫時未施行於彼。亦非無理由。而學者之攻難。已不少矣。我中國今日而施行憲法。其憲法爲二十二行省之憲法耶。抑全帝國之憲法耶。今日而開設國會。其國會爲二十二行省之國會耶。抑全帝國之國會耶。使非全帝國之憲法之國會。是將以立憲開國會而破國家之統一也。既爲全帝國之憲法之國會。而憲法乃不適用於國中之一大部分。國中一大部分對於組織國會而無出代表之權。此何理也。此吾黨就法理上之立脚點而敢自信所主張之不誤者也。若夫政略上之立脚點。其關係尤重大。前固言之矣。

問者又曰。如子所論。藉此以撫綏蒙藏。誠適宜之政略矣。然中國尚有未經同化之兩族焉。曰回曰苗。仿蒙藏之例而使其出特別代表於國會。不亦可乎。應之曰。此政略之可採與否。且勿論。藉曰可採。而無如太悖於法理。何也。國家之要素。惟有國民。而無所謂民族。蒙藏之設特別代表。乃以代表蒙古青海西藏諸地方區域。而非以代表蒙古種人唐古忒種人也。回苗兩族。與一般國民同占住居于二十二行省之中。其萬不能爲之設特別代表。其事至明。

問者又曰。蒙藏青海三大區域之臣民。僅有出代表於左院之權利。而剝奪其出代表於右院之權利。寧得謂平。應之曰。此非可以剝奪言也。將來右院選舉法頒行。其選舉人被選人之資格。必泐定之。使蒙藏住民而有此資格者。則其享有此權。仍與他地住民無異也。特現今事實上可決其絕無此種人。雖劃出選舉區。執行選舉事務。亦徒然耳。故不如已也。以吾黨對於經營蒙藏之方針。則一方面獎勵殖民。移本部過剩之人口以實之。一方面施適宜之教育。促其住民以同化。此非屬於本論之範圍。暫勿喋喋。然使吾黨之理想實行以後。蒙藏青海三區域。能與本部程度相接近。則舉本部一切制度而措之。何靳之有焉。

問者又曰。蒙藏住民。能通國語國文者。蓋極少數。其所選出之議員。又未必即在此少數者之中。其列於國會。則伴食耳。而安能舉代表之實耶。應之曰。此則事實上問題。而非立法家所問也。夫伴食於國會者。豈必其在不通國文國語之人。以英國爲立憲祖國。其右院六百餘人中。常立於議場而振振有詞者。不過十數人。此外皆伴食者也。夫寧得因此而廢之。設蒙藏議員之本意。全在使之與中央之關係日加密切。但使能有議員駐於京師。而常出席於國會。則雖始終不發一議。而所裨固已多多矣。況國文國語。可學而能。置諸莊嶽。旦夕間事耳。而何足爲病也。或者之說。謂蒙藏議員當附一能通國語之條件。非此則不能就其地位。吾不謂然。國會之目的。在能代表各方面之勢力而已。蒙古各盟各部所互選之人。西藏達賴班禪第巴所指定之人。必其可以代表方面之勢力者也。雖然。未必其能通國語者也。若以國語一條件制限之。是以附屬之條件。犧牲本來目的者也。是無異限制蒙藏人使永遠不得出代表而已。斯吾黨所不能附和也。

更有一小節當附論者。此項議員之性質。應有一定之任期者也。今擬皆以四年爲一任期。以右院行總選舉時。同時改選之。若右院緣解散而行總選舉。則不在此數也。各國左院議員之任期。最短者皆在六年以上。此所擬者似失於短。然交替稍頻繁。則其輸入文明於彼地也亦較易。此立法之意也。

第七項　左院議員之數

左院議員之種類。盡於以上所舉矣。尚有應論者一事。則議員總數是也。各國左院議員總數。有取不制限主義者。英普意是也。有取絕對制限主義者。德美是也。有取相對制限主義者。日本是也。吾以爲我國宜取相對制限主義也。日本左院議員中。其總額有制限者凡兩種。一曰伯子男爵議員總數不得過百四十三人。二曰勅任終身議員總數不得過百二十五人。此兩種議員。實日本左院之中堅。故使其數略相當也。我國將來之左院議員。可區爲二部分。一曰勅任者。二曰非勅任者。非勅任者。皇族議員蒙藏議員之三種是也。勅任議員之總額。應不能過於彼三種議員合計之總額。此於無制限中寓制限。所謂相對制限也。今綜舉前所擬者爲一表。

(種類)	(人數)	(任期)	(選出者)
(一)皇族議員	約四十人	世襲	法律之結果
(二)代表各省議員	八十八人	七年	各省選擧會
(三)勅選議員	百五十人以內	終身	皇帝
(四)蒙古貴族議員	三十一人	四年	有權者互選
(五)西藏議員	十人	四年	達賴班禪第巴

第三節　右院之組織(舊稱下院)

各國右院之設皆平等。以代表全國國民。故必以人民所選擧之議員組織而成。此惟一之原則。通於萬國而無或異者也。但其選擧法亦有不能從同者。今請廣搜諸家學說比較各國法制。而示我國所當采擇焉。

第一款　選擧權

第一項　普通選擧與制限選擧

第一目　各國制限比較

人民選擧議員之權。名曰選擧權，選擧權之廣狹。各國不同。可分爲普通選擧與制限選擧之兩種。普通選擧者。謂一切人民皆有選擧權也。制限選擧者。謂以法律指定若干條件。必合於此條件。或不及於此條件。乃得有選擧權也。代議制度。濫觴英國。而英國則取制限主義者也。故後進諸國。往往效顰。雖然。社會日進步變遷。所立制限頗難恰適於時代之要求。各國大學者大政治家。深感其弊。倡議廢之。而此說日占勢力。各國紛紛見諸實行。

此普通選舉與制限選舉之利害得失問題所由日滋也。

雖然。所謂普通選舉云者。乃相對的名詞。而非絕對的名詞也。無論何國。萬不能舉全國人民嘗呱呱墮地之始。而即皆有選舉權。故如屬性之制限。年齡之制限等。無國無之。然學者於此等制限。不認為制限。質而言之。則所謂制限選舉者。實專指財產制限。或教育程度之制限而已。故吾於前者欲名之為普通制限選舉。於後者欲名之為特別制限選舉。今請舉各國制限之種類表示之。

(一)普通制限　實則與無制限等也。故凡有此種制限者。學者通稱為普通選舉。

(甲)國籍制限　謂必為本國人民者也。外國人不能享有公權。久成為萬國之通義。然各國法制。例必首載此條。就中美國規定尤嚴。蓋美國入籍之例甚寬。其民多由他國遷徙而來也。故美國各州法制。於此項常規定其年限。（美國無合衆國通行之選舉法。其法皆聽各州自定之。故選舉人之資格各州不同。此項之國籍制限。或有須入籍一年以上者。或有須二年三年乃至五年以上者不等。）

(乙)屬性制限　謂必須男子也。現世界中女子有選舉權者。惟美國之哥羅拉特州。埃達荷州。烏達州。約明州及澳洲之西奧省與紐西蘭。自餘各國。無不設此制限。

(丙)年齡制限　此各國所同有也。但亦分兩種。

(子)以私法上之成年為制限者。　英法美諸國是也。諸國民法。皆以二十一歲為成年。私權公權。皆自其年得行使之。

(丑)別定其制限者　德國日本是也。德國民法以二十一歲為成年。日本民法以二十歲為成年。成年後得行使私權。惟選舉公權。皆至二十五歲始有之。

（丁）住所制限　謂必有一定之住所也。調製選舉人名簿及行選舉時，種種事件，皆與住所相附麗。故各國選舉法皆以住所爲必要條件，亦固其所。然既有此制限，則人民之僑寓異國者，其選舉權自暫時停止；而浮浪乞丐之徒，無家可歸者，亦自不得有此權，其事甚明。

以上四種制限，除第二種之屬性制限，美國不著明文外，自餘則萬國莫不有之。然實則與無制限等。苟所制限者而僅在此，斯謂之普通選舉矣。

（二）特別制限　特別制限者，於此四種之外，尚更有其他之制限者也。復分兩種：一曰消極的特別制限，二曰積極的特別制限。

（一）消極的特別制限　消極的特別制限者，以法律規定若干條件，凡不在此條件之內者，其人皆有選舉權也。復分四種。

（甲）公權行使制限　謂有事故不得行使公權者也。如瘋癲人及罪人之類是。今舉各國之例。

英國　（一）精神錯亂者，（二）犯叛逆罪者及選舉時行不法行爲而受刑之宣告者。

美國　（一）精神錯亂者，（二）剝奪公權者，謂會爲議員或官吏，已宣誓擁護憲法，而復有叛亂或通敵之行爲者也。但以議院三分之二投票，可解除此制限。

德國　（一）被後見者，（二）爲犯罪而剝奪公權或參政權者。

法國　（一）被後見者，（二）被剝奪公權及參政權者，（三）特禁止選舉權之行使者，（四）犯强竊盜、詐欺、賭博、背誓、虧空官帑、浮浪乞食等罪者。

日本　(一)禁治產及準禁治產者。(二)剝奪公權及停止公權者。(三)處禁錮以上之刑者。

(乙)財產變動制限　凡宣告破產者皆停止選舉權。萬國通例也。

(丙)階級制限　各國多指定某種階級之人不得有選舉權。然有以其爲貴族之故而被制限者。亦有以其爲賤族之故而被制限者。今舉各國之例。

英國　凡貴族皆不得有右院之選舉權。惟愛爾蘭貴族除現任左院議員者外。不在此限。

日本　華族之戶主。不有選舉權。

丹麥　爲人奴僕者。不有選舉權。

美國　前此雜色種人及奴隸不有選舉權。一八七〇年。削除此制限。

(丁)職業制限　特種職業之人。不得行使選舉權。各國多有其例。今列舉之。

英國　特種之官吏。爲警察官。及管理選舉之官吏等。

法國　服現役之陸海軍人。

美國　各州不同。有全無制限者。有制限軍人者。有並制限官吏者。

日本　(一)現役之陸海軍人。(二)官立公私立學校之學生及生徒。

此外雖行普通選舉。不立財產制限之國。而貧民無職業。須仰他人之補助以自活者。往往奪其選舉權。

以上四種。雖號爲特別制限。然一般國民中在此制限者寡。不在此制限者衆。故僅有此制限而無其他制限者。仍不失爲普通選舉也。

(二)積極的特別制限　積極的特別制限者。謂以法律規定若干條件。必合此條件者。乃得有選舉權也。學者所稱制限選舉。專指此類。其最通行者爲財產制限。與教育程度制限。

(甲)財產制限　此英國歷史上之遺物也。今各國尚多效之者。試舉其例。

英國　英國選舉權之財產制限最爲複雜。今略舉之。

(甲)英倫人之財產制限。

(一)有自由所有地。其每年純價格在四十喜林以上者。(但此財產必須由相續。占有。婚姻。契約。遺言。敎職。或官職而取得者。)

(二)有自由所有地。其每年純價格在五磅以上者。(凡非依前項所列諸原因以取得財產者。須適用此項。)

(三)有登記所有地。或自由所有地以外之土地。其每年純價格在五磅以上者。

(四)有左列之借地權者。

(1)借地期限六十年以上。每年純價格五磅以上者。

(2)期限二十年以上。純價格十磅以上者。

(乙)蘇格蘭之財產制限。

(一)有每年純價格五磅以上之土地。或相續財產者。

(二)有左列之借地權者。

（1）有一代借地權或五十七年以上之借地權。其價格在每年十磅以上者。

（2）有十九年以上之借地權。其價格在每年五十磅以上者。

（丙）愛爾蘭之財產制限。

（一）有自由所有地每年純價格在五磅以上者。

（二）有某條件之借地權者。（其條件凡四類。今避繁不徧舉之。）

其不有以上所列舉之不動產權利。而僅占有每年價格十磅之土地或家屋者。苟能合左方所列三條件之一。即得有選舉權。

第一　占有期間之制限。凡占有者。從調製選舉人名簿之時起算。溯前十二個月間。於其縣內或市內。占有此等財產者。

第二　住居之制限。其在英倫。須於調製人名簿前六個月間。其在蘇格蘭。須於前十二個月間。在市內或距市七英里之內。占有住居者。（但英倫蘇格蘭之縣。愛爾蘭之州及縣。不設此制限。）

第三　關於納稅之制限。必須納救貧稅者。

其賃屋而居之人。所賃者爲每年價格十磅以上之屋。即得有選舉權。

法國　變遷最多。當國會初開時。設財產制限。大革命後廢之。帝政時代復置之。及路易十八世王政回復時。制限極高。（百二十佛郎之直接稅）雖中產之家。猶不能有選舉權。第三共和以後。全廢之。今爲普通選舉。

比利時　舊制以歲納稅百法郎以下二十法郎以上者得有選舉權。今改爲等級選舉制別詳次項。
普魯士　雖行普通選舉而實兼用等級選舉制別詳次項。
意大利　每年納稅十九鎰八十生丁以上者得有選舉權。但能讀書寫字者免除制限。
那威　有五十士皮埃之土地所有權者或賃借之者皆得有選舉權。但曾任官吏及公職者得解除此制限。
索遜　納三馬克以上之國稅者。
日本　納地租十元以上已滿一年者又納地租以外之直接國稅十元以上或地租與其他直接國稅合計十元以上已滿二年者。
俄羅斯　（1）有財產或終身年金或納稅之不動產者。（2）曾納住所稅或工業稅者。（3）有營工商業之證據者。（4）獨租房屋一所者。又別有勞働者團體選舉權每工場自五十人以上者得出一代表人千人以上者則每千人增加一人。
以上所舉財產制限之例有以所有財產爲標準者有以歲入所得爲標準者有以所納國稅爲標準者。其制限之率有高有下。如以日本人生活程度之低廉而其率爲十元此其最高者也。若索遜者殆可謂之無制限之制限矣。如俄羅斯雖以納稅爲標準而不規定其稅率又更寬矣。又如英國其條件雖極複雜。然正以複雜之故於甲項不合格者於乙項得合格。據其所規定凡賃屋而居之人皆得有權。故英民之不有權者亦僅矣。俄羅斯亦然。賃屋而居者皆得有權。凡合於此條資格者雖與納稅條件不相應而其權如故矣。俄制又凡有營工商業之證據者。皆得有權。則其制限之解除者益寬。而勞働團體之別有選舉權。更無論矣。又如意大利等國。其財產條件雖不輕然。但能讀書寫字者。卽可以免除自義務敎育行。而所謂制限者。殆悉歸無效矣。以上所舉諸國。雖號稱爲行財產制限。然按諸實際。殆皆與普通選舉無擇。其可稱爲完全制限者。惟日本而已。蓋財產制限之廢止。實世界大勢之所趨也。

(乙)敎育程度制限　有專用財產制限之國。有專用敎育程度制限之國。有兩制限兼用之國。

意大利　能讀書寫字者。　葡萄牙　同。

美國中之若干州　能讀憲法且解其文義者。　澳洲聯邦　同。

英國　大學卒業生。不必合於財產制限之條件。亦有選舉權。

比利時　有高等敎育程度者。得有複雜之選舉權。別詳次項。

以上二種。最狹義之制限選舉也。前所列四種之消極的制限。以無制限爲原則。以制限爲例外。此所列二種之積極的制限。以制限爲原則。以免制限爲例外。故惟此獨專制限選舉之名也。

第二目　我國不當采制限選舉之理由

選舉資格。既不能絕對的無制限。所當問者。其制限條件之多寡嚴寬而已。今請將前列十種制限。校以我國情形。而論其孰爲當采者。孰爲不當采者。

(一)國籍制限　當采。不待說明。

(二)屬性制限　當采。男女分業。實社會成立發達之一要件。雖在人民程度極高之國。女子選舉權法案。猶艱於通過我國更無論也。

(三)年齡制限　當采但以倣日本最宜。

(四)住所制限　當采但有一例外焉。即僑寓他國之國民。應否盡停其選舉權。此政略上之一問題也。以普通之法理論。萬無設置選舉權於他人國中之理。又為舊學者之說。所謂代議士為租稅之代價。則僑民納租稅甚少。雖停其權亦宜。雖然我國民在境外者六百餘萬。可以敵中小國一國之總民數。而所居之地皆非我國權所及之殖民地。其公權既一切不能享有。此數百萬人永失其權利之一大部分。情實可憐。況彼僑民者。其財力頗不薄。若能使之與祖國關係日加切密。則於殖產興業。殊有裨益。故設法使之與母國人民有同一之選舉權。實政略上所不容已也。至其方法則今猶未思得其最良者。大約其選舉人名簿由領事調製之。其投票則或在領事館。或用通信投票。二者必居一。於是此無他國成例可援。惟自我作古而已。

(五)公權行使制限　當采凡民法上禁止行使私權者。則公權自亦在應禁之列也。

(六)財產變動制限　當采破產者害及多人之權利。故其權利一部分亦應減也。

(七)階級制限　各國階級制限之例。有特制限貴族使不得有選舉權者。有特制限賤族使不得有選舉權者。制限賤族者。此古代蠻俗之餘燼耳。其在今日。一切法律皆以四民平等為原則。於同一國民中而强分某類之人為應有參政權。某類之人應無之。其事為大謬於法理。故在現世各立憲國。此種不平之制殆絕跡矣。我國法制。四民平等之理想發達最早。良足以自豪於世界。雖然其餘燼亦有未能盡滅者。如娼優皂隸之子孫。及各地之世僕。與夫江淮間之樂戶。廣東之蛋戶。貴州之狆家等類。咸不能有應試任官之權。凡此之類。私權雖略與齊民平等。而公權則殊不完全。雖爲數甚微。究不免爲文明法制之一汚點。自今以往。實施憲政。必當並此區區之翳雲。拂拭以盡。故制限賤族之制。其必不當采。可無疑矣。至於各國中有制限貴族者。則非以剝奪其參政權。實因其在他方面已有此權。伸於彼者。例當詘於此耳。推原國會分設二院之意。原爲網羅國中各方面之勢力。而劑之使底於平。其在有貴族之國。既以左院代表貴族之特別勢力。則其所以厚於貴族者。亦云至矣。使其在右院更得與齊民競爭。則右院之勢力復得被壟斷其一部分。所享權利太過優異。而兩院之權衡。或自茲破焉。英日等國。右院議員之選舉權。獨靳於貴族。蓋理論上所當然也。惟中國則與彼異。舉國中既無所謂貴族之一階級存。而左院又非以代表特別階級爲其要素。除皇族及蒙古王公西藏僧侶外。舉國中無一人能緣其身分而得有特別之參政權者。夫既不能緣身分而得此權於甲方面。自不能緣身分而失此權於乙方面。此事理之至易明者也。故此種階級制限。吾國當決然舍去。無可疑也。

（八）職業制限　各國之設職業制限。或制限特種官吏。或制限軍人。其制限特種官吏者。大率以執行選舉之官吏爲主。凡以防弊也。其制限軍人者。則不使軍人參與政治。其第一之理由。防勢力之濫用。其第二之理由。則又國家機關分業之原則。應如是也。此我國所當采者也。惟日本選舉法。於此兩種之外。復有制限學生之例。求諸各國。未之前聞。按諸法理。亦難索解。此誠一奇異之制也。夫謂以其爲學生之故。而卽不應與聞政治。此其理由果何在乎。謂學生多少年不解事耶。則既有年齡制限。以爲之坊矣。日本之制。滿二十五歲乃有選舉權。夫學生則大率皆在二十五歲以下者也。有此制限。則學生之不得選舉權者。已十而八九矣。其有一二年逾二十五而猶爲學生者耶。必其人之好學。逾乎尋常。而現在各大學之專攻科者也。否則亦在各大學第三四年級者也。否則亦前此為逆境所限。幼而失學。後乃發憤而補修者也。凡此之人。皆國民中之尤優秀者也。乃徒以其為學生之故。而遂至不能享盡人所同享之公權。是何異國家特設此法制。以懲罰彼好學之民也。彼及年之學生。不欲放棄此權者。計惟有廢學以就之耳。是國家獎勵人民以不悅學。而於國家果何利也。故日本之有此制。實吾所百思而不能得其解者也。吾國教育事業。方始萌芽。其普及之程度。視他國相去遠甚。自今以往。為助長國家進步計。謂宜導多數成年以上之國民。使之嚮學。為法政簡易科。師範簡易科。農工商學簡易科。與夫各種學業之補習科等。多多益善。其中年國民之為學生者。亦多多益善。而一國政治之原動力。方得賴此輩以轉捩之。若如日本之制。凡為學生者不得有選舉權。此何異舉凡神駿。皆繫櫪中。而惟恃駑駘以致千里也。夫在教育未普及之時。則優秀之民。逾中年而為學生者必多。就政略上論。萬不宜奪其選舉權。既如是矣。若在教育普及以後。則國民在二十五歲以上者。大率已脫學生籍。此制限殆包含於年齡制限之中。而規定直同於無效。故吾以為吾國將來國會右院議員之選舉權。但如日本德國之例。以二十五歲為制限而已足。至日本學生無選舉權之陋制。則其絕對的不可采者也。英國憲政之祖國也。特設大學選舉區。以優異學生。而示別於齊民。善良之政略。不當如是耶。若日本之立法家。吾誠苦於索解其用心之所存耳。

（九）財產制限　普通選舉與制限選舉之分界。其最重要者。實在財產。各國學者之論爭。此其燒點也。今請先述彼都之學說。次勘我國之情形。乃定所去取焉。代議制度者。英國之名產也。而以財產制限定選舉之資格者。又其同時產出之副產物也。英國右院（即庶民院）之成立。在十三世紀末。曷為發生此右院。則參與徵稅權。實其惟一之目的也。蓋當時之理想。謂不經納稅者之許諾。而擅課其稅。於義為不當。故凡有納稅之義務者。則當其課稅之前有先與商議之權利所謂不出代議士不納租稅之一格言實當時右院成立之根本的理由也洵如是也是出代議士之一權利實國家對於納稅之國民而予以相當之報酬其不負納稅義務之貧民例無報酬其不得享此權利也亦宜雖然就法理方面觀察之此觀念其果適當矣乎是不可不亟辨也使選舉權之性質而屬於報酬的也則不納稅者不得受此報酬宜也然報酬則必當比例於價值投桃而報李斯爲報矣投木瓜而報瓊琚則匪以爲報矣不納稅者與納稅者同一權利報酬誠可云不公少納稅者與多納稅者同一權利報酬獨得云公乎誠以報酬主義爲根據也則充類至盡必當舉全國納稅之人民而第其等差其納若干者得權利若干分增納若干者則增得若干分又增納若干者則又增得若干分納稅者之等級無窮權利之等級亦與之爲無窮必如此斯可云公矣而試問國家有此政體焉否也況乎租稅之種類又千差萬別直接稅固租稅也而間接稅亦不得謂非租稅近世財政學日進步各國間接稅之收入且駸駸駕直接稅而上之矣一國中人則誰不納間接稅者雖貧至乞丐苟尙能活其生命則所資以活其生命之物品國家先必有所以取之者矣（此又不徒間接稅爲然也即以直接稅論凡納稅者恆轉嫁其稅於人如農民納土地稅而當其以粟入市時則必將此稅項算入穀價中而還取諸買主故實際擔任此稅者乃食粟之人而非耕田之人也他例是）而謂僅納直接稅者宜有報酬其納間接稅者則不宜有報酬又安得云公也不甯惟是使以報酬主義爲根據也則凡納稅者皆不可以無報酬無論其願受與不願受能受與不能受而義固不可以不予之則有未成年之孤子有已喪偶之嫠婦而擁有極大之財產其所負納稅義務獨多於他人者固不可不予之以選舉權卽不爾亦應予其代理人以選舉權而各國固未聞有此制焉則報酬之謂何也然則以報酬主義解釋選舉權其觸處皆不可通蓋章章矣此無他焉古代人民於公權之性質未甚明瞭往往以私

權之觀念比附之。而不知二者截然非同物也。夫國家與人民之關係。非以市道交也。國家命人民以義務。則命之而已。非必有所報酬而後能命也。人民對於國家所應享之權利。則享之而已。非必緣報酬而後能享也。人民之納稅。其當然之義務也。非待國家有所償於我而後納之。如曰必待國家有所償於我而後納稅。則又必當待其別有所償而後當兵也。烏乎可也。人民之有參政權。其當然之權利也。非取償於國家而後有之。如曰緣取償而後有參政權。則其他一切公權。(如要求裁判權各種自由權等)苟別無他道焉爲索償之理由者。將遂無自以得之也。烏乎可也。然則納稅之義務與參政之權利。二者各自獨立。萬不容併爲一談。而謂選舉權與財產有若何之關係者。其說蓋無以自完也。況乎人民之行選舉也。於一方面爲其權利焉。於一方面又爲其義務焉。曷爲謂之權利。謂當組織此國家重要機關時。人民應得參與其事也。曷爲謂之義務。謂此重要之國家機關。凡國民必當盡其力以組織成之也。以權利論。苟將報酬主義之一迷見除去。則斷不能謂惟有財產者。宜有此權利。其無財產者。則不宜有此權利。以義務論。尤不能謂惟有財產者宜負此義務。其無財產者。則不必負此義務。然則謂選舉權與財產有關係者。果無說以自完也。

就政治方面觀察之。則其說之不可通。抑更甚焉。十三世紀時代。英國人之理想。蓋謂凡人民緣國會之職務。而感其利害者。則不可不參與於國會之組織。納稅人則感其利害者也。蓋當時國會唯一之職務。在承諾納稅。其唯一之權利。在監督會計。其在今世國會所有諸職權中。當時所能有者。惟協贊豫算承諾決算之一職權耳。納稅人既特感苦痛。故不能聽當軸之任意取盈。而必思容喙於其間。此庶民院發生之動機也。其不納稅者。既不感此苦痛。自無必須容喙之理由。衡以理論。可云至當。而當時間接稅之項目甚少。其無財產者。大率無納稅之義務。此選舉權所以不及之也。雖然。此惟彼時爲然耳。若在今日。則間接以附庸蔚爲大國。國會所議決之財政案。其負擔之者。豈必有土之人。舉國上自王侯。下逮乞丐。罔不與焉。然則就令今之國會。其權限一如昔之國會。所問者僅在預算決算而已。而感其利害者。固不徒在財產家矣。況乎今世國會之性質。則大異是。其職權非徒在協贊租稅云爾。凡國家立法事業。一切參與之。而其監督權且及於行政。國會之性質。既已遞嬗遞進。達於今日之地位。則凡國會之一舉一措。其影響直及於國民全體。無論納稅者與不納稅者。其所感之利害。皆同一焉。於此而猶劃出一鴻溝。謂惟納稅者宜參預國會之組織。其不納稅者則無須焉。此誠百思而不得其解者也。夫謂與國會職權有利害相關者。斯宜參預國會之組織。此國會起源時所適用之原理也。在彼時之國會。而以財產爲標準。正所以適用此原理。在今日之國會。而猶以財產爲標準。則豈惟非適用此原理。毋亦適得其反而已。夫使此原理果眞確。而財產制限之選舉法。已無理由可以存立。而況乎此原理又非其至焉者也。夫國家之目的。一方面謀國內人民之利益。一方面仍須謀國家自身之利益。凡國家一切機關。皆兼爲此兩目的而設置者也。謂人民各因其個人利害之故。而始參與國政。此不過十八世紀前個人主義之理想。近世國家主義大明。此說之缺點。稍有學識者能知之矣。使國會而僅以個人利害關係而建設也。則凡一國之人。無論貴賤貧富老幼男女。其利害孰不受影響於國會。遵此論據。則其歸結。不可不舉國民而悉畀以參政權。而無論何國。皆不爾爾者。則以國民參政權。實由兩要素相結合而成。其一則政治上之利害關係也。其二則適當行使之之能力也。必具備此兩要素之人。乃畀以參政權。斯可以得完善之意思機關。而國家之目的達矣。故選舉人之資格。必當以此二者爲衡。而此二者之中。其第一種則凡國中人民無不有此關係。更無所容別擇之餘地。可無論矣。其第二種。則當以何者爲標準。以辨別國民中之孰爲有政治能力而孰爲無之耶。此實最難之問題也。今世各國通例。凡未成年之幼童。或私法上雖認爲成年而公法上未認爲成年者。與夫神經錯亂須人保護者。皆確認其爲無政治上之能力而不予以選舉權。此蓋無所容其辨爭者。其女子亦假定其爲無政治上之能力而不予以選舉權。然起而爲難者。且振振有詞矣。但從政策上利害著想。則在今日之社會。此假定終不可以不承認。此年齡屬性等制限所由立。而按諸政治學之原理。可謂不相剌謬者也。然則除此等消極之制限以外。凡丁年之男子皆予以選舉權。如當世所謂普通選舉者。遂得謂其於政治學之原理適相脗合乎。是又不然。政治學之原理。謂凡有政治上之能力者。斯當有參政權。然則無政治上之能力者。不當有參政權。甚明。而謂凡丁年之男子。皆有政治上之能力。則無論何國。其事實皆不爾爾也。然則欲適用政治學之原理。使圓滿無遺憾。除非得一人焉具有佛世尊耶蘇基督之神慧。皆隨時一望而知國中人之孰有政治能力而孰爲無之者。畫然劃一界線以識別之。無銖黍之忒。乃因其識別而定選舉權之予奪焉。斯可矣。然此事既萬不可期。卽學理之圓滿適用。終不可望。故曰人類不完全而政治無絕對之美。既爲絕對之美。則兩害相權取其輕。兩利相權取其重。多數有能力之人民得參政權。其利甚重。而少數無能力者濫竽其間。其害較輕。此普通選舉制得以成立之理由也。若夫以財產之有無定選舉權之有無乎。苟衡以學理。必當先立一前提焉。曰凡有財產者皆有政治能力者也。凡無財產者皆無政治能力者也。而此前提果正確乎。不待問而有以知其不然矣。財產與政治能力決非能常相一致。故財產與選舉權決不容有特別的關係。英國之設財產制限。其歷史上之遺蛻耳。英人以善保守聞於天下。其習慣無論當理不當理。

皆無寧過而存之以次遞變必千數百年而蛻化乃盡焉他國無歷史上之理由乃必並其缺點而學之所謂畫虎不成終類狗者也英國雖號稱用制限選舉然經幾度之沿革其制限已極低微今則凡有住居能獨立營生計者皆有選舉權矣參觀前所舉法制便知其詳現在日本人之有選舉權者不過百分中之二分二強英國人之有選舉權者則百分中之十七分強故學者往往以英國列諸普通選舉之國亦非無故也

夫持制限選舉論者不過曰民之爲道有恆產者有恆心無恆產者無恆心以無恆心之人而使之選舉議員則將損議員之價值而貽隱患於國家也且赤貧之人易動之以貨利恐被買收其投票而所選舉者非出於良心之自由也由前之說則必求所以增進選舉人之道德及其智識使之能鑑別議員候補者而擇善以舉之然後議員之價值乃不損固也然欲達此目的決不能取標準於財產何也其在敎育不普及之國則貧民之無道德無智識者固屬多數卽富人亦豈能獨優焉彼紈袴子弟不辨麥菽者比比然矣孟子之言謂比較的如是而非謂絕對的如是斯未可以一概論者也若夫今世諸立憲國以行强逼敎育爲原則凡及歲之兒童不論貧富皆有就學之義務其曾受國民敎育者卽應認其爲有國民資格而於財產之有無果何與也由後之說則賄賂運動之弊無論用何法而皆不能盡免但選舉人數多者則其行賄運動也較難選舉人數少者則較易例如僅有百票卽能選出一議員則作弊甚易若需千票則作弊難矣進而及萬票則更難矣而行財產制限則以有選舉權者甚少之故而供作弊者以多途試舉其例如日本現制約平均十三萬人而出議員一名但日本每百人中有選舉權者不過二人而强故平均得二千票內外卽可中選英國現制約平均五萬四千人而出議員一名但英國每百人中有選舉權者十七人而强故必平均得九千票內外乃可中選夫九千票之作弊難於二千票之作弊此不待智者而決矣故以財產制限選舉爲防弊之良法者而不知其結

果乃適得其反也。

夫設立國會之本意，原欲使多數國民，與聞國政，則其與國家之關係日益切密，而愛國心自油然而生。若以財產制限之故，而使大多數人，不能感國家與己身之利害關係，則將流於少數政治，其反於立憲之本意甚明。況乎國中一大部分人無選舉權，則民智愈開，而不平之分子愈增，其結果必助長資本家與勞働者之軋轢，而國家將受其弊。故現今歐美各國，其大勢皆趨於普通選舉，而財產制限之制度，殆淪爲歷史上之殭石，良有由也。

以上僅就普通學理觀察之，而財產制限之毫無理由，既若是矣。若按諸我國今日之國情，則其萬不可采，更有可斷言者。行財產制限之國，其鑑定財產之方法，雖有種種，而最直捷者，則以納直接國稅若干爲標準是也。各國所行直接稅，其種類繁夥，如地稅、家屋稅、動產稅、營業稅、所得稅等，皆屬焉。我國今日所現行者，則惟地稅之一種耳。其他各種，吾信雖國會成立後，遲之又久，而猶未易採行者也。然則我國若用財產制限，其得爲標準者，僅地稅耳。而我國舊制，賦稅極輕，每畝正供，不過一二錢。若仿日本之例，以納十元者得有選舉權，則非有地五十畝以上者，不能得此權。恐國民之有權者，千人而不獲一矣。然又不能據此而遽斷定國中有財產之人之果爲極少數也。蓋有每歲所入，視擁田百畝者之所入數倍或數十倍，而未嘗納一文之直接稅於國庫者，比比然矣。如顯宦之俸給，幹員之薪水，豪商之股份，是其類也。財產制限行，是此輩皆無選舉權也。不寧惟是，我國田制，率由戶領，其法律上之所有權，屬於戶主，而各省習慣，以父子兄弟同居爲美德，上流社會，輒數代不析產，故雖鉅萬之富，而爲子弟者，終未嘗以自己之名義，輸正供於國家。財產制限行，是此輩皆無選舉權也。不寧惟是。凡以游宦或經商而入籍於他省者。於其新入籍之地。無土地所有權者居多數。財產制限行。是此輩皆無選舉權也。不寧惟是。京旗及各省駐防。大率以官爲家。或恃軍籍薄餉以自活。而有田之人。千不得一。財產制限行。是此輩皆無選舉權也。夫以游宦經商入籍他省者。苟其本籍置有產業。猶可以申告於所流寓之地。免致失權。若夫京旗駐防。本無恆產者。豈不緣此制限。而最重要之公民權。遂永喪失耶。以立法之偶失當。使國中一部分之人。驚駭迷惑。幾疑國會之設。爲剝奪旗人權利。莠民乘之。或反以煽動民族之惡感情。以阻憲政之進行。則其禍害及於國家者。非細故也。夫按諸普通學理。而財產制限之不可取也旣如彼。衡諸中國事勢。而財產制限之不可取也復如此。此吾黨所爲決然反對之而不容假借也。

問者曰。今者與人言國會。猶或致疑於程度之不足。而生異論。今更與言廢財產制限。是並日本所未能及者。而欲一蹴幾之。其毋乃更資人以口實。而沮國會之成立。則何如仍承認制限之說。無驚里耳也。應之曰。不然。吾黨正惟冀國會急底於成。愈不得不反對財產制限之議。蓋財產制限。必待稅法整理。然後能實行。而非國會成立以後。恐稅法終無整理之期。今若以財產制限爲國會選舉必要之條件。則政府將藉口稅法之未整理。以謝國民之要求。是不啻爲反對國會論資以武器也。吾之斤斤然排斥財產制限者。豈好辯哉。不得已也。

（十）教育程度制限　教育程度制限。有以之爲制限之唯一條件者。有以之爲財產制限之解除條件者。其以之爲制限之唯一條件者。則必須有及格之教育程度。乃得行選舉權也。如意大利及美國中之若干州及澳洲聯邦是。其以之爲財產制限之解除條件者。謂以財產制限爲原則。但教育程度較高之人民。則雖所有財產不及格。亦得有選舉權。此其例外也。如英比等國是。今吾黨旣不主張用財產制限。則所謂解除條件者。自無所附麗。不必更論。若夫不立財產制限。而惟以教育程度爲唯一之制限。則按諸學理。其說較完。宜若可采者也。但此程度當以何爲標準。又屬一問題。若所懸之格太高。則仰攀甚難。而大多數之國民。不免向隅。例如以中學校或高等學校畢業爲及格。則恐有豪農巨賈。納多額之國稅。而猶見擯於選舉權以外者。若所懸之格太低。則與無制限等。何必多此一舉。例如以能讀書寫字者。或以小學校畢業爲及格。則在行强迫教育之國。凡及年之民。罔不有此程度。是亦無制限之制限而已。故此種制限。各國多棄而不取。良有由也。以中國論。現在教育尚未普及。人民之無智識者居多數。則以教育程度略示制限。實爲最宜。如美國及澳洲之制。其至可采者也。雖然。於此復有一困難問題出焉。曰欲察人民之教育程度。當用何術是也。求其公平確實。勢不得不出於試驗。而試驗之手續。非徒繁難。即流弊亦不可勝防。恐選舉訴訟。層見疊出。適以增國會成立之阻力。故竊謂不如並此制限而豁除之之爲愈也。

問者曰。既財產制限與教育程度制限。兩皆不用。則純粹之普通選舉矣。夫普通選舉之制。雖以今日之日本。猶未遽適用。而謂中國乃能貿然行之。無乃駭人。應之曰。普通選舉。爲世界大勢所趨。日本學者主張之者十而七八。其選舉法之改正。殆將不遠矣。至謂日本一般人民之程度。能遠過於我國。吾不敏。未之敢承。故謂日本現行制限選舉。則我必當步其後塵。無有是處。況乎吾黨所主張者。又在複選舉而不在單選舉。既用複選舉。則第一次之選舉人。更無取乎多立制限。故即使如論者之說。謂我國民程度遠遜日本。仍不足以爲病也。若夫主張用複選舉之理由。當更端詳論之。

普通選舉。固爲吾黨最後所主張。特恐崇拜日本者流。或將引彼中解釋派之學說。振振有詞。以惑觀聽。無已。

則請斟酌英俄意葡之制。於普通中仍略示制限可乎。一曰須能識字寫字者。此教育程度之最低制限也。此種制限。不必別行試驗。但用記名投票制。其制別詳次款令選舉人自書姓名及所舉人之姓名。其不能書或所書舛誤者。則其票即爲無效。則其所寓制限。固已多矣。在歐美各國貧富懸隔。而教育普及。故此種制限。不足云制限。惟財產制限。乃足云制限。若我國現在。則貧富不甚懸隔。而教育太不普及。故財產制限反不足云制限。而此種制限。卻足以爲制限。二曰須自構一屋或租一屋而居者。此英俄之制也。但我國爲家族主義之國。故凡與父兄或其他尊屬同居者。皆應得適用此條件焉。三曰須有職業者。此俄國之制也。惟彼專言工商業。我則當普及於一切職業。然後其義乃完。以此三種爲制限。其第二第三種。則調製選舉名冊時之制限也。其第一種則投票時之制限也。似此則選舉權不至太濫。而於學理事勢皆有當矣。

以上之意見。則可擬關於選舉權之法文如下。

第某條　凡帝國人民年齡滿二十五歲以上之男子。能讀書寫字。而具有以下二項資格之一者。得有選舉權。

一　自構一屋或租一屋而居滿一年以上者。但與父兄或其他尊屬同居亦可。

二　滿一年以上有職業者。

第某條　左方所揭者。不得有選舉權。

一　禁治產者及準禁治產者。

二　受破產宣告未復權者。

三　剝奪公權者。及停止公權者。

四　受禁錮以上處刑之宣告者。

吾之爲此論也。讀者愼毋以我爲夢想泰西之文明。而不顧本國之程度也。吾確信如此辦法於我國之現情。有百利而無一害。又確信非如此辦法則我國國會恐無成立之期。論者猶有疑吾說者乎。毋亦其腦識中爲日本現行制度所充塞。誤認以爲天經地義。而不克自拔耳。夫日本制度稗販泰西。其支離滅裂不成片段者。抑多多矣。事事而步趨之以求其肖。其不貽東施之笑者幾何。

第二項　平等選舉與等級選舉

普通選舉之衷於學理。適於我國事勢。夫既言之矣。但普通選舉之中。復有平等選舉與等級選舉之差別。平等選舉者。一人一權。舉國同等是也。等級選舉者。限於某種類之人。特有優異權。不與齊民伍是也。其方法亦有二種。一曰複數投票制度。二曰分級投票制度。

複數投票制者。普通人民。一人得投一票。惟法定某種之人得投二票或三票是也。此制度約翰穆勒極稱道之。英國匈牙利瑞典之選舉。公共團體議員用之。其用以選舉國會議員者。今惟比利時一國。比利時於一八九四年。改定選舉法。凡二十五歲以上之男子。一人得投一票。其滿三十五歲已結婚者。或雖鰥而有嫡子者。且每年納五佛郎之人稅者。又滿二十五歲而有價值二千佛郎之不動產者。或歲收百佛郎之地租者。皆得投二票。其卒業於高等學校者。及曾任法定之某種官職者。皆得投三票。此法律頒定之後。其年行總選舉。其選舉人總數一百三十七萬六百八十七人。內有一票者八十五萬三千六百二十八人。有二票者二十九萬三千六百七十

八人有三票者二十二萬三千三百八十一人總票數凡二百十一萬一千一百二十七票

分級選舉制度者將有選舉權之人統計其納稅之總額齊其多寡而分爲若干級每級所舉議員之數同等是也例如有選舉權者十萬人其納稅之總額爲一百萬其所應出之議員爲九十人分之爲三級則每級得科三十三萬餘得議員三十名以十萬人所納稅額比例分之其第一級以五千人能納稅三十三萬餘者則五千人之投票得舉議員三十人其第二級以二萬人能納稅三十三萬餘者則二萬人之投票得舉議員三十人其第三級以七萬五千人乃能納稅三十三萬餘者則七萬五千人之投票亦僅得舉議員三十人此法日本之市町村會選舉用之國會選舉用此法者今有普魯士而索遜瓦丁堡等國之制亦略相似普魯士之制類分全國公民第其納稅最多額合之而得直接稅總額三分之一者名之爲第一級選舉人第一級選舉人之外其納稅次多額合之而得所餘總額三分之一者名之爲第二級選舉人自餘則爲第三級選舉人每級各選舉議員三分之一而據一八九三年之統計則全國人民屬於第一級者爲百分之三有奇屬於第二級者爲百分之十二有奇屬於第三級者爲百分之八十四有奇云

此兩種等級選舉制度凡所以救普通選舉之流弊也蓋極端的普通選舉行少數之富者或不免爲多數之貧者所壓其在歐洲今日之社會尤所難免此調和之制所由設也然而普通之制其調查極繁重而計算難精確非稅法整理後無從實行我國現時不能學步固無待言且就其制度本質論之亦未可稱美備蓋貧者壓富者固非國家之福卽富者壓貧者亦非國家之福而此制則愈富之人其特權愈重故也不寧惟是其所謂三級者又非能合全國而均算之以泐爲三級也如普國之制分全國爲若干之選舉區每區各等其納稅之率以爲三

級。然同此稅也。在甲區列於第一級。而在乙區列於第三級者。往往有之。其不平莫甚焉。如甲區有十一萬人而其納稅總額爲十一萬元而其中有多納稅者三十人合其所納之稅卽當全區稅額三分之一則平均須每人納稅千元以上乃得有第一級之選舉權乙區有八萬人其納稅總額爲五萬元而其中有多納稅者三百人合其所納之稅乃能當全區稅額三分之一則平均每人納稅五十餘元已得有第一級之選舉權夫納稅五十餘元者在甲區應編爲第三級者也而在乙區乃得列於第一級是不公之甚也故此等制度。在市鄉村會議員之選舉行之。猶可以收裒多益寡之效。然日本市町村會選舉用此制學者猶多議之若施諸國會選舉。則利不足以償其弊矣。若夫比利時複數投票之制。就學理上論之。不失公平。就政策上觀之。頗多善果。學者或稱爲最良之選舉制。良非無由。但其中注重於財產條件者頗多。我國欲完全仿效之。尙須待稅法整理以後。今則病未能也。或先仿其一部份。凡有科第官職及學堂畢業文憑者。得有投兩票之權。亦未始不可。

第二款　被選舉權

被選舉權之資格。其制限恆視選舉權爲寬。此近世各國之通則也。今述諸國法制沿革。而比較之。推求其立法之意。以示我國所當采擇焉。

(一)財產制限　前此歐洲各國。其選舉權用財產制限時。被選舉權亦有制限。且視選舉權爲更嚴。如納稅若干得有選舉權者。其被選舉權必納稅更多。乃使有之。英國舊時之國法。法國一七八九年十二月廿二日之選舉法。及一七九一年九月三日之憲法。西班牙之哥特士憲法。與夫德意志諸國舊時之國法。其他一八四八年以前歐洲多數國之國法。皆以此爲原則。獨比利時一八三一年之憲法。其所規定。與此正反對。選舉權雖尙存財產制限。被選舉權則悉免除之。而一任衆望之所歸。此實近世法制之先河也。其次則盧森堡首倣其例。及一八四八年以後。歐洲各國於選舉權旣陸續改用普通之制。同時於被選舉權。舉前此之制限悉廢止之。馴至一八八五年。英國亦從其例。日本選法成立最後。其被選舉權亦不設財產制限。與選舉權異。今列舉各國之例。分爲三種。

(一)選舉權被選舉權皆無財產制限者。　德奧比美西法瑞等國。

(二)選舉權有財產制限被選舉權無之者。　英日意瑞典盧森堡等國。

(三)選舉權無財產制限被選舉權有之者。　葡萄牙

由此觀之。被選舉權以財產爲制限。現今世界除葡萄牙一國外。殆無類例。此何以故。蓋推原制限之本意。不過欲使議員得適當之人才。而人物之與資產。決非可成正比例者。但使有衆望所歸。則雖原憲黔婁。曾無損於參政之資格。此所以免除制限之一理由也。況就令强立制限。彼貧乏之議員。臨時設法增納租稅。以求中程。亦非難事。則有制限與無制限等。此又所以免除制限之一理由也。雖以日本憲法之幼穉。其關於此項。猶不能不采各國普通之制。抑可見公理所在。不容誣矣。我國必當效之。更可待疑。

(二)年齡制限　各國被選舉人之年齡制限。有與選舉人同者。如英德是也。英之選舉人以二十一歲爲及格。其被選舉人亦同。德之選舉人以二十五歲爲及格。其被選舉人亦同。有高於選舉人者。如美法意日是也。美法意選舉人皆以二十一歲爲及格。而美法之被選舉人須二十五歲乃及格。意之被選舉人須三十歲乃及格。日本選舉人以二十五歲爲及格。其被選舉人則三十歲乃及格。亦有低於選舉人者。丹麥是也。丹麥選舉人以三十歲爲及格。其被選舉人則二十五歲已及格。此各國法制比較之大概也。爲議員以參議國政。必須稍富於經驗者。乃爲適當。故以三十歲爲制限。誠不爲過。但按諸實際。則三十歲以下之人能中選者實甚稀。

故此制限等於無效若其有之此則漢詔所謂有如顔回子奇不拘年齒者也然則年齡制限雖稍降格似亦無妨惟所關非鉅但如各國通例亦庶幾耳

(三)住所制限　前此各國舊制凡被選舉人必須本在選舉區有住所者乃爲合格至今美國尚仍此制自一八四八年以後歐洲各國皆廢止此制限其因沿未革者今惟餘瑞典與那威耳日本爲立憲之後進國亦倣各國通制不設此制限住居東京之人往長崎爲議員候補法律所不禁也原住居制限之本意蓋緣曩昔人民國家觀念未明誤以一地方所出之議員爲代表本地方之利益故必以有籍貫於本地方者乃得與其選亦無足怪今則學理大昌而議員爲代表全國非代表該選舉區之義各國憲法且有著爲條文者則籍貫制限徒示不廣而失立法之意明矣夫使被選之人必限於爲本選舉區之住民苟本區無適當之人才勢不得不濫竽充數飾駑駘以爲上駟其損議員之價値莫甚焉而他鄉之人其有奇才異能爲我所知者亦以格於例而不獲以登薦剡此亦非使選舉人尊重良心之道也昔漢制郡守辟曹掾必限於本郡人士後以不便乃弛其禁今之被選舉權亦應如是矣況我國習俗省界縣界等謬見深中人心其爲國家統一之障實莫甚焉苟被選舉權猶與籍貫相屬將使無知之民與前此之學額同視此疆彼界較短量長則其於國會代表國民之意不亦遠乎故豁除住所制限非惟學理所當然抑亦我國情形所必要也

(四)職業制限　各國被選舉人資格於其職業上每立種種制限今舉數國以明其例

英國　左方所列各種之人不得被選爲右院議員

(一)貴族　英蘇貴族絕對的受制限惟愛爾蘭貴族非現任左院議員者則有被選舉權

(二)僧侶　在英蘇之國立敎會及羅馬舊敎會奉敎職者。
(三)特種之官吏　(1)司法官。(2)管理選舉事務之官吏。(3)理財官。
(四)受領恩給者　謂凡受領王室之恩給者但受文官恩給及外交恩給者。不在此限。
(五)承辦官業者
美國　凡現任合衆國之行政官司法官。皆不得被選爲議員。
法國　左方所列之各種人。不得被選爲右院議員。
(一)前代君主之遺裔。
(二)服現役之海陸軍人。(但將官及參謀官。不在此限。)
(三)受祿官吏。(但國務大臣各省次官全權大星使縣知事警視總監大審院長及檢事長會計檢查院長及檢查官長巴黎控訴院長及檢事長大僧正僧正等。不在此限。)
(四)於選舉區內有管轄權之某種官吏。不得爲該管區所選出之議員。
日本　左方所列之各種人。不得被選爲右院議員。
(一)華族之戶主。
(二)現役中及召集中之陸海軍人。
(三)官立公立私立學校之學生及生徒。
(四)神官神職僧侶其他之宗敎師小學校敎員。及罷此等職後未滿三月者。

（五）承辦官業人及承辦官業公司之役員。

（六）有關係於選舉事務之官吏。不得爲該管區選出之議員。

（七）宮內官判事檢事行政裁判所長官及評定官會計檢查官收稅官吏警察官吏。

（八）府縣會議員。不得兼爲國會議員。中選者例辭前職。

以上所舉各國制度。如法國之限制前代君主遺裔。純以維持共和國體。此我國所無。不必深論。如英國院制貴族之一部分。日本院制華族之戶主。皆所以貫徹兩院制之精神。使左右院不相侵越。我國既無貴族。則此亦無取效顰。今所亟欲研究者。則爲官吏得任議員與否之一問題。此實通於各國之大問題。而未易遽斷者也。今請述兩方之沿革。及其理由。乃按諸我國情勢。定取舍焉。

此項之制度。又分兩種。一曰禁止中選。二曰禁止兼職。禁止中選者。謂凡在制限內之人。其中選者。法律上直認爲無效也。禁止兼職者。謂凡在制限內之人。一旦中選。則或辭議員而保持前此之地位。或拋擲前此之地位而承諾爲議員。二者任擇其一也。明此二者之區別。則可以觀諸國之法制。

國會種種制度。殆皆濫觴於英國。被選舉權之限制官吏。亦其一也。英人立法之本意。原以防國會之勢力爲君主所利用。故不徒禁現任官吏之爲議員而已。其現任議員。一旦經君主拔擢而爲官吏。則立失其議員之資格。必須辭職後再被選舉。乃得安其位。在前此爲保國會之獨立起見。殆不得不然。今則情勢已大變。而此舊習猶因而不革。則英人保守之天性然也。

美國則左右兩院議員。其任期中皆不得就官職。蓋三權鼎立主義。實爲美國憲法之特色。其劃爲鴻溝。不相雜廁。亦固其所。

其在歐洲大陸則分爲法國法系與德國法系之兩大派。法國法系。以限制官吏爲原則以不限制爲例外。荷蘭葡萄牙等國屬焉德國法系以不限制官吏爲原則以限制爲例外比利時意大利奧大利匈牙利瑞士丹麥瑞典那威等國屬焉。今先言法國。

法國一七九一年六月十三日之法律及同年九月三日之憲法所規定。凡任官職者。不得兼爲議員。或就此或就彼任擇其一。其立法之意本非欲排斥官吏於國會之外亦非防政府侵國會之權。實以當時之國會經年常開。會無閉會之時兩職相兼則事實上無以完其任務也。自茲以往其制度翻覆多次而畢竟無以大異於其舊。一七九二年六月二十四日憲法全解除此制限共和三年某月五日之憲法又復之拿破侖之憲法再解除之。七月革命後以一八三〇年九月十二日之法律。又復之當拿破侖之既亡路易第十八之初復位也其選舉法一遵拿破侖之舊。不加制限於官吏既而不勝其弊。蓋當革命時代地方官皆由選舉而就職故地方官干涉選舉之弊自無從生及拿破侖得政實行中央集權縣知事郡長皆在政府監督之下屢奉政府之諷示悍然干涉選舉以助政府黨之中選路易十八承之益利用此策略據一八二四年之統計議員四百三十人中官吏居其二百五十云此種官吏議員純鷹犬於政府國會殆爲政府之隸屬機關而失其獨立之性質積弊至此窮則思變有固然矣當時國民已極力運動回復限制官吏之制而無大效僅於關係選舉事務之官吏稍加節制而已逮七月革命後而此限制大加擴張凡縣知事郡長師團旅團司令官收入官支出官吏收稅官登記所長及判事檢事於其管轄區域內之選舉區不得爲被選人又不徒在職中爲然耳卽退職後六個月間。尚受此限制。其縣知事及郡長。及財政官吏。全禁議員之兼職。故雖在管轄地以外之選舉區被選出者。辭彼就此。只能擇其一。又仿英國之制。凡現任議員拔擢爲官吏者。則議員之資格隨消滅。此法案前此雖屢經提出。而屢次失敗。直至一八三〇年。始見施行。自茲以往。議員與官之職。不得相兼。遂爲法國確定之原則。拿破侖第三時代。更充類至盡。雖國務大臣亦不許兼爲議員。及第三共和政體成立以後。始有例外之例。即國務大臣次官全權大使等十數種之官吏。許其兼職。前段所舉之制是也。

德國之沿革。與法國正當反對。德國所采之原則。則官吏與議員之職得相兼也。此原則自初期之憲法。已采用之。直至於今。守而勿失。其聯邦內間有數國限制國務大臣及最高行政官廳之官吏。不得爲議員。此蓋受法國之影響。迷信三權分立主義使然。一八四八年以後。變革殆盡矣。此外則有數國焉。仍存例外之例。或限制某種官吏。於其管轄區域內。不得被選。所以防干涉也。或限制會計檢查官。不得兼爲議員。所以使會計檢查院。超然於政府國會兩者之外。而保其獨立之地位也。然此不過僅少之例外而已。其二者得兼之原則。未嘗緣此而破壞也。夫德國所以采用此原則者。其故安在。其一緣德國聯邦中多屬小國。苟將官吏擯諸國會以外。則議員將乏適當之才。其二緣德國官吏之分限。受法律上圓滿之保障。當其執行權限內之職務。純具獨立之性質。非長官所得威劫。故官吏之爲國會議員者。不必其黨於政府。時且爲反對黨之領袖。雖兼職不足爲國會病。以此特別之理由。故其所采主義。與法國適成反對。亦奚足怪。坐是之故。法國政府。常欲援引官吏於國會之中。而人民反抗之。德國則反是。其政府常欲排斥官吏於國會之外。而人民亦反抗之。當一八六七年北德意志同盟諸國之討議憲法案也。謂官吏往往在國會反對政府。破壞服務紀律。故所擬憲法草案

第二十一條云『聯邦各國之官吏不得有被選舉權』此草案提出滿場一致反對之卒不得通過故官吏之有被選舉資格非特聯邦內之各國爲然也卽帝國國會亦有然此德國法制沿革之大概也

日本則斟酌於德法兩法系之間而略近於英國如前所引選舉法限制某種之官吏則但使無妨於其職務許與議員相兼（衆議院議員選舉法第十五十六條）此蓋於日之國情頗適合云

今請按諸學理以評德法兩制度之得失官吏與議員相兼其弊有四（第一）官吏爲議員者多則將曠行政之職務就中地方官爲尤甚（第二）以官吏而爲議員候補則緣運動選舉之故常與政黨生關係坐是對於一般人民不能公平以盡其職就令不加入政黨而當競爭選舉時要不能不市驩於一部之人民隨在可爲執法之障（第三）若官吏於其管轄區域得爲議員候補人難保濫用職權以自求中選（第四）官吏以黨於政府爲恆使官吏議員多則政府易行其不正之勢力於國會以損國會之獨立反之若官吏在國會動與政府爲難則於官紀大有妨害法國制度凡以防此弊而設也雖然若將一切官吏悉擯諸國會以外其弊亦有二（第一）對於人民中之大階級剝奪其重大之權利揆諸法理實爲不公（第二）就國家全體利害言之官吏社會中其歷練政務學識才能卓越者不少禁之使不得爲議員則國會緣此而失許多優秀之人物就中小國寡才尤以爲病德國制度凡以防此弊而設也

由此觀之此兩制者各有利病殆難驟判劣優若欲定所適從惟當察本國之國情以爲斷今請詗諸我國（第一）我國境土寥闊交通不便外省之與京師往返動逾年載外官兼任議員事實上已居不可能之數若京官與外官異其權利則法理寧得謂平（第二）我國地廣人衆而前此任官之法實不足網羅國中之奇士

草野懷瑾握瑜之儔正苦於無以自表見國會既開可闢一塗徑以盡其才若多數坐位爲官吏所壟斷國會且銷沈其朝氣(第三)我國官吏非如德國之久經訓練其政治上之智識實未見其能優異於齊民國會雖缺此一部分之人不足爲病間有振奇之輩則辭現職以就議席諒非所吝(第四)我國官吏分限未能受法律上嚴重之保障故屬吏伺長官鼻息習以成性官吏議員多則國會必成政府之隸屬機關而損其獨立據此四理由則我國將來制度采法國主義而不采德國主義甚明雖然亦尚有例外焉(第一)國務大臣及各部次官宜不在此限蓋政務官與事務官其性質本自不同不能與普通官吏同視若國務大臣及次官不許入國會則國會與政府隔閡太甚而政治之運用將欠圓滑故法國當第二帝政時雖曾立此制限及第三共和後旋且廢之若美國之株守三權分立主義則既病於夏畦矣此我所宜鑑也(第二)各員外候補官宜不在此限我國候補候選等官之多爲萬國所未聞此輩無絲毫之職務原不必名之爲官吏社會而其中多中流人士才識優越者非寡以任議員頗爲適宜若其現任要差者則與實職同科自當援普通之例必辭差乃能就選又無待言

以上所舉四種制限其最重要者也此外各國制度尚有種種制度請一括總評之

(一)制限軍人　各國制度略同蓋軍人服從之義務視官吏爲更重其性質本不宜爲國會議員且以軍人投入政爭渦中尤非國家之福故各國率皆禁之我國亦宜從同

(二)制限僧侶　歐洲各國多有之日本亦然歐洲前此政教不分僧侶恆跋扈於政界以害施政之統一其限制之蓋非得已日本效顰識者已笑爲無病之呻吟我國則更無取義矣

（三）制限歸化人　各國多有此制限。蓋外國人新入籍於本國者。必須合於法定條件。乃得有被選權。此在新開之殖民地。誠爲要着。前此杜蘭斯哇與英開戰。即爲此問題也。但在普通之國。則初入籍而遽被選。實屬必無之事。此種制限。雖視同無效可也。

（四）制限小學校教員　惟日本有之。其意殆以防運動作弊。又防以政治智識。混入兒童腦際。有害教育事業。但其理由皆似是而非。可勿采。

（五）制限生徒學生　惟日本有之。此制之陋。前於選舉權條下已痛斥之。況乃被選權者。據日本法律。必三十以上者。乃能享有。夫已滿三十歲之人。徒以其尚在學校。故而剝奪此公權。此何理耶。其僨抑更甚矣。此萬不宜采者也。

（六）制限承辦官業之人　英日等國有之。其意蓋防其借議員之地位。以圖私人之利益。但日本自開國會以來。爲此問題提出選舉訴訟者。已非一次。況左院議員之多額納稅者。半屬此輩。不禁諸彼而禁諸此。法理上亦不得云平。故學者多主張削除之。我國似亦不必效顰矣。

（七）禁兼任左院議員　各國皆同。當采。

（八）禁兼任地方議會議員　各國皆同。當采。

復次。以上所列制限。皆被選舉權之特別制限也。若夫禁治產者。準禁治產者。宣告破產者。剝奪公權及停止公權者。受處刑之宣告者。既不得有選舉權。則亦不得更有被選舉權。此無待言。

綜而論之。則被選舉權之制限。有消極之條件。此爲各國共通之大原則。蓋政治能力之豐嗇。與貲殖絕無關係。

故財產制限可不立而既爲衆望所歸者自必非不辨麥菽之徒故教育程度制限可不立立法者苟明此義則執至簡以馭之正無事擾擾爲耳

第三款　選舉方法

第一項　直接選舉與間接選舉

第一目　利害比較之學說

直接選舉者由有選舉權之人民直接選出議員也亦謂之單選舉間接選舉者由有選舉權之人民選出選舉人再由選舉人選出議員也亦謂之複選舉在間接選舉制之下其有選舉權之人民稱爲原選舉人亦稱爲第一級選舉人原選舉人所選出者稱爲選舉人亦稱爲第二級選舉人間接選舉制德意志聯邦中之普魯士巴威倫索遜巴典曷仙索遜威瑪索遜古堡俄特及俄羅斯之右院議員選舉用之美國大統領之選舉亦用之法美兩國之左院議員選舉亦略用之直接選舉制則自餘各國之左院議員選舉大率用之此兩制者各有其利害得失今比而議之

(甲)直接選舉優於間接選舉之點

(第一)直接選舉則被選人必爲選舉人直接信任者故可以代表其意見間接選舉反是被選人雖爲第二級選舉人所信任未必爲原選舉人所信任故多數人民之意思不能直接反映於國會

(第二)直接選舉則選舉人對於選舉直接而感其利害其熱心自緣而增加間接選舉原選舉人緣自己之意思不能直接反映於國會故視投票爲不足輕重不免淡漠視之

(第三)直接選舉僅執行一次而已足間接選舉則須兩次手續煩雜國家與人民兩皆增其勞費

(第四)雖用間接選舉法實則選舉之結果自原選舉人選舉時而已決定蓋第二級選舉人恆受命於原選舉人以投票故第二級選舉人成爲贅疣

(乙)間接選舉優於直接選舉之點

(第一)選舉之目的凡欲以組織最良之國會而欲達此目的則當使選舉人能鑑別被選人之才能性行擇最良者而舉之而多數之原選舉人程度較低鑑別之識慮不足用間接選舉其第二級選舉人之智識必較原選舉人爲優而所舉易於得人其在教育未普及之國而行普通選舉者則間接之優點益著

(第二)且選舉必遵從「舉爾所知」之一格言而多數原選舉人蟄處鄉僻交通不廣所能知者惟在其隣里鄉黨近習之人而恆於全選舉區適當之人物多非其所習强令之選舉亦不過以耳爲目往往受運動煽惑而所舉者非本於其自由意志用間接選舉則第二級選舉人地位較高交通較廣對於議員候選者較易周知其在廣土衆民之國而行大選舉區制者則間接之優點尤著

(第三)用間接選舉則第二級選舉人所就者爲名譽職能使之生自重心而愼重將事且既受原選舉人之委托以行選舉其對於原選舉人負道德上之義務益當以公心行之

此兩制度利害比較學說之大概也準此以談直接之利四而間接之利三其間頗難軒輊雖然所謂直接優於間接者其最重要者不過第二第三兩項若夫其第一項謂用間接制則多數選舉人之意見不能直反映於國會按諸近世學理國會者所以表示國家意思而非表示選舉人個人之意思故議員所代表者乃國家而非其

舉主也故各國法制多以選舉人不得以自己之意見束縛所選之人著爲明條故苟使議員能得人則雖與選舉人意見不相洽亦非爲害是此說不足以病間接制也又其第四項謂第二級選舉人恆受命於原選舉人以投票此在美國選舉大統領誠有此種現象但美國之所以爲此者(一)因其所舉者僅爲一人故原選舉人之視線得集於一點(二)因美國政黨有特別之組織故能以間選之名而行直選之實若在他國選多數議員則罕有此弊徵諸普魯士而可知也故此亦不足以病間接制不寧惟是假使第四項所舉者爲間接制必至之現象則間接制固可以反映多數選舉人之意思而第一項之謂害者其說又不能成立矣若夫第三項謂間接制增國家及人民之勞費此誠不可諱之缺點雖然事苟有益於國家雖稍勞費亦安得避況乎在廣土衆民之國無論用大選舉區制用小選舉區制其手續皆極繁雜勞費要不能簡改用間接制雖曰分兩次執行而當每次執行時其勞費皆不甚則兩者之利害亦正足以相消也要之天下無論何種制度皆不能有絕對之美惟當以所施之國適與不適爲衡離國情以泛論立法政策總無當也

第二目　我國當采間接選舉制之理由

吾黨於我國之右院議員選舉主張用間接制非敢謂間接制其性質必有以優於直接制也特按諸我國情形有不得不爾者請言其故

據前所論間接制之利益第一項欲得善良之國會宜使選舉人能鑑別被選人之材能性行而第二級選舉人鑑別之識恆較原選舉人爲優我國以種種理由不能行制限選舉前既言之矣既不用制限選舉當此教育未普及之時選舉人之智識能力誠不免有缺乏之感惟用間接制可以略矯此弊此吾黨主張間接制之第一理

由也。

據前論第二項。選舉人當以各舉所知爲正鵠。我中國果由何道。得以達此目的乎。是當有先決之一問題。即比例人口當平均幾何人而選出一議員之問題是也。欲決此問題。又當更有先決之一問題。即將來中國國會右院應有議員若干人之問題是也。今請次第論之。

（第一）一院中議員之總數。在勢不能太多。若議員太多。苟人人忠於其職。則議決往往甚難。苟不忠於其職。則以伴食而多耗國家之歲費。抑又焉取。反之若其數太少。則選舉區必太大。不能完滿以代表各地方之人民。斟酌盡善。誠哉其難也。今考各國右院議員之總數。及其比例於人口之標準如下。

英國	議員總數六百七十人	以每四萬五千人出一議員爲比例標準
德國	議員總數三百九十六人	以每十萬人出一議員爲比例標準
法國	議員總數五百八十四人	同上
意大利	議員總數五百〇八人	
奧大利	議員總數四百二十五人	
匈牙利	議員總數四百五十三人	
美國	議員總數三百八十六人	以每十九萬人出一議員爲比例標準
日本	議員總數三百八十一人	以每十三萬人出一議員爲比例標準

由此觀之。現今各國右院議員之總數。最少者不在三百人以下。其德瑞聯邦各小國不在此數最多者不逾七百人以上。我

國幅員之大人口之衆雖非他國可比然右院議員之總數要不過在八百人或千人之間若過此以往非惟政策之不利卽事實上已有許多窒礙矣

（第二）既以此假定爲前提則試以之比例於人口我國人口據外人所調查謂凡四萬萬餘人但未嘗有精密之統計不敢信其正確卽曰相去不遠然此爲十年以前之數此十年間增殖已不少故有謂我國人數實不下六七萬萬人者今折衷假定之則大約在五萬萬人內外最爲近之若議員總數爲一千人者則平均五十萬人選出一員若總數爲八百人者則平均六十五萬人選出一員

（第三）更徵諸我國人口疏密之率卽以本部各行省論據外人所統計每一英方里平均約得二百六十六人據此則五十萬人所散布之地應爲二千餘英方里六十五萬人所散布之地應爲三千餘英方里就使用一人一區之小選舉制（詳說次項）而山東江蘇等人口最密之省猶且須以千英方里爲一選舉區其廣西甘肅等人口最疏之省則須以六千乃至八千英方里爲一選舉區若用大選舉區制則其所占面積更不可思議矣要之我國每一議員所屬之選舉人其散布之地平均總在二千英方里內外此推算雖不中不遠矣

（第四）據以上所推算以散處二千英方里內五六十萬人而使之選一議員（此就小選舉區制言之）或以散處一萬英方里內之二三百萬人而使之選四五名之議員（此就大選舉區制言之）其對於候選員之才能性行果由何術得以周知之既不能周知而使之貿貿然以行選舉則人民非徒不感選舉之興味漠然視之而已其勢必爲野心家所利用而資爲運動不能舉代表民意之實而徒以瀆選舉之神聖此雖我國天然之事實非人力所能奈何然苟有道焉可以減輕其弊則固不可以不勉用間接制則可略以數萬之原選舉人而選出一名之第二級選

舉人。原選舉人對於第二級選舉人之性行。較易周知。而以自由意志委任之。第二級選舉人。對於議員候選者。則調查別擇。較易爲力。而良議員之中選。乃有可期。此吾黨主張間接制之第二理由也。

間接選舉之法。亦有三種。(其一)爲普國選舉右院議員所用之法。即前段所述由一般人民。選出第二級選舉人。復由第二級選舉人選出議員是也。(其二)爲美國選舉左院議員所用之法。其議員由各州之左右兩院議員選舉。而各州之議員實由人民選舉。故亦可謂之間接選舉也。(其三)爲法國選舉左院議員所用之法。先組織一選舉會。以行選舉。而選舉會則以人民所選舉而成之種種團體組織之。故亦可謂之間接選舉也。法國左院議員選舉會。每縣一會。其會所含之分子。則一爲本縣所選出之右院議員。二爲本縣之縣會議員。三爲本縣之郡會議員。四爲本縣內各鄉鎮會臨時所選出之代表人也。第一種與第二第三種之異點。則第一種由人民選出之選舉人。以選舉爲唯一之職務。選舉告終。則無復他事。旋即解散。第二第三種所用之選舉人。本非以選舉議員爲其職務。而別有他種職務。不過借其機關。以兼行選舉耳。故選舉雖告終。而其機關仍如故。第二種與第三種之異點。則第二種惟借一常設之單獨機關。以行選舉。第三種則臨時聯合數種複雜之機關。別爲一機關。以行選舉也。我中國欲行間接選舉制。則此三種者。當何擇乎。若採美國制。則國會議員選舉權。全屬於省議會。省議會之權。未免過重。有股大於腰之患。且舉政爭之旋渦。悉趨集於省議會之中。將以增省界之謬見。馴致害國家之統一。此大不可也。若采法國制。則黨派之競爭。將侵入地方自治之範圍。而交受其病。且我國之左院。尙應有一部分代表各省之議員。此種議員之選舉法。大率應倣法國選舉會之制。若右院議員之選舉。而亦同之。則於兩院制之精神。抑非有合。故亦不可也。然則我國而不采間接選舉制則已。苟其采之。則自當以采普國制爲宜。雖稍勞費。固非得已也。

又用間接選舉制則有相沿而生之一困難問題焉。蓋此第二級選舉人。其中選也。非直得爲議員。又非有他種利益。絕無權利而惟盡義務。非人情之所樂。如此則願爲選舉人者必少。即被選矣。或放棄其職務。不詣議員選舉場以投票。而選舉機關遂以破壞。此不可不慮及而預防之者也。普魯士等用間接制之國。凡第二級選舉人既承諾中選後。苟當選舉議員時。而不執行其職務。則科以嚴罰。我國既采間接制。則此法必當並采之。（其應若何科罰之法於次項論強制選舉條下別述鄙見）蓋此爲國民對國家之一種公職務。不履行者罰之。揆諸法理。匪云不當。雖然。徒有懲而無勸。猶恐或視爲畏途。故凡任第二級選舉人者。當其詣選舉場以執行選舉時。除由國家支其旅費並給以日俸外。（計日給俸謂之日俸說詳次節）仍當別圖所以獎厲之法。竊謂將來賞勳之制若定。凡任第二級選舉人者。則給以一種勳章。以旌其在社會上之地位。則人自樂爲之矣。夫行應行之公職務而得賞。似不衷於法理。然此種職務。乃特定之職務。非盡人而必須履行。其人既費其營私業之時日。以勠力於國家機關之組織。則國家有以酬其勳勤。亦不爲過。在人民奉公思想大發達之國。誠不必騖此虛榮。若我中國今日。則似不宜惜此不費之惠也。

第二項　選舉區

第一目　各國制度及學說比較

將全國分爲若干區域以行選舉。謂之選舉區。各國制度。有不劃選舉區者。有劃選舉區者。其劃選舉區之國。有用大選舉區者。有用小選舉區者。有大小選舉區並用者。請略述其法制。而比較其利害。

（第一）無選舉區制與有選舉區制　無選舉區制者。舉全國爲一選舉區也。今惟比利時及瑞士聯邦中之一二小國行之有選舉區制者。分全國爲若干選舉區也。比利時以外之各國。現皆行之。以言夫正當之學理。必以無選舉區制者爲正鵠。蓋議員所以代表全國國民。必當以全國輿望所歸之人充之。若分區選舉。恐人民或生誤解。以本區選出之議員爲代表本區。此其弊一也。且選舉比例於人口。實爲今世立憲國之通則。然全國人民所居之地。非可以人力强齊之。例如法定每十萬人選一議員。而甲地之人只有六萬。而其地又與他地不相聯屬。則固不能不使之出一議員。乙地之人有十九萬五千人。以所增者未及十萬。故亦僅能出一議員。則甲地之一票。其效力視乙地之一票兩倍而强。凡分選舉區。總不能免此。此其弊二也。且現世所行選舉制度。以連記商數投票法爲最良。（別詳次項）而此法則惟無選舉區制乃能行之。故無選舉區制。謂之最文明之制焉可也。雖然。此制有一缺點焉。値議員有出缺之時。須行補缺選舉。若有選舉區。則某區所選議員出缺。卽由某區補選而已足。若無選舉區。則每補選一次。必須合全國以舉行。故此制度。惟在幅員極狹之國。乃能行之。而稍大之國。則不能。我中國萬無學步之理。可勿論也。

（第二）小選舉區制與大選舉區制　小選舉區制。亦稱之爲一人一區制。每區選議員一人。若其應選二三人。則析之爲二三區也。英法德奧匈荷意美等國采之。大選舉區制者。每區可選出數名之議員。比例於其區人口之多寡以爲率也。瑞士那威西班牙葡萄牙日本等國采之。今各舉一二國以爲例。

英國之制

英國之選舉區。分爲三種。一曰縣。二曰市。三曰大學區。約平均五萬四千人而選一議員。但施諸實際。又有種種變通。據今制則人口一萬五千以下之市。編入縣中。不列爲獨立之選舉區。其一萬五千以上五萬以下之市則選議員一人五萬以上十六萬五千以下之市則選二人自此每加五萬則增選一人其縣所選出之議員亦以此爲標準但五萬人以下之市則有之五萬人以下之縣則無有耳而凡選出數名議員之市則分之爲數選舉區縣亦然每區例選出一人故其所行者實爲小選舉區制也其大學區則不比例於人口惟法律所指定之八大學共選九人由大學卒業生投票平均約二千人而選一人云又阿士佛金布黎治達布棱三大學區皆每區選出二人爲大選舉區制此其例外也現今各縣中其小者爲一選舉區其大者析爲二十六選舉區各市中小者爲一選舉區大者爲六十一選舉區英倫蘇格蘭愛爾蘭合計共選出議員六百七十人其選舉區之數即比例之

德國之制

德國以十萬人選出一議員爲標準但施諸實際亦有種種變通(第一)選舉區之界不得越出於聯邦內各國之國界(第二)聯邦中各國其有人口不滿十萬者亦選出議員一名(第三)各國中每十萬人選議員一名但以十萬起算其奇零之數在五萬以上者即可以增選一人例如有八十四萬九千人之國仍選議員八名其有八十五萬人之國即得選議員九名也現在選一名之國十有一選二名之國三選三名之國四選六名九名十四名十五名十七名二十三名四十八名二百三十五名之國各一都凡三百九十六人採一人一區之小選舉區制凡爲選舉區三百九十六

法國之制

法國無論何種法制變革皆極煩數其選舉法亦然一八七一年之法律以一縣爲一選舉區每縣選出

議員數名。實爲大選舉區制。一八八九年改正之。以郡之行政區域。爲選舉區域。全國凡八十九縣。縣之下有郡。每郡不論人口多寡。最少亦出議員一名。其人口十萬以上之郡。則每十萬增選一名。而選出若干名者。卽析之爲若干區。是爲小選舉區制。卽現行制也。

意大利之制

初建國時。行小選舉區制。一八八二年。改爲大選舉區制。其議員總數五百○八名。分爲百三十五區。每區最少者選出二名。最多者五名。一八九一年。復改爲小選舉區制。分全國爲五百八區。卽今制也。

日本之制

日本初開國會時。採小選舉區制。明治三十五年。改爲大選舉區制。以府縣之行政區域。爲選舉區域。議員總數三百八十一人。分配於三府一廳四十三縣。每府縣少者一人。多者十一二人。實極端之大選舉區制。各國罕見其比。但其中有一例外焉。卽郡部市部之別是也。日本地方制度。府縣之下爲郡。故其原則。將每府每縣下之各郡。合爲一選舉區。名爲郡部議員。但各府縣中有人口二萬五千以上之市。則別爲一獨立之選舉區。而不隸於其府縣。是爲市部議員。日本選舉法。以平均十三萬人選一議員爲原則。故十九萬五千人以下之區選一人。十九萬五千人以上三十二萬五千人以下之區選二人。三十二萬五千人以上四十五萬五千人以下之區選三人。凡郡部議員。以是爲差。然市部則僅三四萬人者。亦得選一人。其人多之市。乃與郡部同一累進法。亦十九萬五千人以上。乃得增選二人。此其大較也。雖名爲用大選舉區制。但因有市部郡部之別。其小市甚多。全國之市五十三。而其僅出議員一名之市四十七。

則市部議員實可謂之爲一人一區之小選舉區制也。又北海道凡選議員六名。分爲六區。是亦小選舉制。日本選舉區之總數。凡一百〇九云。

請言此兩種制度之得失。（第一）大選舉區制視小選舉區制。其議員之分配。較易公平。蓋國家之畫分選舉區。非能如餅師之揑麵屑以爲餅。得隨意斷鳧續鶴也。必略依於行政區域以爲界。如英國之縣及市。法國之郡。日本之府縣及市皆是也。用小選舉區制之國。有時其一區域之住民。遠不逮其比例標準者。亦不得不許其選出一人。如法國以每十萬人選一議員爲比例標準。而僅有三四萬人之郡。亦爲一選舉區。而得選一人也。有時其一區域之住民。於比例標準之外。而有奇零之數。則折衷其議員之增減極難適當。如以十萬人爲比例標準。則在法應有二十萬人。乃得別爲一區。而十九萬九千人麕集之地。亦依然爲一區。而僅選一人。夫在甲地而或以三四萬人而得選一人。在乙地或以十九萬餘人而亦得選一人。則人民之選舉者。同是一票。而價值乃相倍蓰。其不平莫甚焉。此種弊害。惟無選舉區乃能盡除。苟有選舉區。則無論如何區劃。終不能免。但大選舉區制。則游刃之餘地較恢。而偏倚不至過甚。蓋大選舉區制。斷無人口不逮比例標準之事。而比例標準外奇零之數。納入大數中。而懸隔亦不至過甚。例如二十萬人之區。選出議員二名。一百零九萬人之區。選出議員十名。其票之價值。固相去不遠也。此大選舉區之所長也。雖然。若大選舉區制與小選舉區制並用。則其分配之不公平。視專用小選舉區制者爲尤甚。日本是也。日本既以大選舉區爲原則。而復有例外之市部小選舉區以雜之。故三萬人之小市。得選一人。十九萬人之大市。亦僅選一人。其選舉權之差異。凡六倍以上。是小市市民一票之權。其價值等於他區之五六票。故前二年日本之總選舉。有愛知區之淸水氏。以七千三百三十八票而中選。有隱歧區之中沼氏。以二百票而中選。其間相去凡三十六倍半。不寧惟是。有滋賀區之藪田氏。以四千十四票而落選。其餘朽木區長野區石川區。以三千票落選者。尚有多人。而小倉市佐賀市九龜市弘前市秋田市等中選之人。大率不滿三百票。夫以三四千人所宗仰者。不得爲議員。以二三百人所私愛者。乃反得之。則國會代表民意之謂何矣。日本選舉法之進退失據。至是而極。此雖由投票方法之不得其宜。（日本選舉法最大之謬點在以大選舉區而行單記投票制次項更詳論之）抑亦選舉區之分劃失當有以致之。此我國所當引爲殷鑑者也。（第二）小選舉區制以人口少。故有選舉權者亦少。運動作弊較易。大選舉區一區之有權者動十數萬人。豈能盡人而賄之。此又大選舉區制之優點也。（第三）小選舉區祇能代表多數黨。而大選舉區可以兼代表少數黨。例如小選舉區有選舉權者凡五千人。屬甲黨者三千。屬乙黨者二千。而因其區內僅有一名之員額。則甲黨之候選者必中選。而乙黨之候選者必落選。其二千票純歸無效。若在大選舉區。例如其區有四名之員額。有選舉權者凡二萬人。屬甲黨者一萬。屬乙黨者六千。屬丙黨者四千。苟各黨之計畫得宜。則甲黨固可得二人。乙黨丙黨亦可各得一人。（其方法次項詳之）如此則與國會代表人民之本旨最爲相近。此又大選舉區制之優點也。（第四）用小選舉區制時。或其區內乏材。勉以下駟充數。用大選舉區制則範圍廣而人才較易得。此又其優點也。（第五）大選舉區制優點雖多。其缺點亦有焉。則投票調查之手續太煩雜。易生混亂起爭議是也。（第六）不寧惟是。每遇議員出缺。應行補缺選舉之時。必須合全區以行之。其勞費視小選舉區爲大也。由此觀之。此兩制者。各有其利害。而大選舉區制則利餘於害焉。近來各國之趨勢。咸向於此。蓋有由也。但大選舉區亦應有範圍。其大不可過甚。則第五第六之兩弊。雖不能盡免。而可以略減。大約每區選出之員。不過五名。

斯爲得中矣。此意大利之舊制也。若如日本現制。則太流於極端。固不足取

（第三）投票區　投票區者。於各選舉區之下。更分爲若干之小區。以司投票是也。其在大選舉區無論矣。即在小選舉區。而每區之住民。總在數萬或十數萬。其人或處邑。或處野。若必集諸一地以投票。無論不能有此廣場以容納之也。且人民動須船車往返。廢業而重以耗財。則棄權者必衆。而選舉之效力乃大減。故爲利便選舉人起見。於一區之內。多設投票區。使人人得就近投票。合各投票區所投票。彙齊於選舉區之中央而公開之。此各國通行之制也。如日本以東京市爲一選舉區。共選議員十一人。而東京市有十六區。即分之爲十六投票區。同時投票投畢。乃將十六區之票。彙齊於東京市役所而檢點之。以合計得票多之人爲中選。各國之制。亦皆例是。

第二目　中國劃分選舉區私案

選舉區必當略依傍於行政區。既如前論。然則我國當以何種之行政區爲選舉區之界乎。此最初所起之問題也。我國現在之行政區。最低級者爲州縣。以一州縣爲一選舉區。則其幅員與日本現行之選舉區略相等。理論上已嫌其太大。雖然。以我國情形按之。則並此而不能。何也。既以一州縣爲一選舉區。則每州縣最少應出議員一名。而我國十八省及東三省新疆。合計爲直隸廳三十七。爲州一百四十七。爲廳三十九。爲縣一千三百二十六。都凡一千五百四十九廳州縣。各出一人。已應得一五四九員。而大州縣之人口。恆數十倍於小州縣。若以公平之比例遞進之。則非有萬餘議員之額。不副分配。若以一府一直隸州爲一選舉區。則在僻瘠之府。其人口尚不能逮比例準標。據前所假定當以五十萬或六十五萬人出一議員爲比例標準　其在繁盛之府。或一府而應選出議員十人二十人。未免陷

於極端大選舉區制之弊且有大選舉區與小選舉區參用之弊日本之諸弊我皆將受之且現制所謂府之一行政區域按諸學理實爲贅疣將來必應在裁廢之列（其理由別論之）今以之爲選舉區無有是處若以一省爲一選舉區則我一省之大埒歐洲之一國此與無選舉區無異非用連記商數投票制度則選舉將不能執行而此制度爲中國今日所萬難遽行可無疑義（此制度之概略及中國不能遽行之故次項別詳之）且遽有補缺選舉時騷擾及於全局其不適又無俟論然則以上諸法無一而可中國劃選舉區不其難哉此無他焉我國幅員太大而各省之情形又相去懸絕故欲立一整齊畫一之制度實事勢上不可致之業故也

吾所主張謂我國之選舉區（即第二級之選舉區由此區以選出議員者）當採大選舉區制以省爲其界在一省內比例人口分爲若干區每區選出議員少者一人多者無過五人其原選舉區（即第一級之選舉區由此區以選出選舉人者）當採小選舉區制以州縣爲其界在一州縣內比例人口分爲若干區每區限選出第二級選舉人一人謂略述其區制之法及其理由

以每五十萬人選出一議員爲比例標準各省所分配議員之數略如下

省名	人口	議員數	選舉區
奉天	四、二四〇、〇〇〇	九	二
吉林	三、七〇〇、〇〇〇	七	二
黑龍江	一、〇六〇、〇〇〇	二	一
直隸	二〇、九三七、〇〇〇	四〇	八
山東	三八、二四七、九〇〇	七四	一五

山西	一二、二○○、四五六	二四	五
河南	三五、三一六、八○○	七○	一四
江蘇	一三、九八○、二三五	二七	六
安徽	二三、六七○、三一四	四七	一○
江西	二六、五三二、一二五	五三	一一
浙江	一一、五八○、六九二	二三	三
福建	二二、八七六、五四○	四六	九
湖北	三五、二八○、六八五	七○	一四
湖南	二二、一六九、六七三	四四	九
陝西	八、四五○、一八二	一七	三
甘肅	一○、三八五、三七六	二一	四
四川	六八、七二四、八九○	一三七	二七
廣東	三一、八六五、二五一	六四	一三
廣西	五、一四二、三三○	一○	二
雲南	一二、三二四、五七四	二五	五
貴州	七、六五○、二八二	一五	三

新疆	八、八〇〇、〇〇〇	一七	三
合計	四二五、〇五三、〇二九	八三四	一八七

據上所推算則全國議員總數八百三十四人爲選舉區一百八十七然此不過據外人所著之統計表略示大概耳若精細調查則議員或應不止此數要之以五十萬人爲比例標準則議員之總數不逾一千人可斷言也至於所示之各省選舉區數係以每區選出五人爲標準但施諸實際則緣夫地理上種種差別勢不容刻舟求劍其選出一人或二三四人之區當所在有之大約全國選舉區應在二百五六十之間此則當俟諸實地調查之後非今所能武斷也其人口繁密之地可以一縣爲一選舉區稀疏者或合數縣十數縣以爲一選舉區其小省而人極少者則劃一省爲二三選舉區此其大較矣

此所言者爲第二級選舉區卽由之以選出議員者也但既用間接選舉制則選舉分兩次執行於選舉議員以前尚有選舉第二級選舉人之役尤不可不分區以行之此之謂原選舉區欲定原選舉區之數又不可不先推定第二級選舉人之總數攷普國之制以人口七百五十人以上千七百四十九人以下爲一原選舉區而用三級選舉之制每一原選舉區例出選舉人三員故平均二百五十之原選舉人而出第二級選舉人一員其總員數約在十五萬內外普國選舉議員之比例標準約七萬三千五百人而選一人故亦平均二百五十之第二級選舉人而出議員一員我國人口十五倍於普國故比例標準不能視彼固無俟言雖然推原間接選舉制立法之本意凡欲使原選舉人得向於其所知之人以投票苟其比例標準所定太高則不能周知也如故而間接制之特長不能表見故吾所主張者謂當約以五千之原選人而出第二級之選舉人一員採一人一區之小選舉

區制。其市鄉有三千人以上者。卽爲一獨立之原選舉區。其不滿三千人者則合於他區。其有九千五百人以上者則析爲兩區。有一萬四千五百人以上者。則析爲三區。其累進之率例是若用此比例則全國第二級選舉人之總數約十萬乃至十一萬人。原選舉區之數亦如之。其對於議員之比例標準約每百三十人而選出議員一人。

其原選舉區既用一人一區之制。且其比例標準甚低。故不必於選舉區下再分投票區。其第二級選舉區。既用大區之制。且所轄之境域或甚寥廓。故必於每區之下。更分設投票區。而此種之投票區卽可以各縣之縣治充之。

第三項　中選之計算法

第一目　各種制度利害比較

凡選舉以投票行之。得票多者卽爲中選。此盡人所能解者也。雖然。中選之計算法。亦有多途。而各國所現行之法制。與夫學者所計畫之方案。各有異同。而終未能得一毫髮無遺憾之良法。今請徧舉而評隲之。

計算中選之方法。可分爲二大主義。一曰代表多數主義。二曰代表小數主義。代表多數主義者。得多數選舉人之投票。卽爲中選也。代表小數主義者。雖少數之選舉人。亦使之能應於其分際。以選出代表人也。今請語此兩種主義所根據之理由。次乃述其制度。

夫選舉代議之制。亦起於不得已而已。以言夫正當之學理。則國家之意思機關。當以人民全體組織而成。雖然每一事必合全國人而議之。占全國人之意見而決之。無論流弊孔多。非政策所宜爾也。且聚全國人於一堂以決焉。此惟古代雅典斯巴達等極小之市府國家。尚可勉行。而在數萬人以上之國。其道已窮。矧於今世之國家。小者數百萬人。多者數萬萬人耶。其事實上萬不能采此制。此五尺之童所能知也。不得已而代之以代議之法。令全國人民各舉出代表人。而此代表人之意見。卽認之爲人民全體之意見。此近世國會制所由立也。善夫德儒伯倫知理之言曰。國會與人民之關係。恰如地圖之與地理。山陵川澤陂池林藪。悉如其本相以摹入諸尺幅之中。斯爲佳圖。國會亦然。將全國人民各方面之勢力。悉撮其影而納諸其間。或弱或强。各如其量。例如甲部分人能占全國勢力十之六七者。固得在國會而代表其六七分之勢力。乙部分人僅占全國勢力十之二三。丙部分人僅占全國勢力十之一者。亦得在國會而代表其二三分或一分之勢力。必如此。然後國會之天職乃得完。而立憲政治之精神。乃得貫矣。雖然。此理想雖甚圓滿。而實現則甚困難。蓋立憲政治之與政黨。如形影相附而不可離。旣有憲法。有國會。有選舉。則政黨自必句出萌達於國中。政黨旣立。則必有大黨焉。有小黨焉。亦有無論何黨皆不依附者焉。例如其國有民一千萬。其國會議員爲百人。就中屬於甲黨之人四百萬。屬於乙黨之人二百萬。屬於丙丁戊黨之人各一百萬。其不黨之人尙一百萬。則議員分配之數。甲黨四十人。乙黨二十人。丙丁戊黨各十人。其不黨者亦分占十人。此論理上所當然也。無如施諸實際。決不爾爾。例如將全國畫爲百選舉區。各黨在每區所占之人數。悉比例於其總數。而以得票多者爲中選。則此一百議員。可以爲甲黨所占盡。而乙丙丁戊黨及不黨者。不得一焉。卽使有一二十區爲他黨所倖獲。然亦僅矣。夫使所謂大黨者果能占全國人民之過半數。然選舉之結果如此。且爲不公。何也。過半數之人民。如其分際。亦不過應得過半數之議員已耳。例如甲黨所屬若有六百萬人亦僅應得議員六十今將議員之全數而壟斷之。是明以多數壓少數也。以多數壓少數。旣爲立憲政治之大忌矣。況乎今世各國除英美等政黨最發達之一二國罕能以一黨而制全國之過半數者其所謂多數黨亦不過能占全國民十分之三四極矣以占十分三四之黨而壟斷全院之議員或占其十之七八是直以少數壓多數而已夫無論爲多數壓少數爲少數壓多數要之皆將國中一部分之人屏諸政界以外而不許容喙其敝也能使此一部分之人忽視公務而減殺其愛國之熱誠否則鬱積其不平之氣久而必洩遂生革命之禍二者必居一於是此各國政治家及學者所爲嘔心迴腸而思有以匡其弊也今將其現行及理想之制度臚舉之

(甲)代表多數制度　復分爲二

(子)過半數法　過半數法者得投票總數之過半乃爲中選如一區內有選舉人五百人必得二百五十一票以上乃爲中選也此法歐美諸國用之者最多驟視之似甚公平且甚便利雖然若候選之人多則票數往往分屬無論何人皆不得過半數（如其區例應選出一人而有候選者三人或四人則每人或得二百票或得百餘票或得數十票要之皆不能達過半數）則將如何補救之法惟有再選舉若再選三選仍無一人得過半數又將如何各國之法選舉之度不過三若第三次仍無一人及格則最後之處置有兩法(其一)則以第三次之比較多數者爲中選雖然是明與過半數法之原意相反背也(其二)則行決選投票取最多者中之兩人令選舉人限投其一而不許投他人也雖然此法用無理之手段强制一部分之選舉人使之爲與本心相反之投票豈得謂平坐此之故選舉人之棄權者必多（棄權謂棄其選舉權而不投票也）縱使中選者得投票人過半數之票而投票人之總數已非選舉人之總數謂此人爲得過半數之民望不可也（如選舉人總數爲五百人其中有棄權者一百人則所投僅四百票得二百零一票者亦可中選然已不得謂之爲過半數人所推薦矣）故過半數法理論上雖合於選舉之本意然流弊甚多殆不足取

(丑)比較多數法　此法不立限制，但以得票比較的最多，卽爲中選也。現在英國及西班牙行之。此法驟視若甚簡易可行，雖然，其缺點亦甚多。(第一)所得議員不能代表選舉人全體之意見也。例如有選舉人五百之區，而甲乙丙之三候選者，甲得二百票，乙得百八十票，內得百二十票，欲舉甲者不過二百人，不欲舉甲者三百人，而多數三百人之意見，竟爲少數之二百人所壓倒也。候選者之數愈多，則此弊愈甚。(第二)有時多數黨僅得少數之議員，而少數黨反得多數之議員也。例如有十選舉區，於此每區之選舉人皆五百，就中六區甲黨之候選者各以二百五十票而中選，其餘四區乙黨之候選者各以四百五十票而中選，是甲黨以千五百票而得六人之議員，乙黨以千八百票而僅得四名之議員也。

要之，行過半數法，則惟多數黨之候補者得中選，而少數黨雖欲出一代表者而不能。比較多數法以投票分配之結果，少數黨雖或能偶出一二人，然亦僅矣。故此兩法者，不免多數壓少數之弊，甚則或爲少數壓多數之弊，皆反於國會之精神，各國政治家患之，於是乎所謂代表少數制度者起。

(乙)代表少數制度　復分爲四，行之於大選舉區制者二，行之於無選舉區制者二。先言其行於大選舉區制者。

(寅)有限投票法　有限投票法者，用大選舉區連記名投票制，一區中選議員數名，一票得連記數人之名以投之。雖然，有限制焉。例如選五人之區，投票者限舉四人或三人；選四人之區，投票者限舉二人或三人是也。此法意大利自一八八二年至一八九五年行之，現今則葡萄牙、瑞士及美國聯邦中之數州行之。此法凡以防多數黨專擅之弊而設也。蓋在小選舉區，每區選一人，故每票舉一人，若大選舉區，每區選出四五人者，卽每票亦應舉四五人。故小選舉區則用單記名投票，大選舉區則用連記名投票，此論理之當然者也。雖然，其專利於多數黨而不利於少數黨及無黨之人，抑更甚焉。例如有議員額五名之區，每一票許書五名，則多數黨之甲黨必出候選人五員，凡屬於其黨之票皆偏舉此五人，其少數之乙丙丁等黨，無論其所出之候選者爲五人或三四人，要之其得票之數總不能及甲黨，於是五名之議員遂爲甲黨所盡占，而不黨者更無論矣。有限投票法，則每票所舉之人必減於其區員額之總數，可以略救此弊，蓋多數黨雖能盡占其票中所限之額，然尚有餘額以予少數黨也。此法驟視之若甚巧妙，雖然，亦有弊焉。例如有員額三名之選舉區，一票許書二名，其區中甲黨九百人，乙黨五百人，苟甲黨僅出二名之候選人，則自能餘一額以待乙黨，可勿論。使甲黨而出候選人三名，將所應得之票配搭均勻以書之，則每人可得票六百，（九百之倍爲一千八百，分配諸三人，故人可得六百也）乙黨無論出候選人二名或一名，而其得票皆不過五百，故三名之議員爲甲黨所盡占，而乙黨不得一，則所謂代表少數之目的毫不能達。反之，例如有員額五名之選舉區，一票許書二名，其區中甲黨一千人，乙黨九百人，甲黨總票數爲二千，乙黨總票數爲千八百，甲黨苟出候選人五名，則2000÷5＝400，乙黨若出候選人四名，則1800÷4＝450，於是乙黨得議員四名，而甲黨僅得一名，是予少數黨以利便，而予多數黨以不利便，與政黨之勢力爲逆比例，是亦此制之缺點也。要之在此制度之下，則議員之中選與否，全視夫黨略之操縱若何，而前所舉兩弊，恆居其一。且惟國中僅有兩政黨對立，乃能行之，若第三黨以下之小黨，終無中選之望，而不黨者更無論，是此制之不完善甚明。

其采此制而偏於極端者，日本是也。日本以大選舉區而行單記投票制，實爲萬國所無。（各國行單記投票者必用小選舉區）

制（其用大選舉區制者必行連記投票）且其選舉區之大，又無其倫比。（各國之行大選舉區制者，每區最多不過選員五人，若逾此數，則析爲二區矣。日本則選十二人之區一，選十一人之區三，選十人之區三，他例是。）而每票只許舉一人。是有限投票法之最極端者也。（尋常之有限投票法，大抵有員額三名之區得投二名，五名之區得投三名。今日本則雖以員額十一二名之區，亦僅得投一名。）其意蓋以普通之有限投票法，仍不足以盡防多數黨獨占之弊，且不黨之候選者極難中選，故以此矯之也。此法爲利便不黨之人起見，誠有特長。雖然，偏畸過甚，常有少數黨壓多數黨之弊。例如有員額十名之選舉區，其選舉人總數一萬，甲黨五千人而出候選員十人，乙黨三千人而出候選員三人，丙黨二千人而出候選員六人，其結果可以最少數之丙黨得議員六人，中數之乙黨得三人，而最多數之甲黨反得一人。何以故？若甲黨五千票，十人分之，而候選員某甲得四千票，其乙丙以下九人各得百餘票；乙黨三千票，候選者三人分之，各得一千票；丙黨二千票，候選者六人分之，各得三百餘票；則裒然爲首者固在甲黨之一人，而其次則乙黨之三人，又其次則丙黨之六人，而甲黨之餘九人反落選也。蓋在此制度之下，能令選舉人之投票極費躊躇。一區之中有候選者數人，皆爲吾所欲選，將擇其信任最深名望最高者選之耶？恐他人選之者已多，增吾一票，不足以爲輕重。例如得一千票已足中選者，增至三千四千票，其中選之效力一而已，則此三四千票純爲無用，不如移之以投他人之爲得。若棄其上者而選其次者耶？固非人情之所樂，且恐人人皆存此心，而信任最深名望最高之人反以落選。是以選舉人於此兩者之間，往往靡所適從，而爲穩妥起見，毋寧仍投信任最深名望最高之人爲得計。故日本之選舉，以全國計之，有以七千票而中選者，有以二百票而中選者；即以同區計之，有以四千餘票而中選者，有以不滿千票而中選者。就被選人一面論之，等是中選也，票多何加於彼；就選舉人一面論之，則以二百票之價値而能與七千票相敵在此則不啻以一人而有三十六個之選舉權在彼則不啻以三十六人而僅合有一個之選舉權也天下不平之事孰有過此此其弊一由大選舉區與小選舉區相錯一由以大選舉區而行單記投票法彼中學者攻擊之不遺餘力良有由也

(卯)聚合投票法　此亦大選舉區連記投票制也與前法異者其區有員額若干名每票即許照數舉若干名但一票分寫數人名或一票同寫一人名惟選舉人之所擇如其區有員額五名其候選者爲甲至癸等十人選舉人若欲選甲乙丙丁戊五人則其票可書「甲乙丙丁戊」字樣若欲舉己庚兩人則其票可書「己己己庚庚」或「庚庚庚己己」字樣若僅欲舉辛一人則其票可書「辛辛辛辛辛」字樣此法現在美國聯邦中之數州行之英國學務委員之選舉亦行之其成效頗著蓋少數黨但能得其票集合於一人即足以敵多數黨也例如有三員額之區其選舉人爲七百人甲黨五百乙黨二百甲黨以其票分投三人則（$\frac{3\times500}{3}=500$）乙黨集其票以投諸一人（$200\times3=600$）則乙黨之一人以六百票而爲首選甲黨之三人各在五百內外其二人中選其一人落選也此制在有選舉區之國號稱最良但亦往往緣策略之巧拙而生意外結果焉如前所述有限投票法之兩弊皆不能盡免

(辰)單記商數投票法　此無選舉區制也其法以議員之總數除全國選舉人之總數因以其商數而定其滿若干票者即爲中選而每票只許舉一人也例如議員總數爲一百選舉人總數爲十萬則一千票即爲中選之定數但能達於定數即可以中選故小黨所出代表人恆能與其勢力相應即無黨之人但使有與定數相苻之人舉之亦必無落選之患實良法也雖然有一難問題也則議員必不能定額是也蓋得票不

逮定數者既爲不及格而得票溢於定數外者其溢票爲無用則額之不足自無待言於是其補救之法有兩種（第一）讓與法得票多者許將其所溢之票任意指出一得票未及格之人而讓與之也然私相授受反於投票者之本意揆諸法理未可云當（第二）副記法每票除書正選者一名外仍許書副選者一名或二名其正選者所得票已達定數時即將其票歸諸副選者此法不惟於投票之分配見其利便而已且能使一票有一票之效（如日本之制或以七千票中選或以二百票中選則彼得七千票之人其六千八百票皆可謂之無效而落選之票其爲無效更不俟論矣）而所出議員亦能與各黨之勢力成正比例其法似爲甚良雖然票數之計算極複雜易生舛錯起爭議不寧惟是議員中選之運命往往懸於開票之先後例如有書甲爲正選之票千三百書乙丙爲正選之票各九百而甲之千三百票中書乙爲副選者二百書丙爲副選者一百乙丙二人皆有賴於甲之溢票以符定數而副記乙名之票或不幸而開拆在前其時甲所得票尚未達一千自無從移贈於乙及甲票既滿一千以後而所開之甲票皆副記丙名則丙中選而乙不得中選矣坐是之故爭議甚多而無術以服人心是此制之缺點也故惟丹麥國於一八五五年至一八六七年行之其後旋廢而各國卒未有踵行者

（巳）連記商數投票法　亦無選舉區制也其法使各政黨列舉其候選員之名製爲投票名簿而有甲乙丙丁四黨甲黨之名簿得票三萬乙黨二萬丙丁黨各一萬以七人之議員除七萬之總票數所得爲一萬即以一萬除各黨之票數以所得數爲其黨所出議員之數於是甲黨出三人乙黨二人丙丁各一人此至易計者也雖然各黨之票數未有能如此之整齊畫一者也當其參差複雜之時則將如何例如甲黨之票八千一百四十五乙黨五千六百八十丙黨三千七百二十五都爲一萬七千五百五十試以七除一萬七千

五百五十而再以其商數除各黨之票則甲黨得三名而尚溢票六百二十四乙黨得二名而尚溢票六百六十六丙黨得一名而尚溢票千二百十八議員之總數爲七名而依此商數僅得六名所餘之一名當屬於何黨乎則歸諸溢票最多之丙黨於是

甲黨　8145÷3=2715

乙黨　5680÷2=2840

丙黨　3725÷2=1862

是甲黨以二七一五票而選一人乙黨以二八四〇票而選一人丙黨以一八六二票而選一人雖然此其不公平甚明也若照一八六二票選一人之比例則甲黨之票數得舉四人而有餘乙黨之票數得舉三人而有餘也於是復有補救之法焉曰先求得所謂分配數者而以之除各黨所得之票數以其商數爲各黨所出議員之數其求分配數之法如下

甲	8145÷1=8145	
	8145÷2=4072	(1)8145
	8145÷3=2715	(2)5680
	8145÷4=2036	(3)4072
乙	5680÷1=5680	(4)3725
	5680÷2=2840	(5)2840

丙 $3725 \div 1 = 3725$　(6)2715
　 $3725 \div 2 = 1862$　(7)$2036 =$ 分配數

是故以一七五五〇總票數之區苟僅選議員一名則惟甲黨得之苟選二名則甲乙各得其一選三名則甲二乙一選四名則甲二而乙丙各一選五名則甲乙各二而丙一選六名則甲三乙二丙一選七名則甲四乙二而丙一甲之第四位二〇三六即爲分配數以分配數除各黨之票數故甲黨 $8145 \div 2036 = 4$ 乙黨 $5630 \div 2036 = 2$ 丙黨 $3725 \div 2036 = 1$ 也此制度比利時國於一八九九年新改定之選舉法行之此法在現今各國選舉法中號稱最爲文明完備雖手續繁雜難於計算是其缺點然利餘於弊在今世固無以尚之矣雖然欲行此制必須有兩條件以爲之前提一曰合全國爲一選舉區而無復此疆彼界二曰凡選舉人及候選人皆爲政黨員而無復不黨之人二條件有一不備則此制決無從學步也

第二目　我國所當采之法

連記商數投票法固爲比較的最良之法然按諸我國情形(一)以幅員太大萬不能合全國爲一選舉區(二)以政黨未發達萬不能爲名簿投票此制既萬不可行其餘各制靡不各有其弊今不得已惟采其較少者而已吾既主張用間接選舉則選舉當分兩次執行其第一次選舉既用小選舉區制不能爲連記名投票只能於(子)(丑)兩法中擇其一則比較多數法可免再選三選之煩是可采也其第二次選舉既用大選舉區制大選舉區制而用單記名投票則日本現狀是爲前車之鑒必當用連記名無可疑者則於(寅)(卯)兩法中擇其一集合投票法較爲公平是當采也

惟有一事當注意者焉。則中選票數之最少限是也。各國法制。多有以過半數爲限者。是不可行。既如前述。然使漫無制限。而惟以比較多數爲準。則投票分裂之結果。或以百票而分投二三十人。最多者不過十餘票而亦得中選。則於代表輿望之本意。失之遠矣。此限制之所以不容已也。單記商數投票制。其制限最合於學理。具如前述。然非兼用讓與法或副記法。則萬不可行。而二法之流弊甚多。既不足采。且此制必須合全國爲一選舉區。苟分多區。斯不適用。我之不能學步。又無俟論。日本之制。以一區內議員總數除其選舉人總數。所得之商數五分之一。即爲合格。例如其區員額爲十名。其選舉人總數爲一萬人。以十除一萬。所得商數爲一千。一千五分之一爲二百。即得票之最少限也。日本惟選舉區失諸過大。重以行單記名投票制。故不得不爾。然其流弊已若彼矣。我國既用間接選舉制。則第一級選舉與第二級選舉。宜分別言之。第一級選舉。每區僅選出一人。故當限於投票之總數得三分之一者。乃爲中選。（投票總數與選舉人總數不同。選舉人有棄票不投者。故選舉人百人時而所投者僅得五六十票。若必得選舉人總數三分之一。恐不免再選三選之煩。）此各國普通之制也。其第二級選舉。以吾所推定。約以一百三十人而選議員一人。夫在間接選舉制之國。其第二級選舉人。以選舉爲一種公職務。不容不履行。棄票不投。懸爲厲禁。則有人若干者。即有票若干。而選舉人之數既少。則得票之制限。自不得太高。故當以對於其區選舉人之總數得五分之一者。即爲中選。用積集連記投票法。員額二名之區。總票數約五百二十。約當以百票爲最少限。員額三名之區。總票數約一千一百有七十。約當以二百票爲最少限。員額五名之區。總票數約三千二百五十。約當以六百票爲最少限。其他以是爲差。於本項之末。更有當說明之一名詞焉。即前文屢稱道之候選人是也。候選人者。非法律所規定也。以法理論。凡有被選權者。皆得謂之候選人。雖然。以人數太多。恐投票者不知所適從也。於是有將所知之人推薦於大衆使大衆得審其才能性行而舉之若此者謂之候選人語其實際則凡候選人皆自起而求選舉者也然其形式往往託於他人之推薦固以示謙讓抑亦借品題以重聲價也（亦有不依託他人推薦而自薦爲候選人者）夫候選人原非法律上所必要而各國慣例莫不有之者何也譬如一區之中有被選權者萬數千人而所選議員之額僅有二名使選舉人任意投票被選者多至數百人而各人所得之票無一能達於中選定數之最少限則其票悉爲無效而不得不再選三選選舉人有鑒於此故毋寧專擇衆望所歸之三數人而舉之而欲爲議員者亦利用選舉人之此種心理因翹其政見以示於衆冀其表同情而舉我此候選人所由發生也不寧惟是立憲政治之與政黨如形影之不可離而政黨欲其黨之多得議員則於候選人之分配最當注意蓋在有選舉區之國其議員中選得票之數非合全國各區之票數而總計之乃就每區之票數而分計之有人於此其譽望極高全國所至皆仰焉舉之者凡一萬人可謂多矣然使以一萬票分散諸一百區則每區不過一百票無論在何區而比較的常爲少數則其人遂落選矣是故凡政黨必將其黨中可爲議員之人分布於各區既爲甲區之候選人者卽不爲乙丙等區之候選人然後用力得有所專而無意外失敗之患不寧惟是每區候選人之多寡其與得票之多寡甚有關係如前所述比較多數法有限投票法積集投票法皆緣夫黨略之巧拙或以多數黨而出少數之議員或以少數黨而能出多數之議員所謂黨略者雖不一端而候選人之分配其最重要也以此種種理由故無論何國之選舉莫不有候選人員額一名之區其候選人不過二三員額四五名之區其候選人不過八九以法理論雖曰對於全區凡有被選權之人而投票以事實論每區不過對於二三人或八九人而投票而已

然則選舉人對於候選人以外之人亦得投票乎曰投票一任選舉人之自由雖投諸無被選權者可也特枉費

此票耳。既有候選人。則凡投票於候選人以外者。必無中選之望。實與投諸無被選權者無異。是智者所不肯出此也。

又英國前此國會議員。由縣會選舉。其時候選者之員數。罕有過於其法定之員額者。故其選舉之法。由縣會議員二人推薦可充國會議員之人於大衆。苟其餘議員無異議。即作爲全會一致而選舉之。現行選舉法。雖對於舊法已爲根本的改正。獨此點尚仍其意。今制選舉人中任有一人推薦甲某爲議員候選員。得八人贊成之。即可以正式公文推薦之於司選舉之人。苟無他人照此方法於甲某之外復推薦乙某丙某者。即作爲全會一致承認此人。不必再行選舉。惟當有兩人以上被推薦候選員者。乃投票以行所謂競爭選舉。此法雖近於幼稚。然可以省手續之煩雜。且無所謂多數壓少數少數壓多數之弊。我國初行選舉時。其原選舉區之選舉人不多。其候選者應亦不多。若遇一區僅一有候選人之時。則采此法亦至便也。

第四項　選舉手續

選舉手續者。選舉辦理之次第也。（手續爲日本名詞頗難得相當之譯語故襲用之）無甚深學理之可比較。故今但略述日本之制。而按諸我國情形。取其可行者。

第一目　選舉人名簿

選舉人名簿者。將一選舉區內有選舉權之人名登之於册。必册中有名者。乃許投票也。日本選舉法所規定如下。

（一）選舉人名簿。將選舉人之姓名。官位。職業。身分。住所。生年月日。納稅額。納稅地。皆記載之。

(二)調製名簿之人。在郡部爲郡長。在市部爲市長。郡長調製名簿。以町村長爲補助機關。町村長以每年十月一日起。著手調查。至十五日調查蕆事。將所調查選舉人。訂爲正副二本。送之郡長。郡長覆勘無誤。則留其正本。返其副本。以十月三十日調製完成。市長之調查手續。限期與郡長同。

(三)調製完成之後。從十月三十一日起。至十一月十五日止。將選舉人名簿。置諸市役所或郡役所。許人民縱覽。倘有遺漏錯誤。得請於市長郡長。求其更正。惟決定當在二十日以內。市郡長認爲有誤。則更正之而告諸本人。若認爲無誤。則不更正。亦告諸本人。本人不服。得訴諸地方裁判所。以市郡長爲被告。

(四)名簿以每年十二月二十日爲成立之期。一經成立。不得再改。改之必待翌年十月。此其大概也。欲知其詳細。可觀日本衆議院議員選舉法第十八條至第二十七條。

日本因行制限選舉。故調製人名簿。極爲繁難。我國若廢財產制限。則簡易且將十倍。蓋調查之最難而屢起爭議者。莫如納稅項也。故我國欲國會之蚤成立。非廢財產制限不可。

行間接選舉法。其選舉雖分二次。然人名簿則調製一次而已足。蓋第二級選舉人。乃由原選舉人選出者。其名簿不勞調製。且無從先期調製也。

我國調製人名簿之職。可以知縣掌之。而以市鄉村長爲補助機關。其手續可略倣日本。

第二目　投票

投票方法。有連記投票與單記投票之別。又有記名投票與匿名投票之別。連記單記之得失。前已論之。今論記名與匿名之得失。

記名投票者選舉人自書其名也匿名投票者不自書其名也以理論之選舉爲光明正大之事無所容其隱諱當以記名爲正然現今各國大率采匿名制者則以當選舉時各候選人及其黨人必出種種手段運動以求當選而選舉人或礙於情面或脅於勢力恆不免舉其所不欲舉之人故必取祕密主義使不至緣此買怨然後得完其自由而在歐美各國大公司甚多選舉人之最大部分實爲公司中傭工之人易爲傭主之所挾制尤不可無以匡救之此匿名制之所以廣行也

吾旣主張間接選舉其投票分兩次執行故記名匿名之利害亦不可不分別論之其在第一次選舉旣不立財產制限而以能讀書寫字者爲及格則當以采記名制爲宜蓋第一次選舉有選舉權者太多不易運動卽運動得之亦非能直收其效故舞弊當不至太甚且我國大公司未興傭主挾制傭人之患不甚烈雖記名不足爲病也至於第二次選舉爲最後勝負所由決競爭必劇且投票之人數甚少運動易施非有以防之爲弊無窮故不可以不采匿名制也倘他日者雖第一次選舉亦感匿名制之必要屆時而改正之良未爲晚

此外投票雜規（一）必須用一定之投票用紙（二）必須於指定之投票所行之（三）於一定之時刻外不許投票此皆各國通例自當采之

第三目　選舉機關

選舉機關頗爲複雜今但舉日本法制以供參考

第一　投票管理者

以市町村長任之其職務如下

（一）若不能確認選舉人果爲本人與否則使之立誓於投票參會人之前。
（二）屆一定之時刻命閉鎖投票所投票完結命閉鎖投票箱。
（三）作投票錄。
（四）其在町村於投票之翌日將投票箱投票錄及選舉人名簿送致諸開票管理者。
（五）維持投票所之秩序認爲必要時得求警察管理之處分。

第二　投票參會人

投票參會人者參列於投票所以監督投票事務者也市郡長於各投票區內之選舉人中選任三人乃至五人以充之參會人非有正當之事故不得辭任。

第三　開票管理者

開票所大率設於郡市役所故以郡長市長爲開票管理人而市長則兼投票管理開票管理之兩職者也其職務如下。

（一）其在郡部則於投票箱送到之翌日其在市部則於投票之翌日當開票參會人之前開投票箱而計算投票之總數與投票人之總數。
（二）凡投票皆與開票參會人共檢點之。
（三）采開票參會人之意見以決定投票之效力。　其選舉法上無效之票如左。
（1）不用成規之用紙者。

（2）一票中記二名者。（案日本用單記制故有此條。）
（3）其所書被選人之名不能確認為何人者。
（4）記載無被選權之人之名者。
（5）於被選人姓名外更記載他事者。（但記其官位職業身分住所及加以敬稱者不在此限。）
（四）作開票錄。
（五）將開票之結果報告於選舉長。

第四　開票參會人

其數三人以上七人以下。地方長官於選舉人中選任之。

第五　選舉會

選舉會每道廳及各府縣設之。以地方長官為選舉長。於各選舉區內之選舉人中。選任會員名曰選舉參會人。與選舉長共執行事務。調查開票之結果。

第六　選舉長

各地方長官任之。統轄選舉事務。其職如左。
（一）監督開票投票。
（二）指定選舉會之場所及日時而告示之。
（三）選任選舉參會人。

（四）司選舉會之開閉。
（五）調查各報告書。
（六）決定中選之人且告知之而給以中選證書。
（七）將中選人之名報告且告示之。
（八）取締選舉會。
（九）若無中選人或中選人不足額之時命再行選舉。
（十）有中選無效者則爲適當之處置。

第七　選舉參會人

其數三名乃至七名由地方長官自各選舉區內之選舉人中選任之。

以上各項我國可隨時隨地斟酌採用不細論。

第四目　選舉權利之保障

右所述關於選舉種種之法制既嚴且密矣然尚慮有侵害及選舉權利者故更爲之保障其法有三。

（第一）開票公開　管理開票之職務不得不委諸地方官吏然使官吏或有舞弊以多報少以僞亂眞則終難收公平之效故一面既有三種之參會人一面於開票時采公開之法凡投票者皆得往觀斯十目十手無所逃匿。

（第二）不法行爲之處分　行選舉時有二大患一曰賄誘二曰勢脅以野心家運動之手段而失選舉人之自

由意志。故各國無不嚴定法律以防之。如日本選舉法第十一章自第八十六條至第百三條。規定綦詳。不能枚舉。要之凡以金錢物品酒食及利用其他之利益或利害關係以煽誘選舉人者。分別科以輕重之罰。各國之制大略相同。

(第三)選舉訴訟及中選訴訟　選舉人關於選舉之效力有異議時。得以選舉長爲被告而起訴訟。自選舉日起算。三十日以內訴諸控訴院。若判決不服。得上控於大審院。落選人關於中選之效力有異議時。得以中選人爲被告而起訴訟。自中選人姓名揭示之日起算。三十日以內訴諸控訴院。若判決不服。亦得上控於大審院。此日本之制也。各國多有以此種訴訟屬諸行政裁判所者。但其立法之意略同。凡所以保護正當之權利。務求公平而已。

以上制度皆我國所當采者也。

第四款　强制選舉

選舉權於國民公權中之最可貴者。所以行使國家之作用。而組成國家最重要之機關。各國先民大率不知費幾許之淚幾許之血。然後易得之。宜若人人永寶。莫肯抛棄矣。而按諸實際。乃有大不然者。棄權之人往往而有。其在英國則百分之二十二。其在德國則百分之二十三。其在法國則百分之三十七。其在日本則百分之十四。其在比利時。一八九二年百分之十六。一八九四年百分之五。夫選舉代議之制。將以使全國人民之意思得反映於國會也。棄權者多。則此精神殆難貫徹。此各國愛國君子之所爲隱憂也。

推原人民所以棄權之由。蓋緣智識不開。不知國家與己身之關係切密。漠然置國事於度外。是以及此。欲治其本。惟有廣興教育使國家觀念普及而深中於人心。則人民不待勸而自能自尊其公權。斯固然矣。雖然。其受法制之影響者抑亦不尠焉。各國法制。人民之行使此選舉權與否。聽其自由。實予人以可以棄權之途。故近世之立法家。思所以補救之。而强制選舉之學說大盛。

强制選舉果衷於法理乎。此第一當研究之問題也。欲解此問題。則當先論選舉之爲權利乎。抑爲義務乎。甲說曰選舉權者。天賦人權之一也。天之所以與我者。雖不可以棄。然此乃道德上之義務。非法律上之義務。故强制選舉爲不當也。乙說曰選舉者非爲個人自己之利益而行之。實爲國家之利益而行之。國家一重要機關。非循此手續。不能成立。故國家以此公職務課諸人民。實與納租稅服兵役之義務無異。故强制選舉非不當也。此二說者各有其理由。今折衷以斷之。則選舉者爲人民之權利。同時又爲人民之義務者也。凡政治上之權利。卽並爲政治上之義務。此原則旣爲一般學者所公認。卽選舉權亦何莫不然。故比利時憲法第四十八條特宣言選舉爲國民之義務。良非無故。然則强制選舉之論。揆諸法理。無以爲難也。

其第二問題則强制能否有效之問題是也。旣認爲公職務而强制之。則不履行此職務者。必當有罰。質而言之。則入於刑事範圍矣。然科罰之程度當若何。太輕則不足以示懲。太重則萬無此治體。故近今各國强制選舉之學說。雖甚發達。然罕能見諸實行。法國國會於一八四八一四九年連年有倡此議者和者尚希一八七〇年復提議之亦不成最近一九〇三年議員俾流伯爵擬草案十五條並附詳細之理由書提出於國會雖未通過而表同情者甚多德意志帝國於一八九五年有議員桑能比爾氏提案於國會和者不多日本則於前二年之議會有提出者惟瑞士聯邦中行之最早。一八三〇年瑞士聯邦中之一邦已行之其後踵起者日多近則比利時實行之。比利時當一八五八年此問題已列於國會之議案一八六五年再有倡之者一八八七年進步黨標爲政綱和者漸多一八九〇年以後成爲一般之輿論一八九三年遂勠爲成法布郎校維繼行之。德國聯邦中之一邦也一八九九年實行今舉比布兩國法制之大概。

比利時之强制選舉法。

選舉時無故而不到選舉場者。若屬初犯。則罰鍰一佛郎至二佛郎。　六年以內屢犯者。罰鍰三佛郎乃至二十五佛郎。

十年以內屢犯者。除罰鍰外。仍將該犯人之名揭諸市村公署之大門一月。

十五年以內屢犯者。除科前兩項罰則之外。仍將選舉人名簿中該犯人之姓名抹去。十年不得有選舉權。且於此期內。不得任官職及受榮譽之賞。

布郎梭維之强制選舉法。

選舉時無故而不到選舉場者。罰鍰十馬克。惟有以下所列之事由者得免罰。

(一)患病而有醫生之證明者。

(二)爲國家或地方及教會之公務。不能延遲。又不能使人代理者。須有上級官廳之證明。

(三)選舉之日旅行於四十啓維邁當以外者。須有地方警察之證明。

(四)緣天災或其他不可避之事變。不能到場者。須有證明。

此其大概也。但科罰之法。除罰鍰以外。勢不能施以體刑。而罰鍰過重。貧者力不能堪。罰鍰過輕。富者不以爲意。至揭其名以恥之。亦僅可以懲一部。停其選舉權。則彼固不愛此權者。所謂民不畏死。奈何以死懼之也。故此等制度實不足爲完全之制。然遠優於此者。亦苦難得之。故至今尚以爲一未定之問題。然比國於一八九二年棄國者百分之十六。及施行此法以後。翌年選舉棄權者僅百之五。則其明效固已甚著矣。此各國所以紛紛思效之也。

我國立憲思想未普及。人民多不知選舉爲何事。若驟行此。徒增騷擾。暫可勿采。固無俟言。特既有此學說。姑介紹之。以待將來之采擇云爾。若夫第二級選舉人所負者爲特別之職務。若臨時規避。是無異有意破壞選舉機關。苟不加以裁制。國法何由得行。考德意志聯邦中行間接選舉之國。對於此事。皆渺有專條。而法國選舉左院議員時。其選舉會會員有不到場者。亦科五十佛郎之罰。今擬其罰則如下。

(一)凡被選爲第二級選舉人者。由知州或知縣具文通告本人。本人若不願就選。須於文到後三日內具呈申辭。不申辭者。則認爲承諾。

(二)凡已承諾爲第二級選舉人者。屆選舉議員時。若無故而不到場。科罰鍰五十元。

(三)其再犯者。除罰鍰外。仍將所有一切公權停止十年。

(四)若有不得已之事故不能到場者。得免罰。但須有確實之證明。其不得已事故之項目。別以細章訂之。

第五款 雜論

第一項 右院議員任期

右院議員任期。各國不同。今述其比較。

一年者 美國聯邦中之十六邦。

二年者 北美合衆國及其聯邦中之二十四邦。

三年者 德帝國。普魯士。瓦敦堡。丹麥。瑞典。那威。瑞士等。

四年者　日本、比利時、巴丁、法蘭西、葡萄牙、墨西哥等。
四年（但每二年改選其半）者。荷蘭、阿根廷。
五年者　意大利、西班牙、英屬加拿大等。
六年者　巴威倫。
七年者　英吉利。
六年（但每三年改選其半）者　盧森堡。
八年（但每四年改選其半）者　羅馬尼亞。
九年（但每三年改選其三之一）者　索遜。

右院議員之任期若太短，則選舉屢行，不惟徒增勞費而已，且使國民生厭倦心，而怠於執行。故惟如美國國民政治思想極發達者，可以行之。然猶不勝其擾。若太長，則慮數年前之議員，不適於數年後國民之輿望，而無以舉代表之實。如英國之七年論者，或以爲病。故任期稍長之國，往往於中途改選其一部，亦折衷之意也。雖然，在任期中往往遇解散，則全部改選。除英國外，彼長任期之國，能滿任者蓋稀也。我國地廣人衆，每選舉一次，勞費極浩，故萬不可過於煩數。然亦正惟以地廣人衆之故，國民思想變遷之形態至複雜，若代表人久而不遷，恐無以應時勢之進步。故竊謂宜采盧森堡之制，以六年爲任期，而每三年改選其半，斯兩弊俱免矣。至其改選之缺，則以抽籤行之，此各國成例可循者也。

第二項　無選舉區之地

凡劃分選舉區之國。苟其地無選舉區者。卽住居於其地之人民無選舉權也。考諸各國。其例有二。

(其一)如美國其選舉區分屬於聯邦中之各邦。苟其地不爲各邦之領地者。則其地之民。卽無選舉權。故現在菲律賓人無選舉權。八年前之夏威夷邦人無選舉權。十五年前之華盛頓邦（非其都城）人無選舉權。而尤奇者。則華盛頓都城及其附近平方十英里以內之住民。自建國至今。無選舉權。（其人欲選舉者須歸原籍）蓋美國以各邦之公民爲合衆國之公民。除各邦公民資格以外。更無從有合衆國之公民資格。其國法之性質則然也。

(其二)新附之殖民地。無選舉權。其地之住民無選舉權。如英國之多數直隸殖民地。（英國殖民地分兩種一曰直隸者一曰自治者其自治殖民地雖不出代議士於母國然自有國會其民皆有選舉權）日本之臺灣是也。緣此等殖民地其固有之土民。爲數極遠過新來殖之民。故不予以平等之權利。而憲法亦不適用於彼也。（日本憲法適用於臺灣與否至今尙爲彼中學者論爭未決之問題）

於是而我國之內外蒙古青海及西藏應編爲選舉區與否。其地之住民應有選舉權與否。實爲我國開設國會前當先決之問題。我國爲單一國。而非聯合會。凡占籍於帝國領土內者。卽爲帝國之臣民。美國之法理。非我國所宜適用。無俟言者。而蒙藏之民。回首面內。已數百年。若猶以他國待殖民地之例待之。豈惟非法理之所可通。抑亦非政策之所宜出。故無論就何方面觀之。皆無靳蒙藏人以選舉權之理由。顧吾於本節第三款第二項。置蒙藏於不論分配選舉區及議員額數皆不之及者。無他故焉。全出於事實上之不得已而已。蓋蒙古大半尙未脫游牧之俗。且其人民絕對的服從於酋長。而西藏人又絕對的服從於僧侶。卽予以選舉權。亦不能以自由意志行之。而其地廣人稀。無從執行選舉。又無論也。要之。如吾所計畫之私案。以有一定之住屋而能讀書寫字者。爲得有選舉權之資格條件。而又以有五千住民之地爲一原選舉區。夫所謂讀書寫字者。必以國語國文爲標準自無待言倘他日蒙藏之地日以發達其地爲合於原選舉區條件之地其民爲合於有選舉權條件之民則隨時施行選舉法何嫌何疑此固吾黨所日夜禱祀願須臾毋死以親覩之者也不幸而現今事實上尚不許爾爾故吾於左院之組織以蒙藏議員爲一重要之分子凡欲以彌此憾而已而淺識者乃或致疑於將來之憲法不得適用於本部以外是無異轘裂帝國之生命雖謂之對於帝國而謀叛逆可也

第三章　國會之職權

第一節　緒論

今世之國家除中國及列强之屬國外殆無不有國會雖然等是國會也而其職權之廣狹强弱萬有不齊廣狹云者就其職權所行之範圍言之也（例如甲國國會僅有立法權乙國之國會或兼有一部分之行政權司法權是也）强弱云者就其職權所生之效力言之也（例如甲國國會不通過之法案政府絕對的不能執行乙國則或有他法以執行之又如甲國國會通過之法案立刻卽生效力乙國則尙須加以他機關之行爲始生效力等是也）此等職權之廣狹强弱有由法文上之規定而生者有由政治上之沿革而生者法文上之規定者憲法著爲明條而國會權限根據之以存立者也於成文憲法之國多見之政治上之沿革者無憲法明條可依據而國會權限惟發達於歷史上之事實者也於不文憲法之國多見之雖然法律者死物也而人類之意力則活物也故法文所規定其效果恆不敵政治慣習之强（政治慣習卽歷史上事實之發達也）非獨不文憲法之國爲然耳卽在成文憲法之國其法文無論若何精嚴而總有容廣義狹義解釋之餘地故同一條文政府據之以削減國會之權限同時國會卽據之以自擴充其權限而各皆持之有故言之成理者比比然也要而論之國會者國民意識能力之返影也使國民之意識

敏能力强，則雖欲强以法文所規定者縮減國會之權限，而有所不能，蓋不適於時勢之法規，決不能保其效力，行當修正廢棄耳，即暫時尚存，亦束閣不用，等於殭石耳。例如英國憲法，其國王對於國會所議決之法律，得有不裁可權，由此言之，國會職權之效力蓋甚弱，然國王此權，經二百六十餘年未嘗一行之，則英國國會之職權，不緣此法文而減殺明矣。使國民之意識昧，能力薄，則雖法文所規定予國會以極廣之權限，亦不過紙上空文，例如我國現行諮議局章程，權限雖不可云極廣，然其應有之權，而各省議員忽視而放棄之者，已不知凡幾也。由此言之，欲比較各國國會職權之廣狹强弱，實屬至難之業，蓋徒沾滯於法文之解釋，勢固不足以得其眞相，而其政治上之沿革，事實上之發達，又且變動不居，而運用之妙，更往往爲皮相者所難窺，及故自昔學者恆苦於論斷也。

國會職權之分野，其相對者有兩界，一曰以地方議員之職權爲界，二曰以元首之職權爲界。地方議員之職權廣者，則國會之職權狹，國會之職權廣者，則地方議會之職權狹，此一種也。元首之職權廣者，則國會之職權狹，國會之職權廣者，則元首之職權狹，此又一種也。如國土然，此所割讓之部分，即爲彼所占領之部分，其强弱之相爲消長也，則亦有然。各國之差別，其事項與其程度，皆至複雜，殆非巧歷所能算也。然則國會職權所及之範圍，當以何爲廣狹適中，國會職權所生之效力，當以何爲强弱得宜，其間亦有一定之標準可得確指乎？曰：是殆難之。蓋政治無絶對之美，而惟適之爲貴，甲國所適，未必爲乙國所適，甲時代所適，未必爲乙時代所適，欲通於各國各時代而求一公共正當之標準焉，不可得也。然則欲規定吾國將來國會之職權，亦有道乎？曰：博考各國差别之相，而求其所以然之故，乃返按諸吾國之情實，效其相類者，而棄其不相類者，采其可行者，而去其不可

行者其有吾國之情實爲他國所無則職權之斷制亦自我作古也此本章之旨也

抑吾更欲有言者吾之所陳說乃立法論也靡論其將來能見采擇與否所不敢知卽見采擇而所期之效仍視乎人民之所以運用之者何如蓋政治者活力也實權之消長恆視實力以盾乎其後我國民如欲得正當之實權亦惟務養正當之實力而已矣

第二節　參與立法之權

學者舊稱國會爲立法機關立法事業固非國會所得專國會職權亦非僅限於立法雖然立法爲國會最重大職權之一實無可疑也國會之立法權可大別爲二一曰參與改正憲法二曰參與普通立法今分別論之

第一款　參與改正憲法之權

第一項　各國法制比較

欲研究各國國會參與改正憲法之權當先知各國憲法之性質各國憲法性質之種別有成典憲法有不典憲法成典憲法者特制定之而編爲一有秩序有組織之法典者也不典憲法者隨時發達或以誥勅或以批准之文書或以尋常之法律集合而成未嘗編爲一法典者也（舊稱成文憲法不文憲法用語不愜如彼英國之憲法固有文字非恃口碑也）成典憲法之中有硬性憲法有軟性憲法硬性憲法者改正之手續極爲繁重與尋常法律不同者也軟性憲法者改正之手續較爲簡易與尋常法律無甚差別者也既明乎此則可與語各國國會參與改正憲法之例

第一　英國之制

英國憲法不典憲法也既屬不典憲法則爲軟性中之尤軟性者自無待言無論何國其憲法之改正總與普

通立法有多少之差別。惟英國則絕無差別。故欲知英國國會參與改正憲法之權。但觀其參與普通立法之權足矣。其參與普通立法之權。於次項別論之。今不先贅。簡單言之。則制定變更廢止一切之權。皆在國會。國會以外。無論何人。無論何團體。皆不許容喙。是英國之制也。但英國國會以國王並為其一分子

第二　美國之制

美國憲法。硬性憲法也。其改正手續。頗為繁難。而非國會所能專斷以改正之者。今述其例。

(甲)修正案之提出及議決　其途有二

(一)左右兩院。隨時得提議修正憲法。其修正案。以兩院各三分之二多數取決而通過之。

(二)各州州議會有三分之二要求修正時。則國會必須開修正憲法會議。(但此會議之構成及召集之方法。憲法上無明文。故國會得以法律自由定之)

(乙)修正案之批准　以上二法中任取其一。皆可以提出修正案且議決之。雖然未足以生效力也。必批准然後有效力。而批准之途有二。

(一)各州州議會四分之三批准之。

(二)各州人民會議四分之三批准之。

此二法任取其一。而欲取何法。則國會主之。故美國憲法之修正。實由下列四種方法之一而成。

(一)國會提出修正案而議決之。更由各州州議會四分之三批准之。

(二)國會提出修正案而議決之。更由各州人民會議四分之三批准之。

(三)各州州議會三分之二要求修正國會開修正憲法會議而議決修正案更由各州州議會四分之三批准之

(四)各州州議會三分之二要求修正國會開修正憲法會議而議決修正案更由各州人民會議四分之三批准之

由此觀之無論用何種方法而國會參與之權皆極重甚明

第三　德國之制

德國憲法比較的軟性憲法也其改正手續與普通立法手續同左右兩院皆可以提出改正案而議決之皇帝無提案權兩院議決之後即爲有效皇帝無「不裁可權」(不裁可權之解說詳次項)是改正之全權在國會也但有二例外

(一)聯邦參議院(即左院)有十四票之反對其改正案即爲否決(案此例蓋緣參議院以五十八名之議員代表二十五邦其中普魯士議員居十七名若二十四邦欲改憲法普魯士一邦得拒之若普魯士與其他各邦聯合欲改憲法巴威倫索遜瓦丁堡三邦聯合得拒之所以劑其平也)

(二)憲法上保障各邦特權之條項非得各邦之承諾不得變更之

第四　法國之制

法國憲法比較的硬性憲法也前此改正手續極爲繁難而改正之回數各國中亦未有如法國之多者自一七九一年至一八七五年凡八十年間改正十二次其一七九一年之憲法則於改正時現任議員議決後須

俟其任期滿時。再行選舉。待新議員再爲議決。如是者凡三度。而改正之功乃完。其現行法。則大統領及左右兩院皆得有提議修正之權。修正與否。由兩院各以過半數決之。既決修正之後。則由兩院合而組織國民議會。以議決其修正案。由此觀之。則大統領雖得參與修正。而大權實在國會也。

第五　日本之制

日本憲法。硬性憲法也。其改正之方法。有與他國大異者。曰國會無提出改正案之權。而惟天皇獨有之。是也。天皇以勅令提出議案。兩院各有總議員三分之二以上列席。得乃開議。列席議員有三分之二以上贊成。乃得議決。此日本之制也。故日本國會參與改正憲法之權。僅能爲受動者。而不能爲主動者。

第六　瑞士之制

瑞士之改正憲法。與普通立法同一手續。故兩院皆得提出議案。經議決時。即爲有效。但其議案若一院可決而他院否決之時。或由人民五萬人以上之要求而改正之時。則由人民直接投票以取決之。此提案及議決之制也。若欲其有效。則必再經人民直接投票過半數之贊成。及聯邦各州過半之承諾。故瑞士國會此權不重。

第七　普魯士之制

普魯士改正憲法。依普通立法之成規。國王及兩院皆有發案權。兩院議決。國王裁可。斯爲有效。但其議決須經兩次。第一次議決後。越二十一日再議一次。前後同一之議決。斯爲有效。（德國聯邦各邦中亦有須爲二次議決者亦有兩次議決每八日或十四日再議一次者今不詳列）

第八　索遜之制

索遜改正憲法其提議及議決之手續。亦與普通立法同。但其議決須互於前後兩會期。今年議決後。明年召集時再議決一次也。

合觀以上各國之制。則國會參與改正憲法之權。其廣狹各各不同。今分三項以比較之。

第一　改正案之提議　其形式有四。

(甲)惟國會有此權。而元首及其他之機關皆無之者。　如德國。

(乙)國會及元首皆有此權者。　如法國。英國。（英國元首之有此權僅屬虛名不可不知）

(丙)國會及他種機關有此權而元首無之者。　如美國。瑞士。

(丁)國會無此權惟元首有之者。　如日本。

第二　改正案之議決　其形式有三。

(甲)由國會以普通立法之手續而議決者。　如英國。德國。瑞士。（瑞士議決方法之一種）

(乙)由國會以特別繁重之手續而議決者。　如日本。美國。（美國議決方法之一種）普魯士。索遜。

(丙)國會以外別置一機關而議決之者。　如法國。瑞士。（瑞士議決方法之別一種）美國。（美國議決方法之別一種）

第三　改正案之效力　其形式亦有三。

(甲)國會議決直生效力者。　如德國。法國。（法國雖別置機關以議決然其機關即國會之變相故可渾括言之）

(乙)國會議決後更經元首之裁可始生效力者。　如英國。日本。

(丙)國會或其他機關議決後更經人民或其他機關之承諾始生效力者。如美國瑞士

第二項　我國所當采者

據上所述各國國會參預改正憲法之權其廣狹相懸絕也若此而各國學者各自辯護其國法咸能說明其法理上之根據幾使人迷所適從今非超然於各國法律條文之外以公平之眼觀察之不能得其正鵠也夫憲法爲組織國家之基礎法改正憲法是不啻取國家之基礎而搖動之其握有此權者卽爲握有國家之主權於是有持主權在君說者則謂此權宜屬諸君主有持主權在民說者則謂此權宜屬諸國民全體或代表國民全體之國會雖然主權在君主權在民之兩說皆與國家之性質不相應近世學者所抨擊殆成定論按諸正當之學理惟國家爲有主權然則能有改正憲法之權者亦惟國家自身而已雖然國家者非自然人而法人也法人之性質雖有權利而無行使權利之能力其行使權利必當委之於其機關則改正憲法之權亦勢不得不以機關行之無可疑者然當以一機關單獨行之乎抑當以兩機關以上聯合行之乎若用兩機關以上聯合行之則其機關當以何種形式組織而成乎各機關之分勞赴功通力合作當由何術而得正鵠乎是皆其最當研究之問題也今據此理想仍分三段以論各國法制之得失而示我國之所當采者

(第一)改正案之提議　此問題復分爲二其一爲國會應否有此權之問題其二爲國會應獨有此權抑應與他機關共有此權之問題

先論第一問題凡立憲國之國會無不有此權其無之者惟一日本日本學者爲之說曰（此亦一部分學者之說耳其反對之者亦不少不可不知）日本君主國也且其憲法欽定憲法也最初憲法之成立其淵源既出自君主則後此憲法之變更其

主動亦應在君主。此其言若甚辯。然按諸學理。其誤謬至易見也。欲回護此說。必當以「主權不在國家而在君主」爲前提。蓋國家若有主權。則必爲人格。其意思必藉機關以發表。而立憲國家之直接機關。不只一君主。自不得以君主而專此權。既惟君主爲有此權。則必惟君主有主權。而國家無有也。信如是也。則無君主之國。其主權又將安麗。既認君主國之主權在君主。則亦不得不言共和國之主權在全體人民。（非在人民之個人而在其全體）如彼之說。惟有主權者能提出改正案。則共和國不將非得人民全體之同意不能提出耶。若云原憲法由君主所頒定。故改正案亦惟君主宜提出。則彼共和國之憲法由全體人民投票而始成立者。豈不亦必須全體人民投票。然後提出改正案耶。則亦永無提出之時而已。若仍宗國家主權說。認君主爲國家之一機關。而謂惟此機關宜專此權。他機關不許分之。是則已純變爲專制君主國。而非復立憲君主國。何則。立憲與專制之分。不過以其機關之性質權限爲界線。僅有一直接機關以獨裁者。謂之專制。有兩機關以上互相制限者。謂之立憲。今以變更國家基礎法之一最要職權。而惟一機關得爲主動。是非專制而何。然則日本此條法文。無論若何强辯。而必不能使之衷於法理明矣。日本學者既窮於回護。於是有舍法理論而遁入政治論者。謂國會不得有此權。全屬政治上之理由。慮其動倡改正之議。而搖及國家基礎也。雖然。此說之不完。又至易見也。夫改正憲法。非徒以提議而遂畢乃事也。提議之後。尚有議決焉。有裁可焉。卽國會偶爲不正當之提議。而國礎亦何至遽爲所搖。今若據政治上之學理以繩日本此制乎。苟當憲法必須改正時。而君主不肯提議。則將若何。蓋舍革命外。更無第二之手段矣。夫法律之條文。死物也。社會之情狀。活物也。無論若何善良之法律。要不能歷千數百年而永與社會情狀相應。故改正之事。恆所不免。而必應改正與否。一人所見。恆不及多人之明。今日本此制。若謂其有合於政治上之理由。則必當先立一前提焉。曰。惟君主爲天亶聰明。能隨時鑑察時勢。定憲法之當改與否。而無絲毫之忒。使此前提而果正確也。則何必立憲。常以神聖之君主行專制。豈不更能達國家之目的耶。既以立憲爲必要。是已明不承認此前提。既不承認此前提。而猶曰惟君主宜有提議改正憲法之權。吾誠不知其何取也。（日本學者之著書其言外不直此制者甚多特不敢昌言攻擊而遷就以爲之辭乃如羝羊觸藩無適而可實可憫也）故我國將來制定憲法。必當采萬國通制。予國會以此權。毫無可疑者。

次論第二問題。各國憲法改正案之提議權。皆國會與他種機關共有之。國會之外。而有此權者。其在君主國。則君主也。其在共和國。則大統領或國民也。其在聯邦國。則聯邦內之各邦也。此皆衷於法理者也。何以故。君主大統領。皆與國會同爲國家之直接機關。其有此權。宜也。國民又爲國會之作成機關。在共和國更以之爲最高機關。其有此權。亦宜也。在聯邦國。則各邦爲聯邦之分子。其有此權。亦宜也。雖然。於此而有種種之疑問出焉。

第一問　德國爲君主國。而其皇帝不有此權者何也。

答　各國君主所以有此權者。以其爲國家之元首也。而據德國國法之法理。其國家之元首。乃聯邦參議院。而非皇帝。皇帝不過執行聯邦參議院之意思。一行政長官之位置而已。行政長官不應有此權。亦固其所。故德國皇帝雖無此權。而其國家之元首固有此權也。（以實際論則德國皇帝固有此權蓋皇帝以普魯士王兼之而參議院中有普魯士議員十七人其人皆服從王之命令者普議員之提議即無異普王之提議亦即無異德皇之提議故德皇實間接有此權也）

第二問　美國法國之國民。不能直接有此權者何也。

答　彼兩國之大統領。皆由國民選舉。美國聯邦內各州州議會。亦由州民選舉。夫兩國之國民。既皆得藉國會以間接行此權矣。法民復藉大統領間接以行之矣。美民復藉州議會間接以行之。故無取再重規疊矩也。

國民有若干人之連署。卽得合議改正案者。惟瑞士爲然。此制揆諸學理。匪云不合。蓋一部分國民之意思。雖非可遷徇之以妄改憲法。而一部分之國民既有此意思。則以付諸討議。亦理所當然。然此制惟瑞士有之。他國無之者。蓋瑞士國小民稀。行之較易。且其聯邦中各邦。多有行直接民主制者。理論上固當如是也。他國雖無此制。然其兩院皆有受人民請願之權。人民有欲爲改正之提議者。可以意見達於國會之任一院。但得一院表同情。卽可以提議。是人民雖以個人資格。亦得間接行使此權也。惟日本則有大可異者。其憲法既限制兩院不得有此權矣。其議院法第六十七條復規定云（各議院不得受變更憲法之請願）此其立法之本意。眞不可解。夫請願書必須各院采以列於議案而議決之。乃生後效（據同法第六十四五條）今兩院既不能爲變更憲法之提議。則雖受請願。亦有何效力。而何必更懸爲厲禁耶。此何異禁閹人以不許犯淫也。推原日本立法之意。凡關於憲法事項。惟君主得專之。而人民絕對不許容喙。此種憲法。雖名之爲專制的憲法。亦不爲過。我國將來之立法家。尙其戒之。

第三問　美國大統領不有此權何也。

答　美國憲法采絕對的三種鼎立主義。故凡關於立法事項。不許大統領之容喙。然此制學者多議之。

第四問　德國又爲聯邦國。而其各邦不有此權何也。

答　德國聯邦參議院之議員。凡一切行動。皆受命於其本邦。與美瑞等國議員能獨立以發表其意見者異。故參議院有此權。卽無異各邦有此權也。

夫憲法之改正。誠當愼重。雖然提議不過改正手續之發軔耳。非緣是而遂決定也。故不妨以其權分界諸各機關。我國爲君主國體。則有此權者。君主並兩院而三。斯最當矣。

（第二）改正案之議決　此亦分二問題。其一。卽以國會爲議決機關乎。抑於國會以外臨時別設議決機關乎。其二其議決用普通之手續乎。抑特爲設繁重之手續乎。先論第一問題。改正憲法爲搖動國家基礎。故所以察民意之所向者。宜勿厭其詳。現期之國會。果能舉代表民意之實與否。猶未敢遽信。於是思所以再行考驗者。其法有四。

一　現國會不議決。解散之。行總選舉。而付諸新國會之議決。

二　不付諸國會之議決。而別組織國民會議以議決。

三　現任議員議決。未完全認爲有效。待第二次總選舉後召集議員時。復爲同一之議決。乃得有效。

四　現會期議決後。未完全認爲有效。俟次年開會時。復爲同一之議決。乃得有效。

第一法有缺點。何以故。國家之設國會。原認爲代表國民之機關。現在開會中之國會。雖不能遽認其確能舉代表國民之實。亦何從斷其確不能舉代表國民之實。不許其議決。實無理由。況兩院既各有發案權。而現今各國通例。有少數議員之同意。卽可以提出議案。日本以二十人爲限若用此法。一經提議。則現議會立當解散。以別行組織。是常能以少數人之意見。而致議會之解散。甚無理也。

第二法亦有缺點。何以故。第一法之缺點。第二法皆同之。不寧惟是。所謂別組織國民會議者。其組織法當何如耶。若如法國現制。卽將左右兩院現議員組織之。則異名同實。何必多此一舉。若別召集之。則與第一法所謂新國會者無異。其弊夫既言之矣。

第三法亦有缺點。何以故。各國右院議員任期。多者七年。少者二年。折衷者三四年。今用第三法。改正案議決後。必須俟二三四年或七年以後。再爲議決。是改正之案。必歷若干年然後完成也。夫改正案之提議。必其應於時勢之要求者也。今必閱緜邈之歲月。然後奏功。則後時之患。其難免矣。

第四法亦有缺點。蓋其後時之患。雖不如第三法之甚。然已嫌其濡滯。且在同一任期中。來年之議員。卽今年之議員。其意見大率同一。何必多此一舉。不過假以時日。使之再思耳。然因欲借此以測驗其確爲代表現時國民意見與否。效蓋微也。

夫僅憑現議會之議決。既病其近於輕率。而此四法者。又各有其弊。則吾何途之從。吾於是欲自創一法焉。曰。先以付現議會之議決。可決之後。復解散之。而組織新議會。爲第二次之議決是也。此法與第一第二法有異。以彼不付現議會之議決。毫無理由而不信任現議會。此則不爾也。又與第三四法有異。以第三法於第一次議決後。須歷數年乃爲第二次之議決。第四法亦須閱一年以後。乃爲第二次之議決。皆有後時之患。此則不爾也。是故現議會而否決也。則此次提議。自同消滅。其再提議。當待來年。而議會可以不解散。既無提議一出。立須解散之弊。（若政府提出改正案國會否決而以勅命特解散之此則與普通之解散同其原因不在此限）若現議會而可決也。則改正爲民所欲。已可概見。猶慮其不確實。而再行選舉。開新議會以卜之。是豈非易所謂藉用白茅无咎者耶。故竊謂此法視各國現

行法皆有一日之長也。（各國中有用此法者與否吾學譾不足以悉知之其有之則德美瑞三聯邦中之各國與夫中美南美之共和國也）

復次論第二問題各國以愼重改正故故除一二國外皆不以普通立法議決之手續而議決之蓋普通立法。但以列席之員比較多數以定可否其議決憲法改正案則恆加嚴重其法有五。

一　須四分之三議員列席乃得開議須列席議員三分之二贊成乃爲可決者。　如索遜。巴比倫。

二　須三分之二議員列席乃得開議須列席議員三分之二贊成乃爲可決者。　如比利時。日本。

三　得開議之定員數與議普通法律案同但須列席議員三分之二贊成乃爲可決者。　如奧大利。匈維丁堡。

四　得開議之定員數與議普通法律案同但須列席議員四分之三贊成乃爲可決者。　如漢堡。巴利米因。

五　一次議決之後隔若干日再爲第二次或第三次議決者。　如普魯士。巴威倫。

我國若既用新舊兩議會之議決則其議決之手續更無取過於繁重采日本比利時之制其可也。

（第三）改正案之裁可　改正憲法之權既屬於國家國家以無行使權利之能力故委諸其機關而在立憲國家其直接機關恆有二個以上相對立然則決定國家最後之意思者當屬於何機關乎曰於諸機關中必有其最高機關此權卽以屬之其在君主國則君主也其在共和國則全體國民或代表全體國民之國會也故共和國之改正憲法有以國會之議決卽生效力者有以全國民投票多數之贊成而始生效力者其在君主國則以君主裁可始生效力爲常共和國之國民投票與君主國之君主裁可其性質正同皆最高機關之作

用也。我國爲君主立憲國。則憲法改正案必待裁可然後完成。此無待言。

第二款　參與普通立法之權

第一項　參與立法權之範圍

第一目　各國範圍廣狹比較

各國國會參預立法之權。其範圍之廣狹頗相懸絕。質言之。可分爲二大主義。一曰概括主義。二曰列舉主義。概括主義者渾括言之。凡名爲法律者。皆須經國會之議決也。列舉主義者。將須經國會議決之法律條項。一一列舉之於憲法之中。其不列入者。國會皆不得議決也。普通之國家皆采概括主義。惟聯邦國則采列舉主義。今舉一二國以示其例。

美國之制　美國以憲法規定國會之職務。凡左方所列各件。得有議決權。

(1)關於歲入之立法　凡合衆國徵租稅借國債等事。其議決之權皆在國會。故租稅之項目。税率。課税方法。起債條件等。皆得由國會任意決定之。但有二制限焉。(第一)不許課輸出税。(第二)丁税及其他直接税等。必須比例於人口。又間接税輸入税物品税等。全國必須均一。

(2)關於歲出之立法　凡合衆國歲出之種類。數額。及其支用方法。皆國會定之。

(3)關於外國通商之立法　與外國交通及貿易之立法。歸國會所議決。但美國之制。其大統領有締結條約權。或疑與國會此權相衝突。蓋大統領任意結約。國會任意立法。其條件或相矛盾也。然大統領之結約。須得左院之同意。故免此弊。

(4)關於國內通商之立法　聯邦各州相互通商及與紅印度土人通商。其規則皆國會定之。

(5)關於歸化之立法　外國臣民入籍於美國之各聯邦而得享種種公權。此事與國家政治關係頗大。其法律必須統一。故此權不屬諸各邦而屬諸中央國會。

(6)關於破產之立法

(7)關於貨幣及度量衡之立法　聯邦內各邦不得有鑄造貨幣之權。

(8)關於犯罪之立法　僞造合衆國通貨證劵之罪。又於外海所犯海賊重罪及國際法上之犯罪。其法規皆中央國會定之。其餘各種刑法之立法權不在國會。

(9)關於郵便之立法

(10)關於著述及發明之立法　著述人及發明新器人。其專利權之法。國會定之。

(11)關於設置裁判所之立法　合衆國高等法院。雖據憲法之明文直接設置之。但其以下之裁判所。廢置分合之權。全屬國會。

(12)外交　美國國會有干涉外交一部分事項之權利。其詳細於本節第二款別論之。

(13)關於陸海軍制之立法　全屬中央國會。但各邦有募集民兵之權。

(14)關於合衆國中央政府領地之立法　所謂中央政府領地者。不屬於聯邦中之一邦者也。如(1)都城(2)要塞。軍庫。造兵廠。遺船所。造幣所等。其地雖在各邦之內。然已經中央政府買收者。(3)新領土之未編爲一邦者。如阿拉士加半島及新領之菲律賓羣島等是也。

(15)發行政命令之權　別於本節第三款論之。

由此觀之。美國國會立法權之範圍。極爲狹隘。凡民法商法之全部。訴訟法之全部。刑法行政之一大部分與夫關於教育關於警察關於地方財政關於經濟諸種法規。其議決皆不在中央國會也。

德國之制　德國國會之立法權。亦與美國同。以憲法條文列舉之如下。

第四條　屬於帝國監督及帝國立法之事項如左。

一　自由轉居本籍住居制度。公民權。旅行劵及關於外國人警察之種種規則。又營業保險。及於外國殖民地遷徙諸規則。爲本憲法第三條所未泐定者。(但巴威倫本籍及住居之事爲例外)

二　關於關稅及貿易之立法。又帝國政費所使用之租稅。

三　貨幣及度量衡法之規則。又不換紙幣發行之規則。

四　銀行規則。

五　發明品之專賣特許。

六　智能所有權之保護。

七　保護在外國德意志人之商業航海。及其船旗。及定帝國所任命之領事制度。

八　鐵道規則。又爲國防及交通利便起見所設之道路及水路之規則。

九　於數邦公共水路所營之舟筏航行業。及水路營繕之體裁。又其他水路稅及航海目標。

十　郵便電信制度。(但巴威倫瓦敦堡有例外)

十一　民事裁判宣告之互相制行。及關於申請處理之常則。
十二　關於公民證及公正證書之規則。
十三　民法刑法及訴訟法之制定。
十四　帝國海陸軍軍制。
十五　衛生警察及獸疫警察規則。
十六　關於出版及結社之規則。

第三十五條　凡全部關稅法聯邦領地內收穫之鹽。烟草。火酒。麥酒。由胡蘿蔔及其他內國產物所製造之糖與糖蜜之租稅。對於蜜賣之各國消費稅之相互的保護。並共同關稅疆界之安全。關稅疆界以外地方必須之處置。其立法權皆專屬於帝國。

巴威倫瓦敦堡及巴典其本國火酒。麥酒。之稅法。依其各自之立法權。但此三國對於此種物品之課稅。須力取同一之方針。

第三十六條　關稅又消費稅之征收及管理。限於各國從來相沿實施者。於其領土內仍委任之。

皇帝於得聯邦議院關稅租稅委員會之承諾後。置官吏於各國關稅租稅局及其直接官廳。以監督其實遵稅法所定之手續與否。

關於共同法律(第三十五條)之施行。此官吏發見其缺點而報告時。應提出於聯邦議會而議之。

第三十八條　關稅及第三十五條所揭其他課稅之收入。應納於帝國國庫。但第三十五條所列舉各種課

稅中其非依帝國立法而依各國法以徵收者不在此限此收入額為自關稅及其他課稅總收入中除去左記諸項而成者

一　本於法律及諸規則之租稅返還額及減少額

二　不當徵收租稅之繳回額（原稱拂戾額）

三　租稅徵收及管理之費用

（A）租稅中沿接於外國之疆界線及於疆域地方內因關稅之保護及徵收必需之費用

（B）鹽稅中因徵收及監督於製鹽所所置官吏之俸給

（C）蘿蔔糖及烟草稅中時時依聯邦議會之決議因此稅應支給各國政府之管理費

（D）其他租稅中收入全額百分之十五

在共同關稅疆界外之領土應支出貨幣負擔帝國之經費巴威倫瓦敦堡及巴典不負擔應納帝國國庫之火酒麥酒稅及前項一定之貨幣

第四十一條　因德意志帝國國防及共同交通之必要所認之鐵道其所通過之國雖有異議然苟無害各國之主權即依帝國法律以帝國之經費敷設之或許可於個人之企業者且付與土地收買權原有之鐵道會社負承諾設新線連絡之義務但連絡之費用屬於新設鐵道之負擔關於許原有鐵道會社對於敷設並行線或競爭線之拒絕權之法律帝國概廢止之但於既得權不能有妨害且於將來之免許中亦不得付與拒絕權

第五十二條　前第四十八條乃至五十一條之規則，不用之於巴威倫及瓦敦堡，於此二國，用次之規則以代之。

郵便電信之特權，其對於公衆法律上之關係，關於郵稅免除及郵便稅之立法，專屬於帝國，但關於巴威倫瓦敦堡兩國內部交通之規則及郵便稅，不在此限，又定電信手數料（卽打電費）之帝國法律，亦依此限制。

定與外國通郵便電信之規則，亦屬帝國之權，但巴威倫瓦敦堡與不屬帝國領土之隣國直接交通，不在此限，特適用一八六七年十一月二十三日郵便條約第四十九條之規則。

第六十九條　帝國之歲入與歲出，應每年立預算，製爲帝國歲計豫算表，帝國歲計豫算表，於每年分開始之前，依左之原則，以法律確定之。

第七十條　充其支出之用者，爲前年分剩餘金，關稅，共同消費稅，及由郵便電信所生之共同收入，若以此收入充共同支出而不足時，於未設帝國稅之間，以照聯邦各國人口應出之分擔金額補充之，其金額於豫算之定額內，帝國首相布告之。

第七十一條　共同之支出，通常限於一年而承諾之，但於特別之時，承諾得涉於數年分。

第六十一條所定期限內之軍隊經費豫算，惟提出於聯邦會議及帝國議會而爲參考。

第七十二條　關於帝國總入之支出，帝國首相爲解責任，須提出決算於帝國議會。

第七十三條　在需用常支出之際，依帝國立法之手續，募集公債，須以帝國負義務而作公債證書。

奧大利之制 奧大利雖非聯邦國。而其憲法中關於立法權。亦取列舉主義。其第十一條之文如下

一 貿易條約及帝國全部或局部生負任又命課務於國民及帝國議會之代理諸王國及部屬。其疆域變更所有國事條約之檢查及決行。

二 凡兵役執行關於其方法及其規則期限之事件。就中關於每歲召集徵兵員之定規。及預備馬匹之賦課兵士之糧食屯營之總則諸等事件。

三 政府之歲計預算表之規則。及諸租稅賦課之每歲決議。政府之決算表。並會計管理成績之檢查。新公債證券之發出政府舊債之變替官地之賣易貸與專賣並特權之法律等。總通於全王國部屬會計諸般之事務。

四 關於金銀銅貨及銀行證券之發出之事務規則。稅關貿易電線驛遞鐵道運搬之事件。及其他帝國通運之方法。

五 證券銀行工業之特準度量衡製造之模型記章保護之法律。

六 業醫之業法律。及傳染病家畜疫病防護之法律。

七 國民權及歸化之法律。外國人取締法。路券及人別點檢之法律。

八 各法敎之關係。集會結社之權。著刻才藝上之私有權保護之法律。公立小學校及中學校敎育原旨之例規。大學校之法律。

九 懲治罪裁判所。違警罪裁判所及民法裁判所之法律。但州之布告。及依此憲法爲州會之權任其事務

之法律。不在此限。

商法兌換法海上法礦坑及藩建地之法律。

十　司法官吏及行政官構制之基法。

十一　國民之通權。大法院司法院行政權所關諸憲法執行須要之法律。

十二　各部互相之義務。及關係總體之法律。

十三　與翁古利所屬諸部認爲共通之事務。其處分規程所關之法律。

以上皆取列舉主義者也。雖其所列舉之條件不同。其權之範圍。卽有廣狹之異。（如德國國會立法權之範圍已廣於美國甚遠細觀前件自明）而要之其權以所列舉者爲界。所列舉以外。絲毫不許容喙。則其權爲有限的甚明。

列舉主義。惟聯邦國宜采之。蓋聯邦國本由所聯之各邦。以合意契約相結而成。先有各邦而後有聯邦。各邦爲其固有之舊國。而聯邦則其創建之新國也。當其制憲法以創此新國。則將舊國一部分之權利。畫而貢之。雖然。所貢者。非權利之全部也。故於其所貢者之外。則各邦自保留也。其憲法不得不以列舉主義爲普通之原則。皆此之由。（聯邦國之建國法恰適用霍布士洛克盧梭輩所創之民約說但彼則謂人民相締約以成爲國此則小國相締約以成大國耳）

奧大利非聯邦國。而其國會之立法權。亦取列舉主義。似甚可詫。雖然考諸彼國之歷史。實由兼幷小國若干而成。而所兼幷之小國。舊影猶存。故奧大利皇帝。實兼有三王（帕也米雅國王大爾瑪西亞國王嘎利西亞及羅多利國王）一公（克拉阿義國公）六侯（撒爾布爾國侯司齊利亞國侯加林西亞國侯喀耳尼窩拉國侯修羅賓國侯上下西利亞國侯）一伯（齊羅爾國伯）之名義。（此殆我中國人所難索解者然在歐洲多如是卽如俄羅斯皇帝亦兼有王大公公侯等十餘名英王亦兼蘇格蘭王愛爾蘭王印度皇等名每頒重要之詔勅則盡列其頭銜纍纍如貫珠然）其國統一之基礎未堅。實與聯邦無異。且其國內種族分裂。

各地之習尙不同。故奧國法制。予其各州之州會以廣大之權。與各國之地方議會純異其性質。以故中央國會之權力。其一大部分移於此等州會。其不能與他國同其廣漠亦宜。雖然奧國之取列舉主義。終不得不指爲立法者之無識。蓋雖分權於州會。亦只宜將所分之條項列舉之。其未分與者則中央國會留保之。故州會之職權取列舉主義。而國會之職權仍取概括主義。斯爲得當矣。今本末倒置若此。其危及國家統一之基礎。又何怪焉。尤可異者。奧國憲法於國會立法權旣取列舉主義矣。而於州會之立法權亦取列舉主義。夫社會之情態萬變終非能以條文悉舉之而無遺漏也。故據論理學之公例。此方面以積極的列舉者。他方面卽應以消極的而得概括。如列舉甲乙丙等事項屬於此。則甲乙丙等以外之事項自然當屬於彼也。今奧制不然。旣列舉甲乙丙等權屬於國會。又列舉丁戊己等權屬於州會。而庚辛壬癸等權旣不屬國會又不屬州會者。則當何屬耶。此則立法家之陋也。抑其中或有他理由。或別有留保權立於兩者以外。則吾未專治奧律。不能知之。

除奧大利以外。凡單一之立憲國（單一國對聯邦而言）其憲法所規定立法權之範圍。皆取概括主義。其在共和國則國會獨行之。其在君主國則君主與國會共行之（其憲法條文或云君主與國會兩院共行之。或云君主以國會兩院之協贊行之。其事實之結果一也）要之凡屬制定法律。非經國會之議決而不爲有效。故其國會立法權之範圍廣漠無垠。非如聯邦國之僅限於一部而已。故學者或稱國會爲立法機關。良非無由。

雖然國會立法權之積極的制限。固惟聯邦國爲宜有之。若其消極的制限。則無論何種之國家皆有之。此又不可不察也。夫法也者。謂對於臣民而有拘束力之條規也。然對於人民而有拘束力之條規。各國率皆以兩種形式發布之。其一字之曰法律。其他字之曰命令。凡以法律之形式發布者。必須君主與國會共行之。其以命令之形式發布者。則不必經國會。而君主或行政官廳得專行之。國會之參預立法者。即參預命令以外之條規也。命令者國會立法權之消極的限制也。故國會立法權範圍之廣狹。與君主命令權範圍之廣狹成反比例。欲明此義。當先諗命令之種類。凡命令可大別為二種。一曰行政命令。二曰法規命令。行政命令者。規定行政部內所當遵守之條項。而上級官廳對於下級官廳所發者也。其拘束力惟及於下級。法規命令者。則公布國中對於一般人民有拘束力者也。行政命令。當我唐代之留司格。法規命令。當其散頒格。（格者六朝唐以來一種法令之名也。屬於曹司常務留存本司者為留司格。屬於天下所共頒行州縣者為散頒格。見唐書本志）行政命令之拘束力不直接及於人民。與法律全異其範圍。非此所當論。專論法規命令。

法規命令之種類有四。

一　執行命令　執行命令者。為執行法律而發布之命令也。法律所規定。往往僅舉犖犖大端。至其施行時之細目。不能毛舉。故許由行政官廳於執行時便宜定之也。此種命令純為法律附屬品。其不侵立法範圍甚明。

二　委任命令　委任命令者。本當以法律規定之事項。而以法律之明文。委任行政部以命令權者也。（乃法律所委任非君主及上級官廳所委任。勿望文生義）其與執行命令異者。彼則專為所執行之本法之附屬品。本法消滅。則其命令當然消滅。此則離本法而能存在也。（例如日本之裁判所構成法。法律也。判事檢事官等俸給令。委任命令也。裁判所構成法第七十六條云。關於判事之官等俸給及進級之規。以勅令定之。第七十九條檢事之規定同）其規定裁判所區域管轄等種種之勅令及司法省令。執行命令也。委任命令。其命令權之淵源由法律來。故亦不侵立法範圍。

三　獨立命令　獨立命令者。憲法許君主於一定之範圍內。獨立以發命令。毋須經國會之協贊者也。如日本憲法第九條云「天皇爲保持公共之安寧秩序。及增進臣民之幸福。得自發或使發必要之命令。」此卽離法律而獨立之命令也。但其效力次於法律一等者。曰不得以命令變更法律而已。此種命令除日本以外他國皆無之。有可以當其一部分者。則各國之所謂警察命令是也。蓋警察所應干涉之範圍。其事項極瑣碎且複雜變幻。不可窮詰。終非能以法律而一一悉預定之。故假行政官廳以便宜行事。而委諸命令之範圍。此各國所同也。日本此條憲法。彼中學者解釋各異。有采消極說者。謂卽與各國之警察命令同一範圍。有采積極說者。則謂凡關於保持秩序增進幸福者。皆得以此項命令規定之。決非徒限於警察命令而已。夫如是。此項命令。直與法律同其範圍。除舊有之法律不許變更外。其他皆得以命令行之也。而此項命令。則不須經國會之協贊者也。吾所謂命令範圍之廣狹。與國會立法權範圍之廣狹成反比例者。卽指此也。

四　緊急命令　緊急命令者。謂當國會不能開會之時。遇有緊要事件。君主得發此種命令。以代法律也。此種命令。其性質爲其代法律。故故與法律有同一之效力。可以之廢止變更舊有之法律。而將來亦非以法律不能廢止變更之。但有一限制焉。曰下次國會開會時。必須提出以求其承諾。若不承諾。則失其效力也。此種命令權。各國憲法多不許之。其許之者。則奧大利普魯士及其他德國聯邦中之一二國與日本也。而所許之範圍。亦有廣狹。今取普日兩國憲法條文比較之。

普魯士憲法第六十三條　爲保持公共之安全。或避非常之災厄。有緊急之必要。而不能召集兩院之時。政府得以連帶責任。於不牴觸憲法之範圍內。發布與法律同效力之勅令。但下次會期。必須提出兩院。求其承諾。

日本憲法第八條　天皇爲保持公共之安全。或避其災厄。依於緊急之必要。於帝國議會閉會之場合。發可代法律之勅令。　此勅令於次之會期。須提出於帝國議會。若議會不承諾時。則政府須公布其向於將來而失效力。

此兩條文大致相近。其差異之點。普國則於不能召集兩院之時。乃得發之。故雖議會閉會中。苟可以召集。仍須召集也。日本則於議會閉會之場合得發之。故閉會後雖能召集。亦可以不召集也。此種命令。實爲以行政權侵立法權。故共和國絕對不許之。卽君主國許之者亦希。英國之制。當國家遇非常變故。政府得負責任以奏請發布違憲之命令。事後則對於國會。證明其必要之理由。以求責任之解除。雖然。此其性質與普日等國之緊急勅令。絕非相同。普日等國緊急命令。憲法上之命令也。英國則視爲違憲命令。而求事後之免責也。故憲法上許此命令權與否。亦國會立法權範圍廣狹所由判也。

由此觀之。取概括主義之國。凡在命令權以外之立法事項。國會皆得參與。故命令權範圍廣者。國會參與權範圍從而狹。命令權範圍狹者。國會參與權範圍從而廣。此至易見者也。

除命令權以外。而國會立法權範圍之廣狹。尙隨一事以爲消長焉。卽憲法內容之詳略是已。憲法雖亦立法事項之一種。然其制定變更之手續。大抵與普通立法不同。故狹義之立法。卽指憲法以外之法。此通稱也。故憲法條文略者。普通立法之範圍自廣。憲法條文詳者。普通立法之範圍自狹。歐美各國往往有以單純之法律而入諸憲法之中者。就中美國聯邦中之各邦爲尤甚。其憲法之分量日增於其舊。據一八七七年美國左院所編纂北亞美利加憲法全集一書。其維阿志尼亞邦憲法。一七七六年之分不過四葉。一八七〇年之分增至二十一葉。狄莎士邦第一次憲法。一八四五年十六葉。一八七六年增至三十二葉。此何故乎。不過將屬於普通立法範圍之事項。逐年抽出。以加入於憲法範圍而已。（例如近時美國各邦憲法所增加之條項有關於禁止彩票者有關於禁止販賣火酒者有定刑罰執行之原則者有定勞働日及休假之原則者有定各種學校之詳細規則者有定官俸者有定鐵道公司特許之條件者）其他歐洲大陸各國之憲法。亦多類是。（如奧大利憲法將州會之選舉法亦規定於其中可笑者瑞士聯邦新加入之憲法有屠宰獸畜必當先使絕息之一條）此其規定之當否。姑勿論。要其所以如此者。不外欲制限國會之立法權。使之趨狹。蓋章章也。

君主國命令由君主所發。故則以擴張命令權範圍爲制限國會立法權之手段。共和國以改正憲法往往須由人民總投票。故則以擴張憲法範圍爲制限國會立法權之手段。其手段之正當與否。暫勿論。要之除取列舉主義之國以外。其國會參與立法權之範圍。上之以憲法所未規定之事項爲界。下之以命令權不能行使之事項爲界。持此以校各國之憲法。朗若列星矣。

第二目　我國所當采者

今請言我國所當采者。（其一）我國爲單一國而非聯邦國。其必當取概括主義而不當取列舉主義。不俟論。（其二）憲法爲國家之基礎法。自有其體裁。不當以無關宏旨之條件入之。且致基礎法或以小故而搖動。況我國幅員太大。五方異宜。憲法尤當總攬大綱。匪可毛舉細故。其不應以憲法占法律之餘地。又甚明。（其三）此外所餘者。則命令權之問題是也。故欲語中國國會立法權範圍廣狹之程度。則尤當先論中國憲法上命令權廣狹之程度。今請平心以研究之。（但行政命令執行命令委任命令之三種。與立法權不相雜廁。不在此論。今所論者。以獨立命令緊急命令兩種爲範圍）

緊急命令。明以行政權侵立法權。按諸學理。合應排斥。雖然。國會非永年當開者也。有其期焉。期過則休。國家若有非常事變。不能待國會之召集。苟不假行政首長以便宜行事。恐事機一逸。貽國家以不可復之損害。故憲法許以此權。實有其正當之理由。況又有事後承諾一條件以爲之限制。則立法權仍非全受其侵越。竊以爲我國固當采之。但其條文則普魯士較密於日本。我所宜師也。若慮政府濫用此權。危及憲政之基礎。此亦有防之之法。吾將於本節第二款論事後承諾項下別論之。

獨立命令。依日本憲法第九條所規定。殆與法律同其範圍。若徇積極論者之說。則雖取一切立法作用而盡納於其中可也。夫立憲政體之所以異於專制者。亦於其君權之有限無限判之而已。故立法權則君主以國會之協贊行之。行政權則君主以國務大臣之副署行之。司法權則以君主所任有獨立地位之裁判官行之。君主總攬三權。而一無所專。此立憲君主制之特色也。由此言之。則凡制定法規直接對於臣民而生拘束力者。皆須經國會之協贊。其理甚明。若以不須經協贊之命令。而與必須經協贊之法律。得活動於同一之範圍。則一切法規。或以法律之形式制定之。或以命令之形式制定之。一惟君主之所欲。而君主及其大臣。爲自便起見。恆欲取命令之形式。而不欲取法律之形式。人之情也。則所謂國會參預立法之權。將日被侵蝕。其不復返於專制者幾何哉。夫在專制國。則無法律命令之區別也。孔子對定公問所謂余無樂夫爲君。惟其言而莫予違。專制國君主之地位蓋若是。故君主個人之意思。卽爲國家之意思。君主一語一言。卽爲神聖不可侵之法律。故我國舊稱雖有律格式等名與令制勅等若爲殊科但其範圍效力皆相等固可以律格式變更令制勅亦可以令制勅變更律格式兩者之性質殆無差異卽歐洲諸國及日本當憲法未布以前亦皆有然質言之則凡皆以君主單獨行爲所制定者而已及立憲政體發生然後此兩者畫爲鴻溝而不許逾越卽凡對於人民有拘束力之條規皆謂之法律而執行法律時以便宜規令其細目者謂之命令前者君主與國會共行之後者君主得自行之憲政之大精神實在於此今徵諸各國憲法所規定則

	關於法律之規定	關於命令之規定
比利時	憲法第二十條　立法權由國王與代議士院及上院共同行之	第六十七條　國王爲施行法律得發必要之規則及命令但不得以停止或特免法律之施行
意大利	憲法第三條　立法權國王與元老院代議院共同行之	第五條　國王及其官吏爲施行法律得發必要之規則及命令但不得以停止或特免法律之施行
普魯士	憲法第六十二條　立法權國王與兩院共同之凡制定法規必須王與兩院協議同意	第四十五條　國王命令律之執行且爲執行而得發必要之命令及詳細之規則
德帝國	憲法第五條　帝國之立法權由聯邦參議院及帝國議會行之	第十七條　皇帝監督帝國法律之實施 第七條第二項　聯邦參議院爲實施帝國法律得議定必要之行政規則
奧大利	國會根本法第十三條　凡法律須以上下兩院之妥協決議及皇帝之認可而成	行政根本法第十一條　政府於其權限範圍內得發準據法律之規則命令
日本	憲法第五條　天皇以帝國議會之協贊而行立法權	第九條　天皇爲執行法律又爲保持公共之安寧秩序增進臣民之幸福得發必要之命令但不得以命令變更法律

由此觀之。除日本以外。無論何國。其法律與命令之界線。皆甚分明。命令者。非徒其效力不得與法律並而已。卽其範圍亦不得與法律並。質而言之。則所謂獨立命令者。偏徵諸各國憲法條文。絕無蛛絲馬跡之可尋。而自我作古。實創自日本。夫日本憲法。本以德意志聯邦中之諸君主國憲法爲其淵源。而取範於普魯士者尤夥。而忽有此與母法絕不相應之條文者何也。請不避詞費。先述其所由來。然後論其得失。

日本伊藤博文之游歷歐洲考察憲法也。左右之者。實惟普魯士之格奈士德氏。而格氏則德國學者中首倡命令獨立權之論者也。格氏以專精英國法聞。其立論卽根據英制。英國慣習。有所謂樞密院令者。與法律同時並行。其軍事外交殖民之三大事業。並敎育事業之一部分。宗敎制度之一部分。向不以入於法律之範圍。皆以樞密院全權制定頒布之。爾來雖法律之範圍日以擴張。樞密院令範圍日狹。而餘影猶存。又德國各聯邦中爲行政便利起見。往往有所謂警察命令者。其制定之權。往往委諸各地方官廳。不盡用法律之形式。而學者目爲違憲。攻論蠭起。故格氏以諗伊藤。謂不如將此權明規定之於憲法之中。故日本憲法第九條云云。全出於格氏之創意也。雖然。彼英人以保守性聞於天下。其法制半以習慣而成。其習慣徐徐蛻化。不見其嬗代之跡。故常有實質變遷而形式猶留者。卽如樞密院令之爲物。就表面觀之。固全非待國會之協贊。實則其發布全出政府之意。而政府惟得多數於右院者尸之故。一切命令。實與經國會協贊無殊。此惟英國爲然。非他國所能學步也。制定憲法而欲刺取英國習慣之一節。以羼入條文之中。未有不進退失據者。

然則此獨立命令權。於法理上亦別有其可依據之理由乎。自格氏倡此說後。德國學者。羣起致難。然亦有一二附和者。其主張最力者。則安德氏也。而反駁最力者。則安莎的士氏也。安德與安莎的士前後舌戰之論文凡數十篇。遂使此問題大喧於德國學界。認爲憲法上最重要問題之一。而其波直蕩於日本。安德之言曰。『君主國憲法與民主國憲法其精神全異。在民主國其行政首長之權。全由國民所新賦與之者。故憲法無明文以賦與之卽當然無此權。君主國不然。未立憲以前。一切大權本皆君主所固有。立憲者則君主自爲限制而已。故苟於憲法上無限制之明文者。其固有之權。自當留保之。命令權者。君主所固有也。故惟憲法上以明文規定專屬於法律範圍之事項。始必須與國會共行之。自餘一切。其付諸協贊與否。一惟君主之自由。』安莎的士之言曰。『憲法無限制之明文。其固有之留保權。當屬諸君主。固也。然所謂限制者。不必爲列舉之限制。但爲概括的限制而已足。非必爲積極的限制。但爲消極的限制而已足。如云「立法權國王與兩院共行之」則凡制定法規之事項皆概括焉。可知。如云「國王爲執行法律得發命令」則除執行以外不能發可知。（委任命令以法律明文委任者又不在此限）』辨論至此。勢不能不就憲法之條文而解釋之。安莎氏乃徧徵各國條文。滔滔雄辯。靡堅不摧。其詳具見所著「法律命令論」中。今不具引。夫在德國。其各國憲法文絕無認許獨立命令權之明文。故學者祖其說者實屬少數。日本不然。既有此第九條之文以爲此權後盾。故贊成派實占形勝。而反對派不得不取守勢。當憲法初布時。男爵伊東已代治已著「法律命令論」一書。祖述格氏及安德之說。學者靡然從之。如博士穗積八束。博士有賀長雄。博士有清水澄。其著者也。其反對派如博士副島義一。博士美濃部達吉。殆陷於四面楚歌之中。僅恃解釋條文以持其說。然新進之士。表同情者漸多。今已有占勝著之勢矣。要之不名爲立憲國者已耳。既名爲立憲國。斯決不容獨立命令與法律有同一之範圍。卽按諸日本憲法全體之精神。亦必非欲以此擴充君主之留保權。以與國會爭席甚明。觀其於君主之大權。取列舉主義。（第七條至第十六條）而於君主與國會共行之立法權。取概括主義。（第五條第三十七條）已足證明之而有餘。然則其第九條云云。在勢亦只能爲委任命令之一種。但逐事而委任之。未免繁難。故爲概括委任而已。然以條文之規定不明瞭。遂生爾許異說。斯則起草者之責也。

然則我國所當采者如何。以學理論。萬不容於普通立法權之外。更許獨立命令權之存在。苟其許之。小之滋權限之爭議。大之或招命令權之濫用。而反於立憲之精神。故憲法中關於命令權之規定。除緊急命令不可廢外。自餘之命令。則仿各國通制。以「爲執行法律」或「遵據法律」等字樣定其範圍。雖然。於此而有一至困難之問題出焉。以我國之大。而各省社會狀態。樊然不齊。若取全國人民應遵守之條規。皆由國會議決乃定之。若所規定者太簡略。則無以爲遵守。若所規定者太緻密。則適於此者必不適於彼。而法將爲具文。若非賦予行政部以廣大之命令權。則事實上無往而不障礙。此不可不熟審也。吾於是因此問題而得一相連而解決之他問題。

夫日本憲法所謂獨立命令者。即如其本文所示以保持公共安寧秩序增進臣民幸福爲目的。要之不能從積極的解釋。只能從消極的解釋。大率其範圍只能涉於警察行政與助長行政。故美濃部博士以之當各國之警察命令。殆可爲定論。信如是也。則各國先例。又有足引吾研究之興者。曰此等命令權。各國大率以許諸地方官廳爲原則。以許諸中央官廳爲例外是也。（德國博士查爾克瑪耶所著德意志國法論引例極博見東譯原著七二〇頁）其所以爾爾者。良以地方各有其宜。中央政府一一代爲謀之。勢不能周。且適也。夫以歐洲諸國。大者不過比我兩省。小者或僅比我一縣。（如德聯邦中小國）然其規定猶且若此。況我爲世界空前之大立憲國耶。若取一切立法權。無洪無纖。而悉納諸中央國會。是治絲而棼之也。則夫所謂保持公共安寧秩序增進臣民幸福之事項。必應有一大部分毋須經國會協贊而能規定者。殆無待言。然則此等事項。卽模範日本。屬諸君主命令權之範圍可乎。夫君主不能周知各省之所適宜。其校國會。抑更甚也。君主與國會共同行之。猶懼不甄。君主單獨行之。又安見其可。難者曰。凡所謂君主命令權者。非必君主躬自行之。得命其所屬之行政各官廳以行之。然則憲法以此權委任於君主。而君主復委任於地方官廳。不亦可乎。應之曰。斯固然也。雖然。凡地方官廳。以服從上級官廳爲原則。而上級官廳。又有監督之之義務。苟其所發命令有不當者。則上級官廳當取消之或停止之。（學者皆稱此等爲上級官廳之權利。然政治上之權利同時卽爲政治上之義務。此政治學上之大原則也。）不爾者。則上級官廳當任其責。而以我中國之大。重以交通未開。中央之最高官廳。果能舉監督地方官廳之責乎。果能常察其所命令果爲適當乎。若其不能。萬一地方官廳。假君主委任之名。濫用此廣漠無垠之命令權。加人民以不正當之束縛。卽不爾者。或戾於立法政策。不能達所謂保持秩序增進幸福之目的。而一般人民對之無可以求救濟之途。則其所以異於昨今之專制政治者幾何。故以吾黨所計畫。謂宜於國會之下。置省議會。而假之以稍廣之參與立法權。舉日本所謂獨立命令權之範圍。悉以畀之。既省國會越俎代庖之勞。又免地方官廳狐假虎威之弊。此所謂一舉而數善備也。不寧惟是。省議會既立。卽歐美日本各國所列於法律範圍之事項。（卽不許命令權侵入之事項）尚可分出其一小部分之議決權以畀之。其所分與者雖不必如聯邦國之多。然要之使各省人民有便宜行事以規定其本省最適法規之餘地。此實大立憲國與小立憲國不能苟同之政策也。若夫以何者爲省議會立法之範圍。以何者爲國會立法之範圍。此當別著論言之。此暫不及也。

徵諸他國。亦有與此類似之法例焉。則日本在台灣所施行之律令是已。據日本憲法。行政官廳只有發命令之權。斷無制法律之權。甚明白也。故台灣總督府有府令。此與閣令省令府縣令道廳令郡令島廳令等同其性質。

無待細論。然又以新附之地。社會狀態。與內國懸絕。於是許其自制定各種可以代法律之命令。名曰律令。以施行於其地。其立法之手續。則以台灣總督府評議會之議決。經君主裁可公布。斯爲有效。此種律令。其在台灣與法律有同一之效力。而毫無待於中央國會之協贊也。其不予國會以協贊權者。豈故有靳哉。毋亦以台灣之利病。非東京國會議員所能審也。我國之各省。雖與日本之台灣性質絕殊。然地理上及其他種種事實。則亦大有相類者。故賦與之以稍廣之立法權。使之能制定各種與法律同效力之條規。以行於其省。即襲日本之名。字之曰律令也。實至當不易之政策也。

雖然。有不能效顰之點二焉。(其一)台灣之律令。以台灣總督府評議會之議決爲成立之手續。而其評議會之議員。則皆官吏由君主任命者。以總督爲議長。對於總督爲補助機關。非監督機關。與國會對於政府之性質絕殊。此無他也。日本不許台灣土人有參政權。故其議決機關。不得不出於此也。故彼中學者。多謂台灣爲未適用憲法之地。誠哉然也。我國若爾。是仍與專制無異。是故我各省之制定律令議決權。必當屬諸省議會也。(其二)台灣既有律令以代法律。故通行之法律。非盡適用。（其適用某法或適用某法之一部分別以勅令定之勅令所不舉者即其不適用者也）坐是故律令與法律抵觸。亦非所禁。我國各省之律令。則不能以之變更法律。且不許與法律相抵觸。蓋非此無以保國家之統一也。

此外更有一相類似之例焉。則奧大利州會之立法權是也。奧大利州會之立法權。以憲法規定之。能制定與法律同效力之條規。一如日本台灣之律令。而其州會即以州民選舉成之。一切須經其議決。然後裁可公布。此我所最當師者也。雖然。亦有不能效顰之點一焉。則奧大利國會之立法權。爲其州會立法之所限制。蓋其憲法於國會立法權取列舉主義。於所列舉者之外。不許容喙。此誤采聯邦國之原則以施諸單一國。其害國家之統一莫甚焉。我國則當於省議會之立法權取列舉主義。除所列舉以外。其留保權皆存諸中央。不寧惟是中央國會常得以法律變更省議會立法事項之範圍。或廣或狹。惟其所欲。夫然後於單一國之原則有合也。

綜以上所論。則我國國會參與立法權之範圍。從可決矣。

一　除憲法所已規定之範圍外。

二　除君主命令權之範圍外。

三　除各省律令權之範圍外。

其所餘者。卽國會得參與之權也。雖然。尚有當注意者二事焉。

一　命令權以執行法律或法律所委任爲界。故其淵源實在法律。

二　律令權爲法令所委任。且得以法律隨時伸縮之。故其淵源亦在法律。

夫憲法既貴簡單。多留餘地以待普通法律。彼兩種權者又法律之支與流裔。而法律則必須經國會參與者也。則我國國會所當有之參與立法權。其廣大可概見矣。此在凡單一之立憲國莫不有然。而我亦非能立異者也。

飲冰室文集之二十五(上)

現今全世界第一大事

（參觀英國政界劇爭記）

現今全世界第一大事則英國因上議院反對政府之財政案而致解散下議院是已此事今方在進行中其結果若何當俟諸一月以後在今日固無從懸斷但其所牽涉者爲英國憲法問題爲全世界生計政策問題若在野黨勝則兩院之權力必將緣此而大生變動則生出英國之政治革命若在朝黨勝則各國之言社會主義者得一奥援將羣起而效颦則惹動全世界之社會革命而上院或緣此而裁撤則亦爲政治上之小革命要之此次之事件革命的事件也

夫以今日之英國在世界上其所占之位置如彼其重而忽有此驚天動地之事則其爲世界第一大事復何容疑而其予吾國人以莫大之觀感者抑有數端焉

其一　觀此可以知世界生計競爭之勢極劇烈而至可畏彼英國之在野黨不惜破憲法上之習慣犯國民之所大忌以求行其所主張之關稅保護政策蓋有所大不得已也然則我國之制定關稅稅率權全爲不平等之條約所束縛而政府及國民未聞有引以爲病而思匡救之者以視英人何如

其二　觀此可以知文明國之政府其所以保護細民利益者至周且備英國政府此次財政案所以開罪於

上院者。以其爲多數貧民之利也。然則我國之日日務朘削小民者。以視英人何如。

其三　觀此可以知一國之租稅政策。當有主義有系統。其主義系統。當適應於時勢之要求。而異同得失利害輕重之間。則全國國民生計之榮悴。乃至國家盛衰。皆於是乎繫。今英國朝野兩黨所出死力以爭者。則此主義系統之異也。然則我國今日咨嗟患貧。而曾不肯講求租稅之原理原則。行英斷以組織一租稅系統。而惟朝課一雜稅。暮課一雜稅。竭澤而漁。而國帑曾不能得絲毫之增加者。以視英人何如。

其四　觀此可以知立憲政體。必須有政黨乃能運用。然既謂之政黨。則其所持之政見。必須以國利民福爲前提。雖極相反。然皆持之有故。言之成理。任行其一。皆足爲國家之福。然則我國今日雖號稱豫備立憲。而政府嘗道。視政黨若蛇蝎。國民亦未聞有能以政見相結合者。以視英人何如。

其五　觀此可以知凡政治上之競爭。必須爲堂堂之陣正正之旗。其所挾以爲競爭之鵠者。必須選擇政治上之大問題。今我國各省諮議局。皆毛舉細故。而於國計民生之重大者。罕或齒及。以視英人何如。

其六　觀此可以知政治家所最重者。在其德義節操。所信奉之主義。則守之不渝。不淫於富貴。不屈於威武。英國兩大政黨。皆具此精神。故臨大敵而不撓。經百折而不挫。今我國之朝守舊而夕維新。夕革命而朝立憲者。以視英人何如。

夫英國者。世界立憲政體之母國也。今我國方豫備立憲。政府漸知負責任。國民漸得參政權。事事皆當取模範於先進國。而忽有此大事。以資我觀感。正我國人所當在在留意。以觀其因果之究竟者也。故吾既詳載其始末。復述吾所感者如右。

英國政界劇爭記

（一）議會之解散與憲法之搖動

英國議會以陽歷十二月五日解散。將以明年陽歷正月初十日至二十日行總選舉。此實英國近七十年來未有之大事。亦現在全世界之第一大事也。

夫立憲國之解散議會。實數見不鮮之事。卽英國亦常常有之。曷爲獨於此次之舉而震驚之若是。曰。以此次所爭者爲英國憲法上根本改革之問題。故以此次所爭者爲全世界生計政策上根本改革之問題故。

欲明此事之眞相。則有數事焉。必當先知者。

第一　當知英國有兩大政黨。一曰自由黨。二曰統一黨。此兩黨實中分全國政界之勢力。迭相代以掌政權。兩黨之成立。皆在二百餘年前。各有根深蒂固之歷史。兩黨所持主義。皆以國利民福爲前提。而統一黨尤以國家本身之利益爲重。自由黨尤以國民箇人之利益爲重。統一黨之性質。微近於貴族的。自由黨之性質。微近於平民的。統一黨常含有保守的精神。自由黨常含有急進的精神。保守黨之政策。常勇於外競。自由黨之政策。常劬於內治。此兩黨同異之大概也。而現今政府。則自由黨主之。統一黨則在野而爲反對黨者也。

第二　當知英國政治上之實權。全在議會。議會惟有上下兩院。其實權又全在下院。凡在下院占多數之黨派。卽起而組織內閣。上院議決法律之權。雖與下院平等。獨至豫算案。則先由下院議決。乃移咨上院。上院惟有可決否決之權。而無修正之權。然下院既經可決之豫算案而上院否決者。則近二百六十年來未嘗經見。蓋其否決權雖有如無久矣。夫豫算案之修正贊否實立憲國政爭唯一之武器。今英國上院不能行此權。則其爲伴食甚明。故近年英國常有倡裁撤上院之論者。但未實行耳。

第三　當知財政政策上有自由貿易保護貿易之兩大主義。其行之也皆以海關稅。保護貿易者。重課外國入口稅以保護本國產業也。行之則國中之生產者受其益較多。自由貿易者。除少數奢侈品外。一切不課入口稅。免使國民多所負擔也。行之則國中之消費者受其益較多。兩者皆有極強之理由。論爭至今未息。英國則行自由貿易政策。已八十餘年。其始實由自由黨倡之。統一黨初時雖反對。然久不以此爲政爭之問題。近今則美國德國工商業勃興。而又皆行保護政策。以窘英貨之入彼國者。英國商務之霸權大爲所控。故近數年來統一黨復撥八十年前久死之灰。欲聯合本國及殖民地以行保護政策。所謂關稅改革問題是也。此問題實爲今次政爭動力之一。

第四　當知現今世界上有所謂社會主義者。實爲各國公共之大問題。歐美政治家所最苦於解決者也。社會主義者何。蓋緣各國自機器盛行。大資本之公司及托辣斯等踵起。小民之恃十指以餬口者。咸失其業。不得不投入大工廠以爲之傭。傭於人者所獲至微。而傭人者所獲至鉅。故富者日以富。貧者日以貧。一國中傭人者至少。而傭於人者至多。而此多數者常呻吟憔悴於彼少數者之下。則將易貴族專制而爲富族專制。其害惡莫甚焉。仁人君子。不忍於貧萌之無告。則競倡學說以謀匡救之。其所倡之學說。則命之曰社會主義。社會主義之種類不一。其最穩和者則曰國家社會主義。國家社會主義所主張之條理亦不一。而其最重要者則爲租稅系統之改革。輕減一切之消費稅。而重課大地主及大資本家之直接稅。此實救時之一良策也。近十年來。歐美各國之議會。其社會主義黨所選出議員。數皆日增。識者皆謂將來全世界一大革命。從此起焉。英國於兩大政黨外。近亦有所謂社會黨者。其勢力漸駸駸不可侮。而自由黨之性質本爲平民的。其精神本爲急進的。其勢自易於與社會黨相接近。近者殆有吞納之而合併爲一之象。故其財政方針。採諸社會主義者頗多。此問題又爲今次政爭動力之一。

第五　當知英國財政之近狀。其歲入久苦不足。據明年度之歲出豫算。爲一萬萬六千四百五十萬二千磅。而據現行稅法所得之歲入豫算。僅得一萬萬四千八百三十九萬磅。其不足額爲一千六百十萬二千磅。（約合一萬萬七千餘萬元。過於中國歲出入之總數矣）英國政府氣魄雖大。然歲入不足殆十分之一。其勢固非易支。況照現行之海軍計劃。及其所欲擴充之保護貧民政策。則三四年後。非增至二萬萬磅以上不可。現行稅法既不足以得此財源。則勢不可不圖改革。而統一黨則欲改革關稅。自由黨則欲改革國內稅之系統。此則今次政爭之主眼也。

第六　當知英國下院現在之形勢。英國兩大政黨。常以其在下院勢力之消長。爲政權之嬗代。此向來之慣例也。然兩黨所占議員之多寡。其數向不甚懸絶。大率在朝黨之數。不過多於在野黨數十人。最多則百餘人耳。統一黨之握政界霸權。垂二十年。自由黨久蟄伏於下。乃自一九零六年。（光緒三十二年）解散議會行總選舉。自由黨內閣成立後。自由黨與社會黨國民黨聯合共得五百一十三員。保守黨僅得一百五十七員。在朝黨之優於在野黨者三百五十六員。除一八三二年（道光十二年）選舉法改正時之議會外。朝野勢力之懸隔未有若斯之甚者也。以現在下院之形勢論之。統一黨實無從與自由黨競爭。統一黨而欲與自由黨競爭。非利用上院之勢力不可。故上院忽焉行其二百餘年所未嘗行之豫算否決權。以致生出憲法上之問題。此今次政爭最近之事實也。

明乎此六者。則知英國今次之政爭。實爲英國近數十年來未有之大事。且爲全世界之第一大事。至此事發生以來經過之大概。吾將於次號續記之。

（附言）吾國人於域外之事。視之若與我渺不相涉。雖有掀天動地之大事。爲全球人所奔走駭汗而欲觀其究竟者。我國人漠然無所聞知也。非惟流俗人爲然。卽最高等之士大夫亦莫不皆然。非惟不通外國語言文字者爲然。卽號稱在外國大學校卒業。自詡洋務專家者。殆亦莫不有然。然此無足怪也。一般士大夫僅從本國報紙上所譯路透電。得知世界近事大概。而所報皆簡單且無系統。通外國語者雖能閱西報。然凡一事件之發生。皆有其前因後果之關係。苟無政治上之專門智識。則不能知其所由。故其事雖日接於吾前。而視之無一毫興味。其無所感動於中。亦固其所。然苟長此終古。則吾國民亦終自絕於世界而爲人役耳。何也。今日交通大開之時代。一國之政治。其影響未有不波及於他國者也。本報同人有恫於此。故凡遇重大事件。必追敍其原因及其與世界大勢相關之消息。使讀者得有興味。而助其研究。此或亦增長常識之一道乎。雖詞費。固非得已也。

著者識

（二）自由黨內閣

英國此次之政爭。其關係太重。其範圍太廣。非追述前事。則無由見其眞相。吾故於現內閣之成立。託始焉。

英國之政治。政黨政治也。其內閣大臣雖曰由英皇所任命。實則惟在下議院占多數之政黨尸之。英國政界之勢力。自百餘年來。爲統一自由兩黨所中分。恆更迭代興以組織內閣。其他小黨。雖有二三。附庸而已。曾不足以抗顏行。自由黨自老雄格蘭斯頓退隱以來。（一八九四年光緒二十年）黨勢久不振。加以其所主張之愛爾蘭自治案。大拂輿情。故自一八九五年（光緒二十一年）至一九〇五年（光緒三十一年）凡十年間。全英政權爲統一黨所握。直至一九〇六年之總選舉。自由黨乃得占空前之大多數於議院。遂躍起而組織內閣。亘四年以至於今。卽現內閣是也。

自由黨內閣。以何因緣而得成立乎。初統一黨之在下議院。常占多數。而上議院又該黨之本營也。（下文有稱上院下院）故十年來其勢如日中天。莫之敢侮。及一九〇三年（光緒二十九年）殖民大臣張伯倫倡關稅改革之議。而形勢一變。關稅改革者何。變自由貿易政策而行保護貿易政策也。（此實現今各國生計政策之最大問題其解釋別詳下文）英人自斯密亞丹以來。生計學家代興。莫不言自由貿易之利。所謂門治斯達派之學說。（門治斯達者英國之一工業市也前此其市民主自由貿易論最堅故成爲一學派之專名）深入人心。張氏忽倡異論。故聞者咸色然而驚。相與集矢於張氏之一身。又非徒敵黨而已。卽本黨中亦誹議蠭起。有名之驍將溫士敦查治。至緣此而脫黨以投於敵。其最著也。當時首相巴科（統一黨首領繼沙士勃雷爲相者也）固亦不慊於張氏之說。雖然。張氏者不世出之傑。而統一黨之重鎭也。義固不得與之絕。故只得依違其說。張氏遂翩然挂冠下野。以私人資格傳播其所信。而每遇補缺選舉。（議員中有出缺者則重行選舉謂之補缺選舉）在野黨輒勝。馴至一九〇五年七月二十日。下院舉行不信任政府之投票。反對者百九十八票。贊成者二百二票。時巴科以所差僅數票。猶持重不欲動。而張伯倫見大勢已去。毅然勸巴氏解散議院以行總選舉。張氏固明知總選舉之結果。已黨決無幸也。顧以爲戀棧愈久。則失民望必愈甚。毋寧蠖屈數年爲他日捲土重來之計也。果也一九〇六年之總選舉。而統一黨一敗塗地。今舉其勢力消長列表如左。

	一九〇〇年總選舉後	一九〇六年解散前	一九〇六年總選舉後
自由黨	共一八六	共二一九	三七九
勞傭黨			五一
國民黨	八二	八二	八三
統一黨	四〇二	三六九	一五七

十年來英國之勞傭黨國民黨皆與自由黨聯合以抗統一黨。當一九〇〇年。統一黨以獨力對彼三黨猶占多數一百三十四名。（英國下院議員共六百七十名）及一九〇六年解散前僅制多數六十八名。（此補缺選舉之結果）及總選後。而彼三黨之多數忽加至三百五十六名。多寡懸隔至於如此。實一八三二年以後所未嘗見也。（一八三二年英國改正選舉法改正後所行總選舉自由黨得大多數略與此次相類）而自由黨內閣遂擁此優勢以迄今日。

(三)　英國財政現狀

今次之政爭。實以財政案爲鵠。欲知財政案所由來。不可不先語其財政現狀。自由黨內閣初成立之始。英之財政本甚豐裕。上前年度（自一九〇七年四月一日至一九〇八年三月末日）之決算。其實收入之超過於預算者四百七十餘萬磅。政府舉此以償還國債。蓋兩年間所償者已三千餘萬磅云。及至昨年。而有大事件起。國費驟增。以致歲入不敷歲出者一千七百餘萬磅。

其一則養老年金法之施行也。養老年金者何。貧民之老而無告者。國家則每年廩以常餼也。此本至仁之政。爲我國先哲所最樂道。而近今各國之行此。則更有爲理與勢所不得不然者。蓋自產業組織之變遷。資本家專橫無藝。富者日富。貧者日貧。大多數之工人所得僅足以淩飢渴。無自蓄積。及老而不能執業。勢遂將轉於溝壑。此有國者所萬不容坐視也。故德國首頒行養老年金法。而歐洲各國亦漸漸思效之。英之自由黨本以增進人民箇人之幸福爲宗旨。而又與勞傭黨聯合。不得不市其歡心。是此法之所由頒也。其法則七十歲以上之工人每禮拜入息不滿八喜林者給以五喜林。不滿九喜林者給以四喜林。不滿十喜林者給以三喜林。不滿十一喜林者給以二喜林。不滿十二喜林者給以一喜林。約計受廩者五十萬人。年增六百萬磅。此歲出加增歲入不足之一原因也。（前年已撥國贏餘金二百餘萬磅爲養老年金此其增加之數也）

其二則海軍擴張案也。海軍擴張。全起於與德對抗。英國久以海軍雄於世界。諸國遙立其下風。莫之敢攖。乃一九〇〇年（光緒二十六年）德國忽發表十五年計劃之海軍案。一九〇六年〇八年（光緒三十二三十四年）更爲兩次擴張。依其所計劃。則至一九二〇年（宣統十二年）當增加戰艦三十八隻。裝甲巡洋艦二十隻。小巡洋艦三十八隻。各雷艇百四十四隻。德人雖宣言專以保商。非有他志。然其野心所在。路人皆見矣。是以英人震恐。疾呼擴張之聲。遍於全國。故內閣決於一九〇九年（昨年）建造「德律特那」式之戰艦八隻。其他稱是。坐是而海軍費比於前度又增二百八十二萬磅。此又歲出增加歲入不足之一原因也。

今試舉其歲出入之大概。蓋一九〇九年之歲出如下。

國債利息	一八、〇〇〇千磅
減債基金	一〇、〇〇〇
基金部經費	一、六七〇
陸軍經費	二七、四三五
海軍經費	三五、一四三
各官署經費	三一、八二〇
稅務及郵務經費	二三、三五一
地方費補助	九、四八三
養老年金	八、七五〇
合計	一六四、六五二

而按諸前年度之歲入豫算則如下。

海關稅	二八、〇〇〇千磅
內地消費稅	三二、〇五〇
遺產稅	一八、六〇〇
印花稅	七、六〇〇
地稅及房宅稅	二、六五〇

所得稅	三三、九〇〇
郵電收入	二三、四〇〇
官地收入	三三〇
蘇彝士河股份	一、一六六
雜收入	一、三九四

兩者比對。其入不敷出者實一千六百五十六萬二千磅。當我國全歲入之總數矣(我國全收入約一萬三千萬兩恰如此數)英國雖富。然欲驟得千六百餘萬磅。固非易易。勢不得不從事於租稅制度之改革。而改革租稅制度。則其於國民生計立生至大之影響。而在野黨(統一黨)則持改革關稅之議。在朝黨(自由黨及勞傭黨國民黨總稱)則持改革內地稅之議。莫不持之有故。言之成理。此今次大政爭之所由起也。

自由黨內閣之租稅改革案

英國財政缺乏之狀。既如前述。自由黨內閣所以應之者則何如。今據度支大臣忽特佐治氏所提出之預算案。其所增諸稅如下。

自動車稅	二六〇千磅
自動車動力稅	三四〇
酒稅	一、六〇〇
煙稅	一、九〇〇

酒館營業許可稅	二、六〇〇
遺產稅	二、八五〇
印花稅	六五〇
所得稅	三、五〇〇
新設地價差增稅	五〇〇
合計	一四、二〇〇

更從減債基金內。（減債基金者每年預備一專款以爲還償國債之用也）要求許調用三百萬磅。合爲一千七百二十萬磅。此一九〇九年英國預算案之大略也。就吾國人觀之。不過尋常一租稅案。毫不以爲怪。殊不知此案一出。非特全英震動。卽全世界各國。殆無不動色相視者。此非稍治財政學。則不能明其所由也。蓋租稅原則之最要者。莫如求負擔之公平。所謂公平者。非全國人而均派之之謂也。國中之富者。其負擔力强。雖多取焉不爲虐。則增重之。其貧者負擔力微。則勿取盈焉。此財政學之通義也。（如鹽稅實租稅中之最不公平者也蓋陶朱與黔婁每年所食之鹽皆略相等其所納於國家之稅亦相等看似極平實乃所以爲極不平也故英國無鹽稅所得稅則其最公平者也故各國皆行之）然則欲求負擔之公平。其道奚由。是又當明租稅轉嫁之理。蓋國家每徵一項租稅。其納租稅之人。非必卽爲負擔租稅之人。而往往將其負擔轉卸於他人。（如房捐雖由房東交納而恆加房租以轉嫁此負擔於賃居之人釐金雖由行商交納而恆加物價以轉嫁此負擔於購買之人房東行商無與也諸租稅皆例是）故欲觀租稅制度之得失。必當審其負擔之轉嫁於何人。太病貧者固不可也。太病富者亦不可也。英國前此所有稅目。具如前表所列。（第二表）內中海關稅及內地消費兩種。其所稅者皆奢侈品。爲目不過十數。蓋其轉嫁於貧民者本不甚多。而此次所增徵者。若自働車若煙若酒。凡皆奢侈品。而遺

產稅所得稅。又加重其累進率。累進稅率者如入民每年有入息千元則稅其百分之一有入息二千元則稅其百分之二三有一萬元則稅其百分之五六有五六萬元則稅其百分之十餘愈富者則稅之愈重也各國遺產稅所得稅皆用此法所得稅中。又惟於財產所得增徵之。勤勞所得不增也。財產所得者如有房地有股分票者之入息是也勤勞所得者如薪俸工金之入息是也故其負擔之者。皆在富人。而貧民不及焉。國中素封家。固已囂然矣。而其鬨爭之燒點。尤在新設之地價差增稅一事。

地價差增稅者。最近新發明之一種稅目。德國始行之於膠州灣。而德國各聯邦內之地方稅。亦漸有仿行。若其用之於國稅。則自英始也。地價差增稅烏乎起。蓋取人民意外之所得。而以其一部分歸諸國家也。蓋自近世產業組織大變。社會日以發達。而面積有限之土地。其資用之效力日增。加以交通盛開。凡都市及鐵路所經之處。其地價飛漲。至於不可思議。故往往有擁數畝薄田。前此墾治而播殖之。曾不足以資事畜。而一二年後。緣此忽成素封者。德都伯林附近舍彌堡地方有一農夫曾於一八二〇年以六十馬克購得一地其後此地圈入伯林市內忽值至六百萬馬克又布利資地方有一農夫有八摩爾京之地前此僅值百餘馬克後有人以十五萬馬克買之未幾其地為鐵路驛站復轉賣得百三十萬馬克諸如此類不可勝舉即徵中國租界如上海等處亦可見此其利益皆得自意外者也。不直此也。彼工於趨利之輩。常乘此以從事投機。其操術巧者。獲利至於無算。而全社會生計之秩序。遂為所蹂躪。投機者俗語所謂炒地皮也香港上海等處業此者最多或緣以致巨富或因而破家現在我國第一富豪之湖北劉某即乘京漢鐵路之利而以此起家者也夫以勞力易得資產。天下之通義也。而此種地價之漲。絕非地主之力能自致之。而皆出社會發達之所賜。以社會產出之利益。而壟斷於少數之人。不平莫甚焉。故近世學者。發明地價差增稅。將此種利益。以租稅之形式。而收其一部分於國庫。以為全社會公共辦事之需。其倡為學說也已有年。而德國在膠州灣首試辦之。而有成效。今茲英國乃行之於全國也。據其政府所提出之案。則凡土地之轉賣者。或賃貸經七年以上者。或有主死亡。而所有權移轉於他人者。皆重新鑑定其價格。若視前此登錄之價格而加漲。則將所漲者稅其五分之一。每漲一磅。則稅四喜林。此實稅法中之最新而最文明者。其爲一般貧民之所喜。固無待言。而坐是乃得罪於巨室。故此次政界之劇爭。全起於財政案。而財政案之劇爭。又全在此地價差增稅也。

（附言）此種地價差增稅。其試辦雖在中國舊屬之地。而我國人罕有聞其名者。微論其性質也。然此實爲最合於學理之稅目。苟辦理得宜。則社會愈發達。而所收入者愈多。於國家財政及小民生計。皆有大裨益。故近數年來。各國財政家競思趨之。德國亦聞將以今年提出此案於議會矣。我國不欲改革財政則已。苟其欲之。則此必當在研究之列。以之試辦於地方稅。尤爲適宜。吾故略舉其性質。以諗我國人。若其詳則俟諸異日也。數年前曾有某報倡土地國有論而欲以此種地價差增稅爲獨一無二之稅者此則大反於租稅之原則吾所主張不與彼同

(四)　下議院對於豫算案之辯爭

據前所述。則英國此次豫算案。其大有利益於貧民甚明。自由黨本以擁護多數人民之幸福爲主義。而現首相阿喀士氏及度支大臣佐治氏。又爲壯年銳進之政治家。加以方與勞傭黨聯合。欲得其歡心。此案之所以現於議會也。顧以素稱守舊之英國。乃忽然率先采用此最文明之租稅制度。以爲天下倡。天下各國固已莫不相顧動色矣。而在野之統一黨。則以全國之貴族富族爲其中堅者也。其視此案有切膚之痛。攘臂以爭。勢所必至矣。即自由黨員中。其議此案爲太急激者亦不少。故黨內幾緣此而分裂。阿喀士及佐治二氏。非不知之。知之而猶敢於提出。是其勇之足佩也。雖然。反對此案者。其持論又非無據也。以爲此案之根本精神。全屬社會主義。而社

會主義。最不適於英國。其一。則謂英之所以雄於世界者。全恃資本之雄厚。此案行。則資本家驟蒙損害。資本家蒙害則工商業衰頹。而爲外國所壓。工商業衰頹爲外國所壓。則勞傭失業者益衆也。其二則謂社會主義之精神在舉一切大事業歸諸官辦。而英國人自治之力最强。自由之風已久。不慣受政府干涉。而政府代大匠斲。又斷不能善其事也。夫政府固斷斷致辨。謂此財政案實根本於當世最普通之學說。絕非社會主義。雖然現今最有力之財政學說。實皆與社會主義相和合。（現今全世界最著名之財政學大家德人華克拿爾氏即國家社會主義之首倡者也）則此案之含有社會主義之臭味。實無容爲諱者。故自由黨前首領羅士勃雷氏斥現內閣爲非自由黨而歸化於社會黨。雖不無過激抑亦有由矣。（羅氏當自由黨得政時曾兩任首相黨中德望最隆之人也數年前已退隱不復與聞政事故一九〇六年自由黨之起巴拿們阿咯士二氏得相繼爲相今以財政案致此老雄忽奮起以助敵黨張目此自由黨員所最痛心者也）夫以敵黨之攻若彼。本黨之訌若此。是此案之所以酣戰於議會也。

英國凡關於財政之法案。例須先提出於下議院。此案之提出則昨年陽歷四月二十九日也。提出之日。小張伯倫氏。（老雄張伯倫之子）代表在野黨而揚言曰。此案非連續討論三年。不能議決。雖然。豫算案非他法案可比。閣至三年。所不能也。政府自恃在下院占大多數。欲一舉而通過之。而在野之統一黨。乃出全力以相抵抗。最初則全院收入委員會。（凡各國議院中皆有種種之委員會先將議案審查之後乃附於正會議我國諮議局章程亦采此制）議增稅及新稅之可否。自初提出之日（四月二十九日）直至五月二十日。凡經會議十一次。更於正會議經三次之報告會。至五月二十九日。乃將財政案全份入第一讀會。其第二讀會則至六月十四日乃完。十八日乃入全院委員會。在委員會中經四十二次會議。至十月六日止。以後入報告會。復經九次會議。至二十九日止。其第三讀會。復經三日間激烈之討論。直至十一月四日。始投票決定。計此案凡費百九十日。閱七十一次之討論。英國國會史所未曾有也。英國且然。他國更勿論矣。政府黨本占多數。其必能通過。固無待言。然政府則亦已削改許多條件。爲種種之讓步矣。顧此舉有最足爲立憲國民之師資者。則在野黨明自知其不能獲勝。而決不肯屈於威武。自比寒蟬。必竭其力所能及以相抵抗。咸有知其不可而爲之之概。堅於自信而毅於自守。洵大國民泱泱之風也。而政府黨亦不肯以多數淩人。虛己以聽。務使反對者得盡其詞。然後三占從二以決。眞是非之所在。完全之言論自由。於英國國會議場見之矣。詩曰柔亦不茹。剛亦不吐。不侮鰥寡。不畏强禦。英人有焉。非養成此種政治道德政治習慣。不足以收立憲之全效也。

上議院之反對豫算案

英國上議院。實統一黨。此黨亦稱保守黨之大本營也。國中之富族貴族薈萃焉。自一八三二年以來。凡當統一黨執政之時。則上院惟坐嘯畫諾。下院通過之案。循例一往復照會而已。國中幾忘卻有此機關者。惟一屆自由黨執政。則如入春反舌。噪噪盈耳矣。蓋前此格蘭斯頓三次內閣。其見厄於上院者。不一而足。卽此次自一九〇六年自由黨內閣成立以來。政府所提出之法案。爲上院所沮而撤回者。已十七次矣。雖然。英國成例。上院之對於普通法律。雖與下院有同等之議決權。獨至關於財政之法案。則據英人自昔傳來之理想。謂代議士爲租稅之報酬。租稅之大部分出自平民。故由平民選舉而成之下院。應有優越之特權。故凡財政案必須交下院先議。下院否決。則其案作廢。不必復經上院。下院可決。則移交上院。而上院對於其條件文句。絕不能有所增損修改。惟可與否一言而決耳。此雖非憲法上有明文規定。而以最尊重習慣之英人。固已視爲金科玉條。莫之敢攖矣。卽所謂否決財政案之權。其廢而不用。亦已二百餘年。乃至今次。忽如鷙鷹之三時蟄伏。一秋奮擊。遂釀成解散下院之舉。以聳動天下耳目。

豫算案既通過於下院。乃以十一月八日移交上院。當此案之初出也。在野黨固早料下院之必黨於政府。其可以制政府死命者。惟恃上院。久已爲決死拒戰之計。及上院開第一讀會之日。平昔臂鷹逐盧之貴族。足跡未嘗一履議場者。相率咸集。尤有八座夫人。千金閨秀。衣香粉膩。鱗沓雲萃。共觀勝會。各國駐使乃至遊賓。咸思一覩其究竟。相率旁觀。我洵貝勒時適以考察海軍秉節抵英。亦往蒞焉。全院重足。無復隙地。及開議。伊始蘭士達文卿首提議全部修正曰『本院非俟全國眞正之輿論再爲確實之判斷後。不能承認此豫算案』其意蓋謂現在之下院。不足以代表眞正之民意。必俟解散再行選舉後。乃能定案也。於是投票采決。反對全部修正者七十五票。贊成者三百五十票。而此經百九十日下院討論贊成之豫算案。僅一日而葬送於上院。

統一黨之言曰。國家之設立二院。凡以鄭重法案。毋俾輕率以誤大計也。今茲之舉動。凡以完憲法上之義務而已。自由黨之言曰。上院今茲之舉動。反二百年來之成例。是違犯憲法也。是蹂躪國民之權利也。且中途而停止豫算案之施行。於以釀財政之混亂。陷國家於危殆。此莫大之罪。惟上院實尸之。夫自由黨與上院水火既久矣。而愛爾蘭國民黨及勞傭黨。益嫉之如讎。於是勞傭黨宣言。謂上院實爲革命的行動。非速廢此院。則英國憲政基礎將爲所破壞。愛爾蘭黨復從而利之。於是以十二月二日。下院全員出席。首相阿士喀氏提出反對「上院反對案」之案。對於百三十四票以三百四十九票之大多數而通過。蓋上院與下院之衝突。至是而達於極度。下院指上院之濫用否決權爲違憲爲革命。上院亦指下院之不認上院否決權爲違憲爲革命。遂由財政問題一變而爲憲法上之大問題。

平心論之。皆是也。皆非也。而所以致此之故。乃由英國無成文憲法。而專崇慣習。故兩造各持之有故言之成理。

勢惟有解散下院再訴諸人民之輿論以決勝負此今次總選舉所由生也雖然凡行二院制之國當下院解散時上院不過停會而已及下院再成立則下院議員非復前此之分子而上院議員則依然前此之分子也故當兩院抗爭則上院常爲不可勝以待下院之可勝是代表民意之下院當立於不利之地位也於是二院制果足以舉完全立憲之實與否遂成爲全世界國法上之一大問題夫現今各國之行二院制本無甚理由不過取模範於英國而已英國之行二院制亦無甚理由不過歷史上偶然之結果而已今則二院制之母國其基礎且將動搖則夫踵其武而行者其安得不相顧動色也今我國號稱豫備立憲而忌民選議員特甚本無貴族一階級乃欲臨時增造貴族取充上院而期以殺下院之勢吾恐至八年以後開設國會時各國上院之命運已不知何若矣如瞽無相何倀倀哀哉

抑觀於英國此次之劇爭苟非憲政基礎早已鞏固則殺人流血之禍其安能免恐至今日而兩軍方酣戰未艾也然則立憲之效益可思耳

正月二十日稿

著者之爲此記正當劇爭最烈之時意欲稍觀其究竟乃下判斷故屬稿不免稍遲且以一月以來本國屢有重大問題發生不能不急記而速論之限於篇幅致此記闕登三號勞讀者諸君盼望負疚何如今總選舉已完新議會已開其結果與前此所臆測者雖不甚相遠然亦未能盡符蓋自由黨與統一黨無甚勝負所得議員自由黨不過多於統一黨一票故今惟視愛爾蘭黨之舉足左右以爲輕重愛爾蘭黨乃從而操縱之故兩黨皆不能大行其志此記者始願所不及料也然今者政府方閣起財政問題而注全力於攻擊上院度其形勢恐不免爲第二次之解散下院則爭益劇矣恐讀者久望故略述其近狀如右　（二月十一日附記）

國風報敍例

立憲政治者。質言之則輿論政治而已。地方自治諸機關以及諮議局資政院。乃至將來完全獨立之國會。凡其所討論設施。無一非輿論之返照。此事理之至易覩者。無待贅論。即政府大臣以至一切官吏現已奉職於今日預備立憲政體之下。則無論若何强幹若何腐敗。終不能顯違祖訓。而故與輿論相抗。此又事勢所必至者也。夫輿論之足以爲重於天下。固若是矣。然又非以其名爲輿論。而遂足貴也。蓋以譽相譽。無補於顛仆。以狂監狂。只益其號呶。俗論妄論之誤人國。中外古今。數見不鮮矣。故非輿論之可貴。而其健全之爲可貴。健全之輿論。無論何種政體。皆所不可缺。而立憲政體相需尤殷者。則以專制時代之輿論。不過立於輔助之地位。雖稍尨雜而不爲害。立憲時代之輿論。常立於主動之地位。一有不當。而影響直波及於國家耳。然則健全之輿論。果以何因緣而始能發生乎。竊嘗論之。蓋有五本。一曰常識。常識者。謂普通學識人人所必當知者也。夫非謂一物不知而引以爲恥也。又非謂窮學理之邃奧析同異於豪芒也。然而自然界社會界之重要現象。其原理原則。已經前人發揮盡致。爲各國中流社會以上之人所盡能道者。皆須略知之。又本國及世界歷史上之重大事實。與夫目前陸續發生之大問題。其因果相屬之大概。皆須略知之。然後其持論乃有所憑藉。自爲不可勝以待敵之可勝。而不然者。則其質至脆而易破。苟利害之數。本已較然甚明。無復辨難之餘地。而欲陳無根之義以自張其軍。則人或折以共信之學理。或駁以反對之事例。斯頃刻成虀粉矣。此坐常識之不足也。二曰眞誠。傳曰至誠而不動者未之有也。不誠未有能動者也。夫輿論者。非能以一二人而成立者也。必賴多人。而多人又非威刼勢脅以結集者也。而各憑其良知之所信者而發表之。必多數人誠見其如是。誠欲其如是。然後輿論乃生。故虛僞之輿論。未有能存在者也。今世諸立憲國。其國中之輿論大率有數派。常相水火。然倡之者罔不以誠。誠者何。曰以國家利害爲鵠。而不以私人利害爲鵠是已。蓋國家之利。本有多端。而利又恆必與害相緣。故見智見仁。權輕權重。感覺差別。異論遂生。而莫不持之有故。言之成理。若夫懷挾私計。而欲搆煽輿論。利用之以供少數人之芻狗。則未有能久者也。三曰直道。國之所貴乎有輿論者。謂其能爲國家求多福而捍禦其患也。是故有不利於國民者。則去之當如鷹鸇之逐鳥雀也。然凡能爲不利於國民者。則必一國中强有力之分子也。故必有柔亦不茹。剛亦不吐。不侮鰥寡。不畏强禦之精神。然後輿論得以發生。若平居雖有所主張。一遇威怵。則噤如寒蟬。是腹誹也。非輿論也。甚或依草附木。變其所主張者以迎合之。是妖言也。非輿論也。四曰公心。凡人類之智德。非能完全者也。雖甚美其中必有惡者存。雖甚惡其中必有美者存。故必無辟於其所好惡。然後天下之眞是非乃可見。若懷挾黨派思想。而於黨以外之言論舉動。一切深文以排擠之。或自命爲祖護國民。而於政府之所設施。不問是非曲直。不顧前因後果。而壹惟反對之爲務。此皆非以沽名。卽以快意。而於輿論之性質。舉無當也。五曰節制。近儒之研究羣衆心理學者。謂其所積之分量愈大。則其熱狂之度愈增。白犬吠聲。聚蚊成雷。其涌起也若潮。其飆散也若霧。而當其熱度最高之際。則其所演之幻象噩夢。往往出於提倡者意計之外。甚或與之相反。此輿論之病徵也。而所以致病之由。則實由提倡者職其咎。蓋不導之以眞理。而惟務撥之以感情。迎合佻淺之性。故作偏至之論。作始雖簡。將畢乃鉅。其發之而不能收。固其所也。故節制尙焉。以上五者。實爲健全輿論所不可缺之要素。故命之曰本。而前三者則其成全之要素。後二者則其保健之要素也。夫健全輿論云者。多數人之意思結合。而有統一性繼續性者也。非多數意思結合。不足以名輿論。非統一繼續。不足以名健全。苟缺前三者。則無所恃以爲結合意思之具。即稍有所結合。而斷不能統一。不能有力。其究也等於無有。如是則輿論永不能發生。輿論永不能發生。則憲政將何賴矣。苟缺後二者。則輿論未始不可以發生也。非惟可以發生。或且一時極盛大焉。然用褊心與恃客氣爲道。皆不可以持久。故其性質不能繼續。不轉瞬而灰飛煙滅。而當其盛大之時。則往往破壞秩序。橫生枝節。以貽目前或他日之憂。如是則輿論不爲國家之福。而反爲病。輿論不爲國家之福。而反爲病。則憲政益將何賴矣。然則今日欲求憲政之有成。亦曰務造成健全之輿論而已矣。欲造成健全之輿論。亦曰使輿論之性質具此五者而已矣。欲使輿論之性質具此五者。亦曰造輿論之人先以此五者自勉。而更以之勉國人而已矣。夫輿論之所自出。雖不一途。而報館則其造之之機關之最有力者也。吾於是謂欲盡報館之天職者。當具八德。一曰忠告。忠告云者。兼對於政府對於國民言之。無論政府或國民。苟其舉動有不軌於正道。不適於時勢者。皆當竭吾才以規正之。而不可有所瞻徇容默。不可有所袒庇假借。而又非嬉笑怒罵之謂也。嬉笑怒罵之言。徒使人怨毒。而不能使人勸使人懲。且夫天下雖至正之理。至重之事。而一以詼諧出之。則聞者亦僅資以爲談柄。而吾言之功用。損其什八九矣。所謂不誠未有能動者也。以勤懇惻怛之意。將之法語巽言。間迭並用。非極聾聵。固當一寤。如終不寤。非吾罪矣。二曰嚮導。嚮導亦兼政府國民言之。今茲之改革政體。實迫於世界大勢。有不得已者存。政府國民。雖塗飾敷衍者居大多數。然謂其絕無一毫向上欲善之心。亦太刻論也。顧雖曰有之。而不識何塗之從。掖而進之。先覺之責也。斯所謂嚮導也。雖然。爲嚮導者必先自識塗。至熟擇塗至精。然後有以導人。否則若農父告項王以左。左乃陷大澤矣。又必審所導之人現時筋力之所能逮。循漸以進。使積跬步以致千里。否則若屈子夢登天魂中道而無杭矣。故嚮導之職。爲報館諸職之榦。而擧之也亦最難。三曰浸潤。浸潤與煽動相反對。此二者皆爲鼓吹輿論最有力之具。煽動之收效速。浸潤之收效緩。顧收效速者。如華嚴樓臺。彈指旋滅。收效緩者。如積壤泰華。閱世愈堅。且煽動所得爲橫溢之勢力。故其弊之蔓延變幻。每爲煽動之人所不及防。浸潤所得爲深造之勢力。故其效之錫類溥施。亦每爲浸潤之人始願不及。此兩者之短長也。四曰强聒。所貴乎立言者。貴其能匡俗於久敝。而慮事於未然也。夫久敝之俗。則民庶所習而安之者也。未然之事。則庸愚所驚而疑之者也。懲其所習安。而勸其所驚疑。其自始格格不相入。宜也。是故立言之君子。不能以一言而遂足也。不能以人之不吾信而廢然返也。反覆以諫。若孝子之事父母。再三以瀆。若良師之誘童蒙。久之而熟於其耳。又久之而饜於其心矣。黽勉同心。不宜有怒。風人之旨也。甯適不來。靡我不顧。小雅之意也。五曰見大。社會之事至賾也。其應於時勢之遷移。而當有事於因革損益者。不可勝擧也。今之政俗。其殃國病民者。比比然也。豺狼當道而問狐狸。放飯流歠而責無齒決。蔑克濟矣。故君子務其大者遠者。必綱擧而目始張。非謂目之可以已。而先後主從則有別矣。六曰主一。鍥而舍之。朽木不折。狐埋狐搰。效適相消。今之作者。其知悔矣。故必擇術至愼。持義至堅。一以貫之。徹於終始。凡所論述。百變而不離其宗。然後入人者深。而相孚者篤也。若乃闤闠雜報。專務射利。並無宗旨。或敷衍陳言。讀至終篇。不知所指。或前後數日。持論矛盾。迷於適從。此則等諸自鄶。可無譏焉。七曰旁通。吾言輿論之本首擧常識。夫常識者。非獨吾有之而可以自足也。輿論之成。全恃多數人良知之判斷。常識缺乏。則判斷力何自生焉。必集種種資料以饋之糧。使人人得所憑藉。以廣其益。而眇其思。則進可以獲攻錯。而退可以助張目矣。而所饋之糧。能否樂饑。是又在別擇之識。非刻舟所能語也。八曰下逮。下逮云者。非必求牧豎傳誦。而竈婢能解也。吾國文字奥衍。教育未普。欲收茲效。談何易焉。若惟此之務。必將流於猥褻。勸百諷一而已。雖然。卽以士大夫論。其普通智識程度。亦有限界。善牖民者。其所稱道之學識。不可不加時流一等。而又不可太與之相遠。如相暜然。常先彼一跬步閒斯可矣。吾超距而前。則彼將仆於後矣。恆謹於此。斯曰下逮。若夫侈談學理。廣列異聞。自炫其博。而不顧讀者之惟恐臥。此則操術最拙者也。吾竊嘗懷此理想。謂國中苟有多數報館。能謹彼五本而修此八德者。則必能造成一國健全之輿論。使上而政府大臣及一切官吏。下而有參政權之國民。皆得所相助。得所指導。而立憲政體。乃有所托命。而我德宗景皇帝憑几末命。所以屬望於我國民者。爲不虛。而國家乃可以措諸長治久安。而外之有所恃以與各國爭齊盟。吾念此久矣。國中先進諸報館。其果已悉與此理想相應與否。吾所不敢知。然而聲期相應。德欲有鄰。駑駘十駕。不敢不勉。爰與同志共宏斯願。自抒勞者之歌。冀備輶軒之采。十日一度。名曰國風。所含門類。具於左方。

自我天覆。油油斯雲。大哉王言。其出如綸。錄諭旨第一。

三年蓄艾。一秋餐菊。杜牧罪言。賈生痛哭。錄論說第二。

見兔顧犬。知人論世。言者無罪。聞者足戒。錄時評第三。

他山攻錯。羣言折衷。取彼楚檮。振我宋聾。錄著譯第四。

料民問俗。纖悉周備。網羅日知。以供葳比。錄調查第五。

謀及庶人。周知四國。十口相傳。一樹百稷。錄記事第六。

李悝六篇。蕭何九章。式我王度。示我周行。錄法令第七。

山公啓事。子駿移書。徵諸文獻。以廣外儲。錄文牘第八。
如是我聞。其曰可讀。夢溪筆談。亭林日錄。錄談叢第九。
梁苑羣英。建安七子。其風斯好。其文則史。錄文苑第十。
小道可觀。綴而不忘。九流餘裔。班志所詳。錄小說第十一。
大叩大鳴。小叩小鳴。既竭吾才。求其友聲。錄答問第十二。
東方畫像。摩詰聲詩。溯洄可從。臥游在茲。插錄圖畫第十三。
文約義豐。語長心重。宿儒咋舌。老嫗解誦。附錄政學淺說第十四。
都凡十四門。每十日一卷。卷八萬言。年爲三十五卷。三百餘萬言。

釋例二十三凡

凡十日內諭旨全錄。尊王也。若篇幅不給。則以晚出者移於次卷。
凡論說。本報之精神寓焉。其對象則兼政治上與社會上。政治上者。納誨當道也。社會上者。風厲國民也。其選題則兼抽象的與具體的。抽象的者。汎論原理原則也。具體的者。應用之於時事問題也。凡政治上所懷之意見無不吐。而於財政及官方特先詳焉。救時也。凡社會上所覩之利病無不陳。而於道德風習三致意焉。端本也。
凡論說之文。短則不達。長則取厭。故最長者不過登三次而畢。其有未盡。則更端論之。
凡論說所論。則事之應舉措者也。凡時評所評。則事之已舉措者也。

凡時評就國中所已舉措之事而論其得失。而旨於規正者什八九。蓋其舉措已當。無俟規正者。則亦無俟諛頌也。惟輿論有抨擊政府而失辭者。時亦爲政府訟直。

凡時評於外國大事。時復論列。傳曰。國之强也。鄰國有焉。國之亡也。鄰國有焉。吾國人忽諸。是乃所以不競也。惟評外事。則不及語其得失。惟推論其影響所及者。

凡時評不攻擊箇人。非避怨敵。以得失之大原。不在是也。

凡論說及時評。皆不徇黨見。不衍陳言。不衒學理。不作詼語。謹五本務八德也。

凡著譯皆取材於東西各國新出報章之論說。其專書亦間採焉。皆當世之務而作者之林也。

凡時賢偉論。與本報宗旨可以相發明者。則歸諸著譯。

凡調查亦兼政治上社會上兩方面。其資料或由自蒐集。或取材於外報。

凡記事分本國世界兩科。本國記事之目。曰宮廷恭紀。曰用人行政。曰立法司法。曰國際交涉。曰財政生計。曰海陸軍事。曰運輸交通。曰金融貨幣。曰農工商礦。曰敎育警察。曰地方政務。曰邊防藩屬。凡十目。其世界記事則以國別。

凡遇有重大事件發生。爲國人所宜特留意者。則爲特別記事。無之則闕。事過則止。凡特別記事。每追叙原因。推論結果。與時評相輔。凡特別記事。置於普通記事之前。

凡記事皆爲秩序的系統的。以作史之精神行之。

凡法令已奏准公布者錄之。

凡文牘有用者錄之。時評所糾者。錄其原文。
凡談叢無體例。無系統。自理想考據掌故文藝乃至中外異聞軼事。隨筆所之。智識之淵。趣味之藪也。
凡小說聊備一格。無以自表異於羣報。如其改善。願以異日。
凡答問對於本報所持之義所譚之學有疑難者。移書相質。則答之。其太洪大之問題。太瑣末之事項。則不答也。
凡圖畫或名人畫像。或歷史遺蹟。或勝地風景。採擇插入。
凡附錄淺說專書。實本報同人嘔心血之作。專務輸灌常識於多數國民。其體裁則以至淺之筆。闡至邃之理。以至約之文。含至富之義。其種類則首憲政及國民生計。以次及財政地方自治教育法學乃至自然科學等。
凡全卷各門類。所論述恆互相發明。
凡每卷皆備十四門。但材料或有餘於篇幅。則調查、法令、文苑、答問、畫圖、間闕焉。

讀農工商部籌借勸業富籤公債摺書後

吾國人近年稍習外事。見夫今世東西各國。莫不有公債。於是政府當道。歆焉而亟思效之。乃一試諸昭信股票而不成。再試諸京漢鐵路贖路公債而不成。則以爲普通公債。通不易募集也。乃一轉而更求諸特別公債。於是乎農工商部有籌借勸業富籤公債專摺奏聞奉旨裁可之事。

部摺大意。謂一切實業。非厚集資本不能興舉。故部中當籌一的款。或官辦以爲倡導。或商辦助其資費。其籌款之法。則辦所謂富籤債票者。爲鼓舞公債之計。製票一千萬張。每張售洋一元。共集一千萬元。略仿籤捐票辦法以三百萬元爲獎金。以一百萬元爲得獎之票。以一百萬元爲部中製票辦公經費及各處經售債票扣除五釐之款。除得獎之一百萬張不計外。其餘不得獎之九百萬張。均作爲公債票。年給官息二釐。至六十年爲止。而不還本。試辦一年。如有成效。卽接續展辦。以一年售票一次。給獎一次。此項債款。均存官辦銀行。爲興辦補助實業之用。其債息則由大清銀行作保。此其大概也。

據此則部中所以辦此債票者。其目的有二。曰資辦實業。曰鼓舞公債。夫借公債以興實業。實最通最良善之方法。而公債應募之風氣不開。則財政之運用。終不能圓活。部臣能留意及此。此吾之所深佩也。輿論之批評此舉。動則疑其藉端罔利。而所謂資辦實業者。不過託名以欺人。吾輩未觀其究竟。豈敢遽爲此逆詐億不信之談。顧竊有欲研究者數事焉。一曰資辦實業。果宜用富籤公債否耶。二曰富籤公債之辦法。果如部摺所云云否耶。三曰依部摺之辦法。果能使人民樂於應募。而收鼓舞公債之效否耶。四曰使應募者衆。果能有益於國家。而無害於人民否耶。請一一述其所疑。求部臣一反省焉。

摺中有最不可解者一語。曰給以輕息而不還本是也。夫既謂之債。則貸焉者具有債權。借焉者自負此債務。此至淺之理。絲毫無所容其疑竇者也。故公債種類。雖有期限公債與永遠公債之別。而未聞有以不還本爲一條件者。永遠公債。財政學者亟稱其利。謂其償還之期。可以隨意。政府得斟酌於財政最適宜之時以行之耳。非謂託永遠之名。而債權債務之關係。得消滅於曖昧無形中也。若借民財而不還其本。則派捐耳。刦奪耳。欺騙耳。而何公債之可言。今部摺一則曰查歐洲各國方法。再則曰德奧等國未嘗因此損其威名。三則曰載籍具存。可以覆按似其事爲數見不鮮者然顧以吾之譾陋竊嘗博徵羣書以考之則不給息之富籤公債蓋聞之矣不還本之富籤公債乃未之前聞豈惟必還而已且還之必有期限而其期又極短德國於一八七一年六月八日所頒之富籤公債法律定償還之期不得過十年法國於一八九五年所發之巴黎博覽會富籤公債以五年償完此其已事也部臣既主不還而曰載籍可按吾甚望其按之以釋天下之疑而不然者則人將不僅責長官之誣我民而據此無稽之言以入告者其欺君之咎必有所歸矣吾願部臣一思所以自處也

其次復有不可解者則每張售洋一元是也公債每枚之價值宜大宜小各有其利害得失學者辨之綦詳茲不具徵要之其所謂大小者固有範圍未有小至不倫若此者考日本之公債大率以五十元爲單位日俄戰爭時嘗發二十五元者各國普通之公債亦大率值如日本之五十元惟美國嘗發額面十打拉者法國當償金於普時曾發百佛郎一枚之公債而使應募者分二十次交納論者亦頗稱之謂爲獎勵細民貯蓄之一法門然合二十次仍百佛郎不得云小也若以一元爲公債一枚之單位此眞曠古所未聞天下所寡雙矣據部摺所定每年給官息二釐則一枚之票其所得息爲兩銅元人亦誰肯千里跋涉出入官府以取此兩銅元之息者故購票者惟一之希望在得彩而已（即部摺之所謂獎）苟不得彩則必將其票拉雜摧燒之豈復有什襲此故紙以遺諸六十年以後之子孫者哉今部摺稱給息六十年其意蓋曰吾固給之其有不取非吾咎也然按諸事理不惜勞費而來領此區區之息者千萬人中實不得一焉故雖有給息六十年之名實則並一年而可以不給夫本既不還矣而息復無領者每歲除以三百萬作獎外自餘七百萬即可全攘以入部庫民也何知將謂部臣實利用吾儕之所易忽者與其所繁難而難致者因餌我而奪吾財則部臣其何以自解矣且部臣之必以一元爲單位

也。蓋明知國中之資本家。必不肯出其所蓄以應此等兒戲之募債也。故惟利用貧苦小民及婦女兒童之僥倖射利心使之擲小而博大。其意豈不曰。卽彼博而不中者。而損蝕抑有限也。故其摺復申言曰。有益於國。無損於民。雖然。抑嘗思貧民婦孺之挾金一元者。其效用之重大。或遠過於富人之千百元乎。富人失千百元。不過損其娛樂濫費之一部分。貧民婦孺失一元。則坐是危及生命者有焉矣。故各國之立法也。於此等細民銖積寸累之資本。其保護之獨周。必無或措諸不可復之途。貯蓄銀行規則之所以特嚴。皆爲此也。今部摺所謂富籤公債者。民莫之應。斯亦已耳。苟競起而應之。果能副部臣之望。而每歲得一千萬元。則其結果將如何。其中惟有一百萬人得意外之厚獲。自餘九百萬人。既坐喪其本矣。而所許六十年間二釐之息。領之既不足以償其勞費。勢祇得出於不領。是其所擲之一元。全陷於不可復之地位也。而擲之者非他。則皆細民銖積寸累之血汗。而東西諸國保護若不及者也。括之以入部庫。以供毫無責任之揮霍。而猶曰於民無損。則天下豈復有損民之事哉。願部臣熟思之。

復次。部摺所擬辦法。更有與各國富籤公債之成例大相反者數端。曰當籤獎金之比例太大也。曰利息太輕而期限太長也。曰抽籤之度數太少也。曰募集之度數太濫也。所謂當籤獎金之比例太大者何也。富籤公債之原則。凡當籤者所得之彩。萬不可以太重。而不當籤者。亦不可使之過於向隅。其與賭博彩票不同之點。實在於此。據部摺則千萬元之公債。而所劃出之獎金三百萬元。則什居其三矣。考一八九五年法國所發富籤公債六千五百萬佛郎。而其得彩獎金六百萬佛郎。不及債額十之一。日本勸業銀行債券。亦富籤公債之一實例也。彼自開辦迄今。發行已三十餘次。每次給彩之額。雖各有不同。然對於本次債額之總數。最少者不下百分之九。最多者不及百分之十一。然則此項公債給獎之比例略可察矣。蓋富籤公債之本意。雖以得彩寓獎勵。而要期不使失彩者向隅。（參觀本號富籤公債說略）故其給息視普通公債較輕。而彩金卽取之於其較輕之率之中。要不可以彩金而侵及債本及正當債息之範圍。致失彩者本息無著。此富籤公債所當嚴守之公例也。今以千萬之債。而彩金去三百萬。辦公費又去百萬。部中所收實六百萬。持六百萬元之母財以孳殖之。雖有白圭之智。亦豈易於一定期限內而得千萬元之本息。其必歸於無著。豈待辨哉。無怪部臣計無復之。而發出不還本之奇想。然不還本者。決不能稱爲公債。雖蘇張之舌。恐終無以自解也。

所謂利息太輕者何也。富籤公債之彩金。卽取之於其所減輕息率之中。既如前述。今部摺既擬以債本十之三給彩。則正當之息。爲彩所蝕者太多。而息不得以不微。此事勢之相因者也。然其微乃至於歲率二釐。則有不得不令人失驚者。大抵公債之息率。當以其國中當時普通息率爲標準。而略爲減殺。富籤公債之息率。則當視普通公債息率又略爲減殺。法國當一八九五年時。市場息率約四釐强。故其普通公債之息率三釐乃至三釐半。而是年所發富籤公債之息率則二釐半。蓋割出一釐內外以給彩。合之則適與普通公債之息率相等也。日本市場息率。遞年漸減。近十年來率往來於五六釐之間。其普通公債息率大抵五釐。亦有四釐者。（然皆呼價發行之債實際皆在五釐以外）其勸業銀行富籤債劵歷次所發者。息率皆五釐。與普通公債同。或且更優焉。夫此項債劵既有獎金。復給以爾許優息者。緣償還期限甚長。故藉此以爲勸也。我國現在市場息率。雖各地不同。要皆在一分以外。且有一分五釐以至二分者。卽存銀於外國銀行。其長年存放者。亦可得七八釐。今乃欲以二釐之息率募公債。試問彼應募者。舍覬覦獎金外。亦誰肯以彼照例可得息一二分之資本。而買此區區息率二釐之債票耶。而猶謂非導民以賭。其誰欺哉。在部臣之意。豈不曰。吾給以六十年二釐之息。綜六十年所給者共爲一元二角。除收還資本外。尙有贏餘也。姑無論實際斷無領息之人如吾前此所云云也。藉曰所給息皆不虛。獨不思人民之以此一元投諸生產事業而得息一二分者。遞年復以息作本。閱六十年。可贏至數十百元而未有已乎。卽不然。而以之存貯於特種之銀行或保險公司。訂明六十年乃取回。而重累其息以作本。最少亦可得二三十元以上乎。而信用薄弱勞費無藝之部庫。乃欲以分六十次領受之一元二角易之。苟非嗜賭成性之民。其孰有應者。

所謂抽籤之度數太少者何也。富籤公債之性質。謂當償還公債之時。附以富籤而給之彩也。大率每年償還一次或兩次。每次各附富籤若干張。直至全數還淸之時爲止。若定以十年攤還而每年還一次者。則其抽籤之度數共凡十次。若定以四十年攤還而每年還兩次者。則其抽籤之度數共凡八十次。蓋使人民之應募者。其早當籤而速受償耶。得彩固妙。卽不得彩。而原資早已完全歸趙。得別投諸他處以圖生利。其遲當籤而久未受償耶。旣可以常得確實之利息。而原資匪特不憂無著而已。且將來尙有下次得彩之餘望。蓋無論受償之遲早。而償主皆有利。故應之者若鶩也。今部辦此項公債。名爲六十年。而抽籤祇得一次。且其抽籤並非爲還本起見。而專爲給彩起見。是純然賭博彩票之性質。而斷不容以之冒富籤公債之名者也。夫富籤公債之爲物。凡當籤者無論得彩不得彩。而皆能收回其原資。凡持有債券者。其當籤無論或早或遲。而總有當籤之一日。今也不然。抽籤祇此一次。一次不得。他日更無再得之期。而此一次得之者不過十之一。而失之者乃十之九焉。舉天下古今之富籤公債。斷未有如此辦法者。吾願部臣稍一審處焉。毋曰一手可以盡掩天下目也。

所謂期限太長者何也。富籤公債與普通公債異。普通公債。政府可以借換之以輕其利息。可以買回之以解其義務故期雖長而不爲病此項公債因有富籤與之相麗舍抽籤償還外更無他術而在經濟發達之國市場息率恆日趨於廉若數十年前所借之公債至數十年後而不能借換不能買回常負擔此重息決非財政上之良策也故富籤公債期限之不宜長者一也既有息而復給以彩則政府之運用此公債以生利也必其所生者除以給息彩兩項外尙有贏餘然後其事乃可繼富籤公債之期限若太長則其後半期所應償還之部分遞年給息已多塡補之既非易易而已還之債本愈多而政府所資以運用者愈少而其所能生之利愈微逮於末期而政府或受其虧累矣故富籤公債期限之不宜長者又一也故各國之募此項公債也其本息淸還之期限大率少則五年多則十年蓋有由也今部摺之定爲六十年者得毋見各國之土地抵當銀行殖民銀行勸業銀行等其債券期限皆亘數十年乃爲此效顰之舉耶而不知事固有非可漫焉以相師者也彼等皆農業金融機關也其所借之債皆還以轉借於農民使之攤年帶還本利於銀行而以不動產爲抵當故銀行對於買受債券者亦分年償還本利兩者相劑雖長期不爲病而持券之人既知銀行有相當之債權而其債權復有確實之抵當物故信其債務之決無或逋負雖經久而共安之也今部中所借之債既非專爲改良農業之用本可以無待於長期而其用途又絕不明瞭其果運用此債以生出利息爲六十年間了此債務之用與否已不爲債主所信而欲仿人國勸業銀行之例安可得哉雖然部摺固明言不還本矣而其每年每票所派兩銅元之息又明知必無人領取矣然則自第一次抽籤以後部中對於債主已可謂無復義務則雖千百年可也又豈止六十年哉但不識往古來今之借債者有此情理否耳

所謂其募集之度數太濫者何也此項公債惟農業金融機關常行之然亦視一般農業社會所需要之資金多

寡如何。非於其不必要之時。而必樂負此債務以爲重也。若夫以國家之名義募集者。其事益可暫而不可常。蓋此項公債。無論規則若何完善。終不免略帶賭質。導國民以僥倖射利之心。而因有富籤與之相麗。故其價值往往漲落無常。及償還過半之時。其價率皆漸落。一國中若多有此項債劵流通於市面。則金融之常軌。或緣此而生混亂。故各國非萬不得已之時。不肯行之。卽偶行而亦決不肯多試。今如部摺所云。一年之後。若有成效。卽接續展辦。每年售票一次。是直以烏附爲可以引年。而躋諸菽粟之林也。雖其辦法悉遵各國富籤公債之原則。毫無出入。然且不可。又況其自我作古者哉。

綜括以上所舉諸端。其不還本及每票一元之制。則與一般之公債原則相犯者也。其當籤獎金比例之太大。利息之太輕。抽籤度數之太少。期限之太長。募集度數之太濫。皆與富籤公債之原則相犯者也。竊意部臣之爲此創舉也。實欲合各國之富籤公債與勸業銀行債劵與賭博彩票三者於一爐而冶之。其派息也。取諸富籤公債。其期限六十年也。取諸勸業銀行劵。而其不還本也。以一元爲一票也。獎金之重也。抽籤之僅有一次也。年年舉行也。則皆取諸賭博彩票。然派息等於不派。則並其稍似富籤公債之點而亡之矣。息等於不派。則六十年之期限。自成虛設。又並其消似勸業銀行劵之點而亡之矣。然則所餘者維何。卽純然與賭博彩票脗合之諸點而已。夫賭博彩票之風行於國中。抑已久矣。豈復勞部臣之憂其不發達。而汲汲焉獎之。而部摺乃一則曰「無非爲開風氣」。再則曰「作國民之氣。樹勸業之型」。吾實不解開此風樹此型。於國家果何補。而於國民又果何補也。僅爲無補。猶不當行。況乃大害爲衆所共見者哉。

抑部臣之意。豈不以前此屢募公債。皆無應者。因欲藉此以爲獎勵也哉。夫富籤公債。誠不失爲獎勵應募之一法門然其所以能收獎勵之效者。亦以其種種條件之有益於債主而已。蓋其原資之必不失也。與普通公債同。其利息之率。亦與普通公債不相遠。而復加之以彩金以爲之激刺。故民樂趨也。今舉前列最重要之兩條件而悉去之。而僅恃得彩之一條件。雖部臣本意未必欲以賭誘民。而民之應之者。必以之與江南湖北等彩票同視。而勤儉貯蓄之民。挾資本以求正當之利益者。決不肯貪此六十年間二釐之息而踴躍趨之有斷然矣。然則此項債票。就令辦有成效。至竟不過使一國中加增若干嗜賭之民。而於將來募集公債。豈有絲毫之影響焉。不甯惟是。使此舉雖不能獎勵公債。而就事論事。可期其有成。則雖有害於國有害於民。而尚有益於部庫。以部臣爲部庫謀。冒不韙而爲之。猶可言也。顧吾又敢斷其並此而不能也。何以言之。夫此項債票。勤儉貯蓄之良民必不肯買。而惟嗜賭之民買之。既無所容其疑難矣。然以賭博論。則此項債票之條件。又不能如各省彩票之有利於賭徒。各省彩票得彩之票數。約對於總票數爲十之二。此不過十之一。各省彩票以其售票所獲半數以上充彩金。而此僅以其十之三充彩金。賭徒稍一熟計。必舍此而就彼明矣。夫進焉既不能與德法奧日等國之富籤公債媲美而造福於國家。退焉且不能與湖北江南等省之賭博彩票競勝而歸餘於部庫。而徒尸此罔上朘民之名。以騰笑叢訴於天下萬國。吾意部臣蓋未之思耳。苟一深思。必將有蹙然而去之若浼者矣。

抑摺中尙有一言不可不致辨者。其言曰「公債之舉。西國習爲故常。其民之視同義務」。夫謂西國習公債爲故常可也。謂西民視公債爲義務不可也。公債之爲物。純屬於私權的關係。而純不含有公權的關係。民之應之也。非爲義務也。爲利益而已。若出於義務之强迫。公債則與增賦無異。非復公債性質矣。夫惟國家財政基礎。既示民以可信。而經濟上種種機關又整備而靈捷。故能使公債爲市場上一種不可缺之品物。而復訂圓滿美妙之條件予應募者以便益。故民之欲厝其資財於至安之地者。舍公債無託焉。斯不待勸而競趨也。夫不待勸而趨。乃眞善勸者耳。若專恃義務觀念而公債始發達。則其發達之途。不亦僅耶。且西國之公債互流通於國際者。而無所於閡。往往有甲國朝發一公債券。比夕而乙國人購其半者。乙國夕發一債券。翌晨而丙國人購其半者。若云義務。其毋乃對於他國亦有當盡之義務乎。先哲有言。君子一言以爲智。一言以爲不智。言不可不愼也。部臣爲一國所具瞻。奏議爲士民所傳誦。方今百度更新。一切設施。大率爲前代所未經。國中忠愿之士。欲周覽域外故實。而每苦於無從。見夫堂堂大部訏謨入告之文。復有濟濟多才學成而歸者爲之屬稿。則以爲其所引之事實所持之理論。必皆信而有徵。精當而不可易者也。則相與墨守之而尸祝之矣。設其事實皆烏有子虛。其理論皆以矛陷盾。豈不誤盡天下。而貽國家以大戚耶。吾非敢謂此摺之必如此。顧吾願後此之屬稿者一加謹而已。至於國家所以激勸公債之道。固別有在焉。吾當更端論之。

（附言）此稿於兩月前撰成。其後以黃侍御瑞麒有摺參劾。得旨交部覆議。十二月十七日已奉諭旨着卽緩辦。但冀從此廢止。則國家之福也。

庚戌正月初十日　著者識

諮議局權限職務十論

（一）于大臣與憲政編查館之辨爭

本年四月。考察憲政大臣于侍郎式枚專摺奏各省諮議局章程權限。與普國地方議會制度情形不符。其言甚辯得旨命憲政編查館妥議具奏覆奏之摺其所以反駁于摺者亦至有力（兩摺補載於本號文牘門）此實我國立法論上第一次之論爭而國人政治思想法律思想日漸發達之表徵也吾於兩造愛國之公心皆景仰不能去懷豈敢妄有所訾議獨至其持論是非所在則有欲貢其愚以供舉國士夫之研究者謹略述之

竊以爲我國憲政之最大問題則將來中央集權與地方分權之程度是已無論何國之政治斷未有能爲絕對的集權者亦斷未有能爲絕對的分權者然程度之或畸於此或畸於彼則緣國情而各有所宜我中國將來究當以何者爲正鵠此非一言可決吾將別論之雖然有一原則焉無論何國無論何時皆可以適用者曰中央議會與地方議會權限之大小當視中央行政機關與地方行政機關權限之大小爲比例是也立憲之所以異於專制者全在議會之有無議會之爲物或稱之爲意思機關或稱之爲監督機關要其精神凡以施限制於執行機關而已一切法人團體必須於執行機關以外更有一有力之機關與之對峙然後其體乃具此在私法人且有然而公法人更無論矣各國國會及地方議會其設立之理由皆根據於此非有差別也而各國成例其國會對於中央政府之權力雖甚強而地方議會對於地方長官之權力則似甚弱者何也彼其地方長官原非占全國官吏中最高之位置尚有國務大臣以立乎其上國務大臣之監督地方上級官猶地方上級官之監督其下級官也夫既有立乎其上者以監督之則更無待於立乎其旁者之監督明矣此各國之地方議會所以不以之爲地方官之監督機關而反恆受地方官之監督權限之所以不廣其故一也復次各國之地方長官不能於中央政府所命令之外而別立政治上之計畫其職在奉行中央所指定之行政條件而已立憲國之貴有國會者其大目的在取決輿論以定政治之方針方針既定矣而行政之果遵此方針與否亦以輿論糾之故監督政治

其體也，而監督行政，則其用也。地方官既不能左右一國之政治，則其有待於輿論監督之範圍亦僅矣。地方議會權限之所以不廣，其故一也。復次，即以行政論，其軍事行政、財務行政、外交行政、司法行政，皆畫然不隸於地方官，即內務行政中之教育、經濟、交通諸項，其大部分又皆受成於中央，所餘者則最狹義之內務行政一部分而已。而其法規條制，又率皆粲然具備，各地方但舉而措之，無所待於草創，則其有賴於地方議會之監督者，復幾何？權限之所以不廣，其故三也。然則各國之地方議會，其議決權僅限於本團體之狹範圍內，其所得議決之事項極少，而議決所生之效力頗弱，亦固其所。

中國現在制度則不然。憲政編查館覆奏摺曰：『各國地方行政之範圍既小，故輔助行政之機關，僅有上級自治制之地方議會，而不必別立制度。中國督撫之權限，既視各國地方行政長官為較廣，則輔助機關之權限，自應與之相稱，而不能僅據各國之上級自治制以為準。』其言可謂博深切明，立法之精意，已揭示於天下矣。然吾以為諮議局權限所以必須廣闊之理由，尚不止此。夫使督撫之行政權限雖廣，然一切之行政法令，久已大定大備，督撫不過率其屬以奉行之而已，則其所藉於諮議局之輔助者，尚非急；今也百事草創，法令百不具一，中央政府固有應接不暇之勢，即欲並日程功，而以地大物博之中國，欲使法制推行無礙，勢不得不以立法權之一部分委諸各省。然則各省督撫，非特為全省行政權所自出，且總攬一省之立法權，而兼行中央立法權之一部分者也。今若謂立法權不當公諸人民，斯亦已耳；既公之矣，則諮議局宜與中央國會共得參與，事理甚明。諮議局之性質，大異於各國上級自治團體議會者一也。又使督撫之權限，僅在行政上而已，則其利害影響所及，猶不至甚大；今也不然，督撫政治上之權力，實與中央各部大臣立於同一之位置，不甯惟是，一切政策多有由督撫發之。而政府贊之者。甚且有督撫先自行之。而政府事後乃承諾之者。夫一政策之失當。則其禍可以中於全省。而且波及於全國。督撫既以行政長官而有政治權。其地位恰與各國之各部行政長官兼國務大臣者相等。其所當負者。不僅在行政上之責任。而兼有政治上之責任。夫僅負行政上之責任者。但使忠於厥職。而無或越分違法之行。斯可以告無罪矣。各國之地方長官是也。負政治上之責任者。非徒以淸愼勤自矢而遂足也。就其積極的方面言之。凡所計畫之政策。一有失當。或收效不能如其所期。皆當引咎焉。就其消極的方面言之。若守雌守黑。始終不立一計畫。而使一省有應興不興之利。應革不革之弊。又當引咎焉。我國之督撫是也。夫督撫固明明兼有各國之地方長官與國務大臣之兩種資格者也。諮議局對於爲地方長官之督撫。固當爲被監督者。而不宜爲監督者。對於爲國務大臣之督撫。則又當爲監督者。而不宜爲被監督者矣。諮議局之性質。大異於各國上級自治團體議會者。又一也。又使督撫之權限雖廣。然尚非一國之最高官廳。而別有受成於其上者。則亦無取特置一强有力之機關。以與之對峙。例如日本之臺灣總督。其權限之廣。遠在彼府縣知事之上。而幾等於我督撫。雖然。其受內務大臣及各省大臣之監督。明著諸法律。故臺灣總督政治上之責任。內閣實負之。其行政處分。內務大臣一一得而干涉之。與府縣知事無異也。然其立法權且已別設機關以行之。而非總督所得專矣。今我國之督撫。其官則尚書侍郎也。其權則直接上奏也。與中央各部堂官。無絲毫長屬之關係。其有所舉措。一經奏准。絕不必通知各部。而可以執行。各部咨辦之事件。苟非奉旨者。則督撫雖置之不問。甚或反其所爲。而皆不得謂之違法。各部若欲中止取消督撫之行政處分。督撫可以抗辯於上。而勝之。督撫爲一國之最高官廳。而非中央政府所得節制。既已若是。於此而欲以中央政府代負其政治上行政上種種責任。在理在勢。皆所不能。然則竟聽其無責任耶。立憲主義之謂何。且何其嚴於責中央而寬於責彼等也。況責任無論如何。必有所歸。中央政府既不任受。不幾使我皇上爲彼等受過耶。是故現制之督撫。其勢位既與各部大臣同等。則其負責任之方法。亦應與各部大臣同等。甚明。而監視此責任者。與其在中央國會。不如在本省諮議局。又事理之至易見者也。諮議局之性質。大異於各國上級自治團體議會者又一也。

由此言之。則現行諮議局章程。雖小節或有可議。而大體固甚得當。不失爲與時勢相應之一良法。而于侍郎乃引普國地方議會制度以繩之。則無怪其枘鑿而不相入矣。然則此制度果遂爲最良最適之制度。而于侍郎議其權限過大之處。遂悉成囈語耶。是非吾所敢言也。雖然。吾以爲侍郎宜且勿問諮議局權限應否與各國地方議會權限同一大小之問題。而當先問督撫權限應否與各國上級地方同一大小之問題。蓋諮議局權限。全比例於督撫權限以發生。若蛩蚷之相依。彼題既解。則此題自迎刃而解也。此即吾所謂集權與分權之程度問題。眞我國政治家所當殫精竭慮沈思博辯以求其是者也。若夫於現在督撫權限既承認之。而於現行諮議局章程復掊擊之。是無異謂執行機關不應有他機關以爲之限制。其反於立憲政治之本意明矣。吾意侍郎當不其然。

(二) 諮議局與政治問題

(參觀文集之二十三憲政淺說第二章第三節政治之意義)

諮議局議決權之範圍。當專限於行政事項乎。抑廣涉於政治問題乎。此最其權限易滋異議之點。而辨之不可不早辨者也。吾以爲欲解決此問題。不能專憑法理也。而必須按諸事勢。以法理論之。則行省者。一方爲地方自治團體。一方爲國家行政區域。以地方自治團體之性質而有諮議局。則諮議局實爲本團體之意思機關。以國家行政區域之性質而有諮議局。則諮議局實爲行政官之輔助機關。而此兩者皆與政治問題無關者也。凡政治問題。其利害皆亘於全國。而決非一團體一區域之所得私。以一團體一區域之機關。而議決政治問題。無論其易涉於偏隘。重視一部分之利害。而輕視全體之利害也。藉令得免此弊。而以一國大政方針。付諸多數機關之決議。其有妨於統一莫甚焉。由此言之。則諮議局議決權所及。似宜以本省官治自治之行政事項爲界。而本年各省諮議局所提出之議案。往往有涉及外交政策經濟政策諸問題者。雖謂之越權可也。雖然。切實以按諸事勢。則此界說蓋有萬難適用者。請言其理。

我國自元代設行省以來。行政區域本失諸太廣。今制一省。其幅員蓋遠過封建時代之一侯封。而實可以比歐洲之一國。既已地域廣而人民衆。則其公共相通之利害。必不在小節而在大綱。一有所興革。其影響立即波及於中央與鄰省。又往往非藉中央之倡導鄰省之協助。則其所興革者萬不能底於有成。故省務與國務之範圍極相接近。而絕非東西各國地方事務與國務之關係所能比擬。則其每一涉議。而即牽及於全國之政治問題。固已事勢所必至矣。然使中央政府確有雄才大略公忠遠識之人。以主持於上。能統籌全局。立一定之計畫。以指導各行省。而整肅其步武。則各行省之機關。固無復枝枝節節各行其是之餘地。又使政治上社會上種種必要之機關。略已整備。足以供人民之利用。則無論中央政府之政策有變遷與否。而地方團體固可以蒙業而安善自爲計。而今也皆不然。中央政府始終未嘗有遠大之計畫。使全國知所率從。而惟掇拾補苴。顧此失彼。凡政務之稍涉重大者。輒委諸各省督撫之專辦。以圖卸責任。而政治上社會上之積弊。足以爲新政體之梗者。不知凡幾。根深蔕固。莫思糞除。其種種機關爲施行新政體所必需者。絲毫未嘗整備。苟非從根本上解決政治問題。則一團體一私人之事業終無自而成。其樂利終無術以自致。事勢既已如此。而欲使諮議局之議決權。僅限於行政事項而不涉政治事項。何可得哉。

聞者疑吾言乎。請得舉數例以明之。諮議局章程第二十一條第一項云。議決本省應興應革事件。第二項云。議決本省歲出入預算事件。第四項云。議決本省稅法及公債事件。第六項云。議決本省單行章程規則之增修刪改事件。以上諸項。雖解釋之可以或用廣義或用狹義。而權限之大小可以懸殊。要之無論如何。未有不牽涉全國政治問題者。如第一項本省應興應革事件。其範圍最廣汎。固不可以悉數。即以振興實業一端言之。此固屬於經濟行政之範圍。與章程中所謂本省應興事件相當。毫無疑義者也。然幣制不定。則經濟市場全被擾亂。無論何種實業。皆有杌隉不安之象。則其所討議者。欲不延及貨幣政策。安可得乎。金融機關不整備。各業皆無自發達。而今者國中乃無銀行。其有一二新設者。與夫舊式之莊號。類皆不適於民間資金集散之用。或反濫用其信用。發過度之兌券期票等。以攪亂市場。然則其所討議者。欲不延及於銀行政策。安可得乎。交通機關不便。百業緣以凝滯。而今者數大幹路。且經始閱十數寒暑不能成。而枝路之待舉者更不必問。然則其所討議者。欲不延及於鐵路政策。安可得乎。鐵路之久不就。其大原因要在資本之不贍。於是乎仰給於外債。然外債之利害。其影響於國民經濟者。至鉅且捷。然則其所討議者。欲不延及於外交政策。安可得乎。實業幼稚之國。非保護獎厲之。不能與先進國競勝。然關稅權不恢復。則保護政策無自而施。釐金不撤除。則無論若何獎厲。不能有效。而一語及此事。則相因而至之問題。又不知凡幾。然則其所討議者。欲不延及租稅政策與夫其他種種相因而至之政策。安可得乎。夫一省所應興應革者。不僅實業一端而已。與實業有密切關繫者。又不僅以上所列諸項而已。然隨舉數端。而其互相牽引之勢。則既若是。故諮議局議案之不得不涉及政治問題。事有必至矣。

藉曰應興應革之事。範圍太廣。可從狹義解釋以限制之也。若夫本省財政。應由本省之意思機關所議決。此不徒章程中灼有明文。即按諸各國通行自治制之法理。亦絲毫無疑義者矣。然今日欲以諮議局而參與本省之財政。則其所牽及之種種先決問題。已複雜至不可思議。（第一）凡財政之範圍。必須與政費之範圍相脗合。而政費之範圍。又必須與政務之範圍相脗合。今中央與各省政務之鴻溝。絕不分明。既責諮議局以經畫本省財政。則其議案不得不首及於集權分權之程度者勢也。（第二）各省財政之經常收入。必賴地方稅。然地方稅恆以附加國稅爲其原則。且附加者惟在直接稅而不及間接稅。此萬國之通義也。第我國之直接稅只有田賦地丁之一項。其負擔本已畸重於一部分之人。更從而附加之。則重者益重。而將不堪命。故諮議局雖非好越權以議及國稅問題。而因地方附加稅之利害起見。則安得不探原以及此。（第三）各省分任中央政費。義固無所容其規避。然今制各省支出之款項。除解部外。尚有協濟他省者。名目繁多。至不可記。夫甲地方團體之政費。而勞乙地方團體爲之代籌。按諸法理。萬無是處。諮議局議員而知盡責任者。則於此事固有所不容默矣。其他如會計年度不定。則預算決算無所依據。金庫制度不立。則收入支出無所稽覈。凡一切財政上之先決問題。苟不解決之。則諮議局參與本省財政之權。終必歸於有名無實。然此等皆非一省之事業。而通於全國之事業也。故即以財政一項論之。而諮議局議案之不得不涉及政治問題。抑已洞若觀火矣。

要之千言萬語不外吾前者所謂諮議局權限與督撫權限同一範圍使我國督撫之地位而僅如各國上級地方團體之行政長官則諮議局之議決權專限於地方行政事項而已足此絲毫無所容其疑義者而無如今日督撫實帶有各國國務大臣之性質故與彼爲緣之諮議局遂不能不帶有各國國會之性質其投入於政治問題之渦中則制度使然也然則以諮議局而議全國之政治問題果爲國家之利乎曰吾固言之矣以一國大政方針付諸多數機關之決議其有妨於統一莫甚焉夫不惟揆諸法理支離而不可通也即按諸事實亦窒礙而不可行試有一政治問題於此而二十二省之諮議局可決者若干省否決者若干省則中央政府將何所適從若於其可否悉置若罔聞則國家設此無能力之機關又焉取之況以地方議會之資格而日馳騖於全國之政治問題則於監督地方行政之責任或恐以用志紛而致荒闕是兩敗俱傷也然則諮議局不適於爲議政治問題之機關抑已甚明今欲爲治本之計則惟有速求國會之成立舉一切政治問題悉移於國會一面縮小督撫之權限令其所轄者專屬於地方行政事項而諮議局之權限亦隨而縮小令其所議者亦專屬於地方行政事項此正當之辦法也但今病未能而僅爲治標之計則諮議局議案無往而不與政治問題相麗既如前述爲議員者若欲葆其職權踐其責任則惟有廣求政治智識集全力以解決政治問題否則放飯流歠而問題無齒決雖小小補救其於治也幾何而既已立於此極不完全之制度之下則天吳紫鳳顛倒配置原屬事勢之萬不可避憲政編查館及各省督撫苟猶有利國福民之心則亦惟奬厲諮議局議員之議政治問題則一方而稟聽輿論有所取資一方而喚起國民政治上之興味以爲將來國會之基礎其於大局亦深有補若事事以越權責之其究也必至諮議局無一案可議卽有之亦毛舉細故而於郡國利病毫無影響已爾夫去年各省諮議局之召

集。其所提出議案。頗不足以饜海內之望。其爲各議員經驗尚少。未能別擇耶。抑以事屬經始。不欲遽露鋒芒耶。蓋未可知。吾不敢薄視我議員。吾信今年開局時。必將有探本挈領之大政治問題。次第出現於各省之議場。信如是也。則吾願憲政編查館及各督撫愼毋作摧萌拉蘖之舉也。

西藏戡亂問題

西藏宜討之日久矣。國家多故。日不暇給。羣駭生心。益復自恣。宣統二年春王正月既望。天子赫然震怒。詔褫革達賴喇嘛阿旺羅布藏吐布丹甲錯濟寨汪曲却勒朗結名號。黜爲齊民。命訪尋靈異幼子。照案籤掣嗣法。以掌教務。而責駐藏大臣以輯和其民。於是西徼孽戎。始知天威不可以久干。而寰海友邦。亦瞠目相視。竊竊焉思覩後效之何如。嗚呼。事有牽一髮而動全身者。今玆之役。非細故也。是用鑑往察來。以造斯論。冀躬其事者一省覽采擇焉。

(一)最近馭藏政策兩度之大失機

西藏者。歐美人所稱爲世界祕密地也。除服屬中國外。自昔未嘗與大地諸國通。我國前此之待屬國。率皆用羈縻主義。惟西藏則兵權財權皆我綰之。蓋自祖宗以來所以馭西藏者。其道與今泰西諸國之待直轄殖民地者略同。而與我之待朝鮮安南諸國者絕異。雖然。我國之政治向主放任。其在腹地。且聽民之自爲刓。乃藩屬。故藏民雖有食毛踐土之名。實則與上國渺若不相屬。加以歷任駐藏大臣。未嘗惟材是擇。大率以不得志於中央政界者充其任。其人亦以地僻天遠。漫然自恣。不特未嘗一爲藏民謀治安。而所以朘削之者無所不至。藏民之褻朝廷非一日矣。徒以四境交通斷絕。如蝨處褌。不復知天地之大。故亦習而安之。近十餘年來。爲世界大勢所迫。祕密之鑰漸開。而藏乃自此多事矣。

西藏其猶渾沌也。首鑿其竅者。厥惟英國。英人自將印度統治權。收於政府。（光緒二年以前印度之統治權在東印度公司也）侵略之軌。以次北進。至光緒十二年。因哲孟雄界務。始與我結印藏條約。十九年。復結印藏通商條約。英人染指於藏。自茲始。光緒二十九年。英人乘日俄戰爭之時。利俄之不能南下。而世界各國。亦莫或注意於此偏隅也。乃藉口於通商條約不能實行。竟率兵以侵藏。八閱月而陷拉薩。（藏之首府也）遂以三十年七月與達賴結英藏條約。我政府於事前置若罔聞。直至草約告成。由駐藏大臣電告政府。始矍然思補救。抑已無及矣。其後遣唐紹怡以專使往印。謀毀此約。舌瘏筆禿。迄無成議。卒以三十二年在北京更定所謂中英續訂印藏條約者。舉三十年之英藏條約。悉承認之。今茲之禍。實斯役之餘波也。竊嘗論之。光緒三十年之英藏條約。酷似光緒二年之日朝條約。光緒三十二年之續訂印藏條約。酷似光緒十一年之天津條約。朝鮮私與日本結約。爲後此失朝鮮張本。西藏私與英結約。亦將爲後此失西藏張本。天津條約明認朝鮮爲中日公同保護國。爲後此中日戰爭張本。續訂印藏條約。雖有英人不得干涉西藏內政之條。視津約稍優。而亦有以西藏爲中英公同保護國之伏線。後此之禍。未有艾也。夫在三十年前。我國人全不知有所謂國際法者。不知保護國之性質何如。其坐視朝鮮之生心外向。固不足深責。乃至光緒三十年。所經覆轍。既再既三。使當時政府稍有心肝。當英兵入藏之八月間。以一介之使。明主權之所在。則何至焦頭爛額。以有今日。當局誤國之罪。眞擢髮難數也。

此機既失矣。未幾而有光緒三十四年達賴入覲之事。使當時能以術羈縻之於京師。則我之馭藏策猶可以厲行。而決不至有今日之禍。蓋藏民舍迷信外。毫無所知。故畏威懷德。兩皆無藉。因勢利導。則必以其所信者爲樞機。列祖列宗之治藏。其操縱之術。布在方策矣。已革達賴勒朗結其冥頑陰騺之迹。既已見端。而藏民視爲神聖。彼在藏一日。則藏一日不安。彼去藏而適他國。他國利而用之。則藏之不安將滋甚。故當時吾嘗警政府謂宜圈留之。勿使逸。其法則別搆一宏壯之刹於京師。而使之住持。或更崇以國師之號。乃大誥於蒙藏之民曰。皇帝敬禮三寶。國師宜以時入侍說法。不得去輦轂。凡蒙藏之民欲禮國師者。其詣京師。達賴既錮於京師。則選才士任駐藏大臣。率一旅之師以鎮撫其民。其有不率。則以皇帝之命達賴之敎並督責之。如是則羣堪布（堪布者西藏之行政官也凡西人名雖輔翼達賴實則權在其上）無所假威。而藏民將戢戢聽命。吾謀不用。自達賴之出。吾固已知西陲之無復甯歲矣。

（二）處置達賴喇嘛政策之當否

已革達賴喇嘛勒朗結。辜恩毀法。情眞罪著。天譴之加。洵由自取。雖然。就政策上論之。則政府此舉。果嘗於事前而籌及事後處置之法與否。吾實不能無疑。蓋達賴之地位。與衞藏回部乃至內外蒙古及青海回部之人民有密切之關係。而此諸地實居我大清帝國幅員之半。故所以善其後者。不可不計之至熟也。大抵迷信宗教之民。雖平時柔馴若羔羊。而遇有犯其迷信者。則其抵抗力之爆發。往往出於言思擬議之外。觀於回教耶教之人民。緣宗教上之爭。至於以血染其歷史者千餘年。從可見也。今此次諭旨雖明稱保護黃教。而以彼諸部之人民之心理視之。其能心悅誠服與否。吾所未敢言也。蓋彼輩所信者。謂後達賴爲前達賴之烏畢拉罕所託生。（烏畢拉罕者譯

（言化身也）故非一達賴死。則他達賴斷無自發生。而後達賴之發生。純由前達賴之默示。而絕非他人之力所得左右。此其誕妄不經。固不俟論。然其深入人心者。已三百餘年矣。故此狡黠之勒朗結。彼等所認爲宗喀巴之第十三次呼畢勒罕者也。（宗喀巴者黃敎之初祖也勒朗結第十二代之達賴也）而宗喀巴。則彼等所認爲觀世音菩薩之呼畢勒罕者也。故據彼等所信。乃竟至合觀世音宗喀巴勒朗結爲一人。牢不可破。故就吾輩之心理觀察之。則以大皇帝而黜罰其一臣民名勒朗結者。有何奇異。就彼輩心理觀察之。則曰雖以轉輪聖王。不能黜觀世音而別指一人爲觀世音也。夫其愚雖至可憫乎。然正惟其愚一至此極。何術復足以喻之者。夫以我聖祖世宗高宗之天亶聰明。豈不知呼畢勒罕爲愚民之具。而於此荒誕不經之僻說猶有所惑焉。顧列朝之待達賴恆有加禮者。此禹入裸國之義。聖人之知幾其神也。而又非徒爲西藏一隅計也。所以役蒙古定青海綏回部厄魯特皆操是術。列聖爲國家計。欲結合國內各種族之人民成爲一體。以厝諸長治久安。不惜紆降尊貴以禮一狡童。用心蓋良苦也。今茲之事。則取數百年來列聖相傳之政策。一舉而擲之矣。夫時勢有變遷。而政策當隨之。吾非敢謂變列聖之政策卽爲不敬也。然揆諸蒙藏諸部現在之情形。實覺此政策有未能遽擲者。今茲之舉。吾一念其後。懍乎若朽索之馭六馬焉耳。

今明詔既已降矣。在勢固無反汗之理。卽反汗則國體愈損。更何足以臨諸部。處此騎虎難下之勢。惟有力與迷信戰而已。然戰之又決不能破壞其全部也。惟求先破壞其一部分而已。考宗喀巴之經記。謂達賴六世班禪七世後不復再來。（見魏源聖武記）其說固亦深中人心。且自前明永樂至乾隆中葉。凡三百五十餘年。僅更達賴六人。自乾隆末至今百餘年。已更達賴六人。前老壽而後短折。其眞贋本易見。而自第六代以後。所報之呼畢勒罕。往往歧異。以致有大招寺瓶卜之事。此其全爲諸噶倫卜諸堪布所假託。跡已歷歷。謂宜將此等故實詳細敍述。爲一極懇切之上諭。譯以蒙文唐古忒文頒諸各部。明前此諸噶倫卜欺君愚民之罪。曉以自第六代以後無復眞達賴。而此次朝廷所黜者。實爲勒朗結。而非宗喀巴非觀世音。然僅恃一詔之力。尚恐無效也。駐京之章嘉呼圖克圖者。(其歷史參觀本號之調查門)其爲蒙藏人所信仰。亞於達賴。而與班禪埒。謂宜結以恩義。使之入藏。主持教務。宣布朝廷護法之盛意。其達賴一職。則從宗喀巴之豫言。非惟不認勒朗結。並第七世以下皆不認之。達賴之名號。卽從此廢不用。此或是一種辦法。然其效果如何。非吾所能決也。若如今日之政策。別立一幼童以爲達賴。則蒙藏之民。必謂達賴未示寂。其呼畢勒罕從何而來。而外人且居勒朗結爲奇貨。日行其煽惑。則蒙藏自此無甯歲矣。要之今玆之役。其第一失機。在放勒朗結出京。其第二失機。在川兵入藏時。不急挾勒朗結爲重。而聽其潛逃。其第三失機。則在不籌全局。而遽褫其法號。一誤再誤。今既不可收拾矣。吾之所陳。乃於焦頭爛額之時。作無可如何之想。實策之下下者也。雖然。政府之舉措。則直謂之無策耳。

頃聞藏中報告。謂藏民已相安無事。政府聞此。應如釋重負。夫以吾未履藏地。豈敢謂其報告之必屬子虛。然以理度之。此事斷不能如此之易了。卽曰藏中無變。而西北諸蒙古之間。接受其影響者。爲禍方長。且所謂變動者。豈必其斬木揭竿以起。但使生心外向。無形中以漸卽於敵。則我康雍乾三朝廷所費之國力。已全擲於虛牝矣。書曰。若考作室。厥子乃不肯堂。矧肯構。當局者若輕心掉之。盍亦淸夜自思。何以見祖宗於地下也。

(三)　用兵於西藏則何如

萬一藏民終不奉詔。其勢將不得不出於用兵。如是則能有必勝之算乎。曰嘻。是非所敢言矣。海上某報之論玆事也曰『成都西抵拉薩崎嶇萬里。跬步皆山石棧天梯猿猱愁度。重以所過皆童山不毛。一布一粟皆須由內地轉運而致之平均計算大抵以內地二十人之餉飼一人而猶虞其不足。地利之不可恃也如此。雪嶺西趨去天咫尺。地勢愈高則寒威愈烈窮山冰雪盛夏不消。平時商旅經行雖篝火重裘而裂膚墮指之慘猶或不能幸免。況復執干戈而臨戰陣乎。天時之不可恃也如此。夫其地勢之險天氣之寒餽運之艱難跋涉之行阻則與其遠調客軍無甯因用土著。此邊徼用兵不移之定例也。雖然國家奄有衛藏二百年來旣未有淪肌浹髓之仁恩。以結裔夷之心而堅其內向之志而歷任持節之使臣與參隨之官吏更復恣爲苛虐以朘削而擕離之蠢蠢番人其蹙額疾首也非一日矣。卽微達賴之煽惑亦將相從背叛以甘心於一逞。況復彼族宗教迷信之觀念至爲堅定不移其大長已潛懷不軌之心。其民族豈有不從風而靡者哉。而欲於孤危艱阻之秋更資其敵愾勤王之用不亦難乎。人和之不足恃也如此。』此其言雖未免過當然大段固不繆於事理矣。試以前事證之我朝之用兵於西藏凡五。其一爲康熙五十六年西安將軍額倫特以兵五千擊策妄全軍覆於喀喇河。其二爲康熙五十七年皇十四子爲撫遠大將軍。用岳鍾琪以番攻番之計。降番兵七千賴以成功。其三雍正二年將軍查郎阿統川陝滇兵萬五千討噶布倫未至而拉藏汗舊臣頗羅鼐率後藏及阿里兵九千先已平賊。其四爲乾隆十五年。將軍策楞班第移平準之兵以討朱爾墨特未至而達賴先禽以獻。其五爲乾隆五十六年。嘉勇公福唐安超勇公海商察討廓爾喀用索倫兵二千金川各土屯兵五千藏內官兵三千僅乃克之。綜觀諸役其所恃以奏膚功者。全在用土兵而糜餉已不下二千餘萬兩矣。又最近則光緒三十年。英將張伯士彬以兵五千人礮十二門侵藏。前後閱八月。屢瀕於敗。僅乃克之。蓋藏番雖不武。然習其水土而知其阨塞。以逸待勞。一固可以當客兵十也。夫以國家全盛之時。猶不能以克軍致果。以英人節制之師。堅忍之性。幾歷險艱。始能有功。今者欲用平居駐防之兵耶。則指揮可定。何俟僕僕。既已不可用。當此司農仰屋之時。乃千里饋糧。以求一逞。而今之所謂新軍者。其柔脆又等於紈袴。吾恐未至打箭爐而已不能軍矣。況乃拉薩哉。爲今之計。惟有繼述列聖所詒謀之政策。以恩信懷柔其民而已。若欲恃兵威以靖難。吾誠不知稅駕於何所也。

(四)將來外交之變故何如

使西藏而爲三十年前之西藏。則其底定之也尚易。即不能底定。則雖爲珠厓之棄。尚不至牽一髮以動全身也。而今之所以進退維谷者。則有外交問題以錯於其間也。今外人之振振有詞者。曰英與俄。(日本第二次之英日同盟條約其範圍推廣及於西藏附近故此次亦將曉曉容喙然非直接有效者可勿論)就俄國一面言之。據日本人之說。謂我於光緒二十八年曾與俄訂有密約。許俄人以干涉西藏之權利。其約文具見東籍。(參觀次號調查門)未知信否。果爾則危險眞不可思議矣。然光緒三十二年續訂之藏印條約第二條明云。「英國國家允不占併藏境及不干涉西藏一切政治。中國國家亦應允不准他外國干涉藏境及其一切內治。」然則中俄就令果有密約。但未經公布。而當此約締結時。其內容既與密約相牴觸。而俄人不起而抗議。是已默認前約之作廢矣。至於英國。當光緒三十年誘脅達賴擅與結約之時。其於我誠爲無禮。然其後既有此次續約第二條之保障。則亦尚能尊重我上國之權利。且據此約第一條。我尚有須隨時設法使英藏條約切實辦理之義務。(諸約文皆具載調查門)今茲之舉。以大皇帝而懲治境內一不法之臣民。固爲國法上應行統治之權利。以上國而飭率屬邦。毋使為外交之梗。又為國際法上履行條約之義務。無論何人。不可得而干涉者也。英國文明守禮之國。豈其口血未寒而遂背之。故此次英之國會議員有質其政府以對藏方針者。政府以嚴守中立對。誠知禮之言也。雖然。吾願我政府毋狃於此而遽卽自安也。人亦有言。國際法惟強者之武器耳。雖復信誓旦旦。欲摧棄之何患無辭。大抵此次事變能免干涉與否。專視衞藏全部能保秩序與否為斷。苟能所在安堵。商旅無驚。雖有虎狼。豈能飛而攫肉。而不然者。則或藉口於保衞租界。或託辭於防護邊境。何在不可為染指之媒介者。不見最近路透電已聲言藏亂恐擾及布坦廓爾喀哲孟雄乎。（見上海各報皆譯為不丹尼泊爾西金不知不丹即布坦尼泊爾即廓爾喀西金即哲孟雄也今從官書所用之名）其言外之意可見矣。故條約不足恃也。求之在我而已。

或曰。光緒三十三年英俄協約。其中關於西藏者五條。內有各不干涉藏治之文。英若背約。俄將起而問之。俄若背約。英將起而問之。如是則藏其或可以無事乎。應之曰。此在數年前誠有之。若今日則英俄方睦。祇有交讓。決無交訌。此稍知世界外交大勢者所能見也。（參觀次號論說門世界外交大勢之變遷）使英俄之交猶若五年前也。則張恰鐵路問題起。英使早拍案於外部矣。今茲藏事。苟吾授人以可干涉之隙。則英俄之變更其協約。一席話可了耳。而其結果或如其所以待波斯者。英俄中分衞藏。以某地為界。而互承認其優越之權。或如英法之所以待埃及及摩洛哥者。英人則承認俄人在蒙古之自由行動。俄人則承認英人在西藏之自由行動。此皆最近之成例。確有可援。俎上之肉。而患庖丁無術以烹治之乎。吾以為今茲之治藏政策。若再誤機宜。則將來之結果。此二途者必居一於是。嗚呼。其毋使我不幸而言中也哉。

（五）根本解決

此問題根本解決之第一義云何。曰妙選奇才任駐藏大臣。以章嘉呼圖克圖佐之。不然者。藏終非吾有也。蒙古青海。終非吾有也。(宣統二年二月一日稿)

新軍滋事感言

入春四十日。而各省新軍滋事三告矣。一爲廣州。二爲蘇州。三爲清江浦。廣州之役。則發難於一兵丁與刻字店爭價也。而遂至省治戒嚴。屠殺千人。數年所練新軍。盡覆焉。蘇州之役。則發難於兵丁觀劇爭半價。而遂至開釁友邦。賠款了事。今茲清江浦之役。其發難所自。尚非吾之所能知也。雖然。國家之養兵。其意非欲以維持一國之治安耶。乃今也一國之治安。反由國家所養之兵擾之。且不兩月而擾至於再三焉。中外古今詭異之現象。未或過此矣。吾於軍事上之智識。毫無蘊蓄。豈敢妄有所論。顧俯仰事變。有不能已於言者。輒述所感。資當局一反省焉。

所感一。　吾國疇昔右文而賤武。致軍士不知自愛。軍政之敝。其根本實在於是。言新法者。乃思所以矯之。夫矯之誠是也。然矯之不以其道。則弊卽生於所矯。而滋益甚者。往往有焉矣。側聞各省將弁之待新軍也。若衰嫗之撫其驕兒。若懦夫之畏其悍妻。苟務容悅之而已。夫若是則足以收右武之效矣乎。治軍者以令行禁止爲第一義。從軍者以親上死長爲第一義。自古未有驕兵而能用者。數年以前。學校學生屢起風潮。於是辦學者懲羹吹虀。壹以媚悅學生爲事。識者猶亟非之。而況於軍事以威令爲本者乎。今將弁之容悅軍士也。豈其果愛之重之。不過慮稍拂其意。動輒鼓噪。而已之差缺。行將不固耳。故不顧國家治軍之本意若何。惟以噢咻爲敷衍之計。其所自爲謀者。良得爾驕縱之習。已深中於軍隊中。而不復可用矣。

所感二。驕之與惰。相緣者也。惡勞好佚。生民大情。不有綱紀以督率之。雖士君子猶將自暇逸。而況於未嘗學問者耶。頗聞各省之新軍。其偷惰往往視前此之綠營防勇爲尤甚。至有赴操時乘肩輿者。有僱火夫代持鎗者。雖未必各處盡然。然其弊亦略可覩矣。昔歐陽文忠論宋代兵制之弊。謂今衞士入宿。不自持而使人持之。禁兵給糧。不自荷而僱人荷之。驕惰如此。況肯冒辛苦以戰鬥乎。近今營規雖敗壞已極。然此等現象。惟京旗駐防等有之。綠營防勇猶未至此甚也。而不料乃見之於新軍。試觀今世之軍國。其所以勞苦其軍者何如。普王腓力特列。其軍政爲萬國所師。蓋士卒飲食之菲與操作之勤。殆非他國人所能一日堪。卽其太子之在伍也亦然。今日之德國。皆賴此也。日本軍人每遇夜雪。必起演習。其在滿洲隆冬野營。人僅給一單氈。蓋一方面導以文明之精神。一方面鍊成其野蠻之體魄。故所嚮能有功也。吾國舊軍其文明精神雖缺乏。而野蠻體魄。尙足以自豪。今新軍之野蠻精神。未見其有所進於前。而野蠻體魄之固有者。則既喪之矣。是壽陵餘子之學於邯鄲。而失其故步也。

所感三。徵兵制度之優於募兵。爲今世言軍政者所莫能易。雖然。徵兵制度與國民義務教育制度。實相輔而始得行。不可不察也。夫義務教育。非徒敎之使爲兵已也。然導之以國家思想。使其明確了解。且累年積月。以漸漬之。使深入銘刻於心。不能拂去。及徵之爲兵。則彼更以國家公人之資格。發揮其平昔之所養。有動則爲國家而動耳。於國家利益範圍之外。而欲導之以非禮非義。安可得耶。不寧惟是。當其受此七八年之義務敎育。則已取處身接人對國家對社會之種種常識。擇其要者而指授之。又敎之以尊重秩序。服從長上。及其成年而爲兵則不衷於理自賊賊人之事斷莫之肯蹈也而復有曾受高等教育之將校以身作則而以法節制之則亦安有游佚亂暴不知自重乃至以乾餱之愆詒國家之戚如今茲蘇州廣州之怪劇者耶不務端其本而欲效他人之一節以自文亦安往而可夫今茲之新軍什九皆出於募也雖然吾觀此而知將來雖改募爲徵其結果亦若是則已耳

所感四 新軍滋事有司必張皇其辭而相驚以革命黨乃率他軍以草薙而禽獮之天下之可痛莫過是矣夫各國革命之舉往往起於軍隊卽數年來俄羅斯希臘皆其最近最顯之殷鑒吾豈敢謂現在中國之革命黨不煽動軍隊吾又豈敢謂中國將來之軍隊決不被煽動於革命黨雖然以現在所發生之事實論之吾有以明其不然也凡民之爲亂也或迫於飢寒鋌而走險或激於愛國之狂熱甯以身殉二者有一而復遇梟雄之夫煽動之則其禍立發苟不然者則煽動者雖有蘇張之舌無能爲功也我國歷代之亂機屬於前項者也俄土希諸國之亂機屬於後項者也而今之新軍則兩皆不足以當之以言夫迫於飢寒耶吾國今日誠民窮財盡而新軍之餉糈尙優鮮衣美食遊行廣衢猶所至受社會之尊敬欲誘之於殺身滅門之路譚何容易以言夫愛國狂熱耶則今之新軍豈嘗稍受教育而知國家爲何物者並國家且不知而愛心何由而生使其能有俄土希諸國軍人所有之常識知有國而鮮愛之則又非今日浮薄無行之革命黨所能煽動矣由此言之則各處新軍之滋事純不含有革命的性質而其咎全在長上之所以教誨節制之者不得其宜此事理之至易見者也今之張皇而薙獮之者豈其不察於此直乃幸災樂禍捕此風吹草動之機會小題大做涸千百人之血以易其一階之進嗚呼古之以兵靖難者而一將功成萬骨枯君子猶痛歎之況乃羅織無罪之人以爲一

已之祿利者哉。不有人禍，必有天刑，不報諸而身，必報諸而子孫。人生幾何，何必作此喪心害理之事，以致魂夢無一日之能安也。且國家之養兵也，爲用之故養之也，非如豚犢養之以爲鬻割也。今茲之舉，得毋豚犢新軍也耶。狐埋之而狐掘之，見者猶以爲笑，今絞全國人之膏血以養兵，復拔取其健者以編諸伍，而其究也不過以供巧宦之豚犢，此眞可爲痛哭者也。

嗚呼，往者不可追矣。而後此相類之現象，吾恐方日出而未有窮。信如是也，則迨三十六鎭之告成，而民與兵皆無噍類矣。吾常謂中國所以自求滅亡者多端，而練兵與居一焉。夫豈謂兵之不可練，然若今日之所以練兵者，則舍速亡之外，吾決其一無所獲也。（宣統二年二月十五日稿）

軍機大臣署名與立憲國之國務大臣副署

我朝自雍正初元設軍機處，遂爲一國大政之所從出，相沿至今垂二百年，顧未嘗有軍機大臣署名之制也。其有之，則自今上皇帝御極以後始。今茲之忽用此制，不知其用意之何在也。論者以爲當代各立憲國皆以國務大臣副署詔勅爲一重要之條件，今茲之舉，殆效法之。吾則以爲今茲之舉與其謂之效西法，毋甯謂之復古法而已。考葉廷珪海錄碎事稱齊朝之制，白案則尚書右丞上署，左丞次署；黃案則左丞上署，右丞次署。舊唐書劉褘之傳云：不經鳳閣鸞臺，何得爲勅。宋魏泰東軒筆錄云：錢惟演自樞密使爲使相，而恨不得爲眞宰相，居常歎曰：使我得於黃紙盡處押一箇名足矣。是六朝唐宋凡詔勅皆由宰相署名，其所以必須署名之故，凡以證明詔勅之眞，防宦官之濫傳中旨而已。而今世立憲政體大臣副署之制，其立法之意則異，是所以明大臣之責任，而使君主之神聖不可侵犯。得現於實也。蓋國中法律命令乃至一切大權行政。無不以詔勅施布之。雖齊聖之君。亦豈得絕無過舉。其有過舉苟人民默爾而息。疾首蹙額以服從耶。則大乖立憲之意。將抗不奉詔耶。則冒瀆神聖。不敬莫甚焉。於是創爲國務大臣副署之制。其意曰。君主不能爲惡者也。而國務大臣則輔弼君主者也。君主有過舉。則惟大臣之輔弼無狀。實職其咎。而副署云者。卽以證明其已經竭忠輔弼之一種形式也。卽以證明此詔勅已得大臣之同意也。故以有副署而大臣之責任緣之而生。同時亦以有副署而君主之責任緣之而卸。惟其然也。故人民對於以詔勅發布之法令有所非難。不爲不敬。何也。非敢非難詔勅。非難大臣之輕率副署輔弼無狀而已。惟其然也。故大臣認爲不當發布之詔勅。可以拒不副署。非逆命也。居輔弼之職者。以道事君。義宜然也。爭之不得則辭職耳。而欲强以違心之副署。所不能也。蓋一副署則已卽負其責任。己不願負之責任。雖君主不能强使負也。有此精神以維持其間。故大臣副署之一形式。遂爲立憲政治中最重要而不可缺之條件也。今之軍機大臣署名。亦何取焉。軍機大臣之奉上諭。則如寫字機器將留聲機器所傳之聲。按字謄出耳。而於紙末必綴一行云某機器所寫。甚無謂也。以云復古耶。彼唐宋之君。往往浹月不視朝。斜封墨勅之中旨屢下。故非經臺閣。不成公文。其所以設此坊者。亮非得已。我朝家法森嚴。非有大故罔得輟朝。君上日與廷臣前席論思。雖微署名。豈虞冒濫。以云新法耶。則署名之制。必須與組織完備之責任內閣相依而始顯其用。今體之不立而用將安麗。夫吾非謂今之軍機大臣署名。足以妨政也。而獨於其所以忽行此制之故。百思而不得其解。且竊恐耳食者流。謬以爲近世立憲國所以示別於專制之一條件。我固已行之也。故辨其名實如右。

駁藏政策之昨今

西藏戡亂問題之發生。倏將兩月。緣革去罪僧勒朗結之故。而生出種種反動。緣反動之故。而我駁藏政策隨而變遷。一言蔽之則由積極的態度。忽變爲消極的態度也。今請剌舉經過之事實而略評之。

其一。積極政策之反動。

(一)已革達賴愬於英俄。英俄兩國輿論。皆袒之。兩國政府皆爲抗議的照會。致諸我政府。

(二)印度總督以國賓之禮優待已革達賴。

(三)駐俄公使薩蔭圖上書政府。請別賜法號與勒朗結。召之歸國。使撫柔藏民。

(四)駐藏大臣聯豫報告政府。謂印度總督。將藉保護商埠之名。派兵入藏。請照會英使。自任維持秩序之責。

(五)理藩部奏請特派專使往加拉吉達。宣明所以革勒朗結之故。且與印度政府會商善後策。

(六)印度大吉嶺之佛敎徒。開一大集會。以滿場一致。議決三條件(一)認中國革去達賴一事爲侮辱佛敎。要求復勒朗結之職。(二)要求中國撤回入藏之兵(三)要求將駐藏大臣革職。

(七)新疆巡撫伊犂將軍烏里雅蘇臺科布多塔爾巴哈臺庫倫阿爾泰諸辦事參贊大臣等。連名電奏。謂蒙古人民。不以朝廷舉動爲然。請召還已革達賴。以鎭撫之。

其二。消極政策之趨勢。

(一)照會英俄兩國。辨明勒朗結之革職。由於謀叛。政府對於西藏內政。決無變更。

(二)增加軍隊。從事鎮壓。且使堪布安撫藏民。又議開川藏鐵路。

(三)撤回駐藏幫辦大臣溫宗堯。

(四)命駐藏大臣聯豫在亞東江孜噶大克三商埠各派巡警二百名。維持秩序。保護外商。

(五)川督趙爾巽在湖北軍器局調取過山礮快鎗彈藥等多數軍械以資征藏軍。

(六)有諭切責駐藏大臣兼川滇邊務大臣趙爾豐辦理不善。撤還之使歸巴塘。

以上各事。刺取兩月以來中外各報所記載者。諒皆不虛。合而觀之。其矛盾有足驚者。古之善用兵者。初則如處女。繼乃如脫兎。今茲反之。初則如脫兎。繼乃如處女。自始未嘗謀定後動。漫謂一二著可了。及已成騎虎。乃反趦趄而欲下。此前後之矛盾也。既續派軍隊。汲汲鎮壓。乃當最吃緊之時。取首事最重要之人而撤還之。此並時之矛盾也。要之皆由未嘗徹始徹終通盤籌畫。以致舉棋不定。靡所適從。嗚呼。天下事豈堪一誤再誤。吾念之滋悸也。修川藏鐵路與派置巡警。信爲要著。顧吾所最憂念者。修路從何處得款。藏中從何處得巡警耳。今幸而英俄兩國於三年前曾有互不干涉藏政之協約。俞予我以從容布置之餘地。不然。今日之藏。豈尙我有哉。雖然。苟長此舉棋不定也。則茲戔戔一紙。其又可久恃也哉。(宣統二年二月二十日稿)

湘亂感言

三月初五日長沙之變。舉國震動。環球側目。其禍蓋未知所屆也。胡文忠與張石卿書云。人心思亂。不自今日始。亦不自今日止。嗚呼。是又不啻爲今言之矣。今者禍固未弭也。卽曰暫弭矣。而釀亂之種子不去。終無一日可以

卽安而他日之繼起者且將未有已也故略述所懷以資懲前毖後之一助焉

今茲肇亂原因據長吏所報告則曰由運米出省米價騰貴所致也此誠不失爲近因之一種若以爲原因僅在是斯大謬矣夫米價騰貴云者謂米價比較於百物之價而獨爲騰貴也故必凡百物價舉無以異於前而惟米價獨騰斯得曰米貴若百物之價以同一之比率而並騰米不過旅進於其間則當名之曰物價騰貴不當名之曰米價騰貴吾之所以首斷斷致辨於此者良以救治米價騰貴之策與救治物價騰貴之策截然不同米價騰貴之原因較簡單而治之尙易物價騰貴之原因甚複雜而治之極難故也

湘亂之原因種種自不徒在米價物價然米價物價之騰貴爲其直接近因則無疑矣但不知僅爲物價之騰貴耶抑於物價普通之騰貴外復益以米價特別之騰貴耶（若今年薪鹽蔬布等價貴於去年十之一米價亦貴十之一則爲普通之物價騰貴也若今年凡百物價皆貴於去年十之一而米價獨貴十之二則是普通物價既騰貴而米價復特別騰貴也今湘省之現象果屬於前者乎抑屬於後者乎吾在遠未能確知）若僅爲米價騰貴則宜專講平米價之治標策若僅爲普通之物價騰貴則宜專講平物價之治本策若普通之物價既騰貴而就中米價復特別騰貴則宜兼用治本治標之策然要之欲行平價之政策則非先明價値變動之原因不可也凡測物價之貴賤其法有二一曰以貨幣之價値爲標準而測之者二曰以勞庸之價値爲標準而測之者必兩法並用然後眞貴眞賤乃可得見也夫使凡百物價以同一之比率而並騰則非物價之騰乃貨幣價値之落耳疇昔有銀一兩於此持之足以易米四斗或易薪三百斤今則僅能易米二斗或易薪百五十斤疇昔有一房屋於此每月出租銀二兩可以僦居之今則需索租銀四兩驟視之一若米價薪價房價之驟騰而不知實銀價之驟落耳蓋以米四斗易薪三百斤以薪三百斤易米四斗今昔等也以米八斗或薪六百斤售之其所得價足充此房之租今昔等也

然則物價實未嘗變。而貨幣之購買力僅得前此之半。俗人不察。倒因爲果。則曰物價騰耳。明乎此理。則知今茲湘亂。實以幣制之紊爲其一大原。何以故。頻年以來。銀價下落。我以用銀之國。與全世界用金之國相貿易。而輸入超過於輸出者。歲値恆二千餘萬兩。歲歲如是。已亘二十年。持銀以購外貨者。其購買力僅逮前此三之一。外貨之價既漲。而內貨自不得不隨之。故前此日用所需之物品。以銀七兩能購得之者。今也同一之物品。必以銀十兩乃能購得之。此生計日蹙之一原因也。然銀價下落。猶曰世界大勢煎迫。非我所自致也。及濫鑄銅元之惡政行。而痡毒滋益甚。湘省物價。皆以錢文起算。而疇昔行用制錢。持千一二百文可以易銀一兩者。今茲行用銅元。必須持千八九百文乃能易銀一兩。故前此有錢千二百文者。可持之以易銀一兩。同時即持之以易米四斗。今之銀價下落之故。就使持錢千二百文。依舊能易銀一兩。而以一兩之銀易米。已不足三斗。復以銅元價落之故。持錢千二百文。僅能易銀六七錢。以之易米。不能及二斗。夫人民之有此千二百文錢之富力者。今昔一也。而所能購得之物品。今不逮昔之半。夫安得不轉死於溝壑也。故吾常謂中國若不行金本位制。則全國將彫瘵以斃。而政府濫鑄銅元。其殺人之效。更慘於毒刃。聞者或以爲過。今試察湘亂之由。亦可以憬然悟矣。

所謂以勞庸價值測物價貴賤者何也。考各國生計界之現狀。物値恆與勞庸之値同升降。甲騰則乙隨以俱騰。乙騰則甲亦隨以俱騰。遞相爲因。遞相爲果。故雖騰而不爲病。質而言之。則雖謂未嘗騰焉可也。例如有人於此。每日食米一升。而在十年以前。米價每升値銀二分半。而其人每日勞力所獲之庸銀。平均得一錢。則是以所入四分之一購米。以其四分之三爲他用。而足以自養。十年以後。米價漲至每升五分。而庸銀亦漲至每日平均二錢。則是其人仍以所入四分之一購米。以其四分之三爲他用。而仍足以自養也。如是則米價雖騰。而實未嘗騰也。或米價於十年間由二分半漲至五分。而庸銀平均率十年間由一錢漲至三錢。則就米論米。雖其價爲倍騰。而按諸實際。則不能謂之騰。而反應謂之落。何也。前此須以所入四分之一購米者。今則以六分之一而已足也。故比年以來。歐美日本諸國。其物價皆飛漲。而識者不以爲憂。反以爲喜。蓋以其庸銀之漲率。校物價之漲率。有過之無不及也。今吾國百物之價。視十年前蓋漲至一倍有餘矣。而庸銀之與之應者則何如。全國庸銀升降之率。今未經確實調查。固無從深悉。雖然以大勢度之。其必有日退無日進。可斷言矣。何也。庸銀升降之原則。與物價同。恆應於供求之率以爲比例。而勞力供給之多寡。則以人口之增減爲其原因。勞力需求之多寡。則以產業之盛衰爲其原因。我國民蕃殖之力。優於萬國。同光以來。無大災變。人口歲增之速率。殆可想見。新增加之人口。非有新職業以位置之。則無以爲養。其事甚明。今也我國非徒不能得新職業也。而舊職業且盡見奪。蓋凡百洋貨。皆成自機器。質美價廉。我國舊產。萬不足與敵。前此凡用手工所成之物品。無所得銷路。居肆之工。倚機之女。乃至一切恃手指以自給者。悉啼飢矣。工既不競。商亦隨之。國之石民。惟餘一農。而農業中凡須稍加人力者。如茶絲糖油諸品。無一不敗績失據。全國中惟一之生產事業。則天然之農產而已。人口歲增。而職業之範圍歲減。得業之途歲狹。勞力之供過於求歲甚。庸銀夫安得而不歲微。此在通國各省。蓋莫不有然矣。若以湘省特別之情形論之。則洪楊之難。湘中爲比較的完善之區。前後百年。無甚瘡痍。其蕃殖力視他省當尤速。前此承軍興之後。湘軍徧布他省。稍得殺其人滿之患。今茲徵兵令行。湘軍率皆失職歸籍。益復與故鄉貧民爭業。而湘人素稱守舊。新式產業之不興。視他省尤甚。又不能如沿海之民。餬其口於域外。由此言之。則湘中庸銀之率。只有日退而決無日進。益可斷斷矣。夫以銀及銅元價值日落。故雖勞力者所受之庸。一如往時。而其資生之具。已減泰半。

況乎其更不逮也又況乎並至至微至轂之庸且求之而不能得也夫人雖以伯夷之淸陳仲之廉終不能食槁壤飲黃泉以自活吾民自昔以來其生事本已極轂矣十年以前舉其胼手胝足之所入僅足以免飢寒者今使所入如舊或且稍增焉猶將不免於半飽而況乎並此區區之所入而不能得之者且什人而三四也夫人而終歲僅得半飽則恆心固不可得保若並半飽而不能得則伯夷亦將爲盜跖而陳仲亦將從狐父遊矣故今日中國人民之必出於作亂之一途實爲生計學之原則所支配無所逃避今茲湘變則其速發禍小者而已

夫人民生計之現狀既已若此矣使政府及大小官吏非有所以速其變則尚可以彌縫於一時而俟今日之補救也更有以速之乃始益不可收拾矣凡速亂之道有二一曰積極而速之者二曰消極而速之者如治病然積極速亂者譬猶進毒可以速死消極速亂者譬猶忌醫亦可以速死而今之政府則兩者兼之也夫以日本人民生計之舒得業之易遠過我國而以課稅過重故彼中有識之士猶不勝其憂危況我國今當民窮財盡之時布縷所輸杼柚其空粟米之征粒粒辛苦而當局者毫不察國力之所能任不審政治之緩急輕重惟是浮慕新政之名目以自欺而欺民施令如牛毛揮帑如流水無一事使人民能食其利而所以朘削之者乃日出而不窮是直蹙之於必死之途已耳夫國家必要之政務誠不可以不舉舉一政則必需財其取諸民亦非得已雖然取之以其道不以其道則其所繫於民命國脈者重矣善取於民者必豐殖之然後取之而所取又恆必於其所豐殖者今人民之生利機關政府絲毫不爲之設備已不能豐殖之以爲可取之資矣而所有租稅又無一能衡諸學理爲系統之組織故各國租稅務稍重富民負擔而減輕貧民負擔者我國乃適與相反惟敲削貧民誅求到骨而富者反毫無所出試觀今國中最大宗之租稅莫如田賦釐金鹽課三項田賦雖徵諸地主而負擔實轉嫁於

佃丁也。釐金雖徵諸行商。而負擔實轉嫁於小販及消費物品之貧氓也。鹽課則猶頓黔婁歲納惟均者也。夫國中貧民以農爲唯一之職業。雖有永不加賦之祖訓。而官吏相沿。巧設名目。十年以來。田賦之暗增於舊者已不啻二三倍。故負擔此賦之小農。前此僅足自給者。今則歲熯而號寒。年豐而啼飢矣。此米價騰貴之一直接原因也。租稅原理。凡必要品之消費稅。必以增價之形式轉嫁於購物之人。現行釐金。爲全世界古今未聞之惡消費稅。百物皆無所逃遁。考成愈嚴。則民之受害愈重。此又凡百物價騰貴之一直接原因也。其他各種雜稅。名目迭出不窮。而按其性質。則無一非以病貧民。而所謂最良之稅。則如所得稅遺產稅地價差增稅等。凡足以均貧富之負荷者。則無一而能行。以此言之。則雖使所取於民者。銖黍未嘗濫費。所資辦之新政。一切皆實事求是。然且足以召亂。況乃羌無故實。而惟損下益上之爲務者哉。此財政之紊亂。吾所謂積極速亂者也。大勢雖復如此。然苟得一二良有司以蒞之。猶足以挽末流而復蘇。以官吏非人。直接間接以助天爲虐。夫時局之艱。至於今日。有牧民之責者。就使僅能清慎自守。而才識不足以任重應變。則折鼎覆餗之患。已無可逃。何也。今日彫瘵乖孌之生計界。恃個人之力。萬不足以生死而肉骨之。凡百積極之設施。皆不得不賴賢明之政府。以助之長。而善牧者首去害馬。其權尤綰自國家。故雖有循吏。斷不能臥治以盡其職。昔人謂無過即有功者。今實反之。無功即有過矣。故今之官吏。就使飭躬蹈常。不踰矩範。而即此泄沓之習。愚騃之舉。已足以蹙全國於杌隉之途。而況復寡廉鮮恥。惟私是圖。草菅斯民。上慢殘下者也。此吏治之頹壞。吾所謂消極速亂者也。夫以全國生計界之現狀若此。憔悴離瘼。不可一朝。所謂彫零鍛翮。無所假於疾風。零落春枯。不足煩於霜露。即無所以速之者。則亦不過稍延時日。偷積薪厝火之安已耳。今且且速之。而速之且不一其途。夫安得不潰而橫決也哉。

諺有之。知病卽藥。今日而欲弭亂。惟有將各種生計機關大加整備。將財政確立計畫。而根本之根本。尤在吏治。若舉其最重要之條目。則速頒幣制收回紙幣銅元等惡幣以平物價。建設適宜之銀行政策。增加資本之效力。間接以助實業之發達。使食力之民可以得業。而目前第一義。則尤在痛懲釀亂之官吏。使天下觀聽一聳。知朝廷尚有紀綱。不肖者得有所戒。而人民怨毒之氣。亦可以少平。不此之務。凡百補苴。吾知其悉無當耳。

問者曰。子所言治本之言也。然今茲之亂。以米貴爲直接原因。然則平米價之治標策。亦當采乎。答之曰。吾不習於湘中之事。其利病不敢懸斷。顧以吾所信者。則凡百物價皆爲生計界之原則所支配。一騰一落。咸有其所以然之故。絕非用簡單之手段所得左右。若必欲以人力強抑揚之。靡論其不能也。卽能矣。而將不勝其敝。夫米價亦何獨不然。以吾所聞。則湘亂將起之時。米價每擔漲至八千。此誠爲湘中前此未聞之現象。雖然。其所以致此者。抑何由乎。衡以今日生計界之大勢。湘之米價。果饒有下落之餘地乎。此不可不深察也。在一般愚民。不解生計學理。則以爲米價之貴。實由運米出省所致。而蠢蠢之大吏。亦從而附和之。以是爲唯一之原因也。欲辨其是非。則非取他省及他國之米價以衡之不可。夫百物恆趨於價貴之地。若水就下。此生計學之公理。無所逃避者也。而在今日交通便利之世。則此公理適用之範圍愈廣。而其發動愈捷。使他處米價而貴於湘耶。則湘米必滔滔流出。雖欲扣留之。而末由也。使湘之米價而貴於他處耶。則他處之米必滔滔流入。雖欲壅遏之。而亦末由也。夫湘之鄰省。其米價視湘何如。吾固未深悉。然以湘米之貴。而猶有人肯運以出省。則鄰省必更貴於湘。最少亦與湘同價。從可見矣。且使他省皆不貴。惟湘獨貴。則商民趨利若鶩。必有人趁此機會運米往售。以博奇贏者。雖曰交通未大開。轉運非甚易。然內地如長江一帶。數日可達。卽海外如暹羅緬甸一帶。亦半月可達。此皆產米最饒之域。使湘之米價。而果遠昂於彼諸地。則自亂起以迄今。外米必已紛紛輸將。無俟長吏之代大匠斵也。如其不然。則是現在湘米之價。必與全世界之米價不甚遠也。果爾而長吏欲强平之。則是代斵未有不傷其手也。試以現在他處之米價與湘之米價相較。吾雖未經調查。不能周知。但據所覩聞。則暹羅緬甸等處輸入日本之米每擔約值日幣六圓强。廣東之米每擔約值龍洋七元弱。此以較湘米之價。實不相遠也。何也。日本爲用金國。以近日銀價下落之故。其一圓約當我龍洋一元二角有奇。故日本之擔值六圓强。與廣東之擔值七元弱。恰略相等。而廣東物價皆以銀洋起算。湖南物價則以錢文起算。以近日銅元價落之故。廣東之七元弱實值制錢八千以上。與湘米之價又恰略相等。故湘米之擔值八千文。實爲現在全世界普通之米價。湘民但見去年之值四五千文者。今所增忽將一倍。則以爲是暴騰。不知非米價之騰。而實乃銀價與銅元價紙幣價之落耳。官吏之罪。不在其弛米禁。而在其濫發惡幣。不此之責。而彼之責。則官吏反有所逃罪矣。吾民若猶不寤乎。則盍將此兩月中銀價對於百物之價與去秋銀價對於百物之價一比較之。觀其所下落者幾何。又盍將此兩月中銅元紙幣兌換現銀之價與去秋銅元紙幣兌換現銀之價一比較之。觀其所下落者幾何。更進而取今日之銀價銅元價紙幣價與數年一比較之。觀其所下落者幾何。苟深察乎此。則知現在之米貴。非由區區一二州縣水旱偏災所致。更非由運米出省所釀成。實則吾民今有十千。僅當前此五千之用。而所失之五千。則由發惡幣肥私囊之官吏紾吾臂探吾喉而奪吾食也。今不爲正本清源之計。而惟要求官吏以平米價。官吏所以自懺悔而謝責於民者。亦曰平米價而已。此全世界普通之米價。果湘吏所得而平乎。藉曰强欲平之。則惟有出於二途。一則由他處販米入湘。雖出更高之價靡恤也。二則以官力壓制湘民之蓄米者。而迫令以一定之法價出糶也。由前之說。則此販米所出之高價。仍由湘民負擔之。若仰捐施為數幾何朝四暮三。究何所擇。而因此益踊他省之米價。而影響於全國。愈益危矣。由後之說。是使全湘之農民失其自由。為禍將益不可勝窮。試思農民出米一擔。其所需佃租之費幾何。牛種之費幾何。肥料之費幾何。其所以得此資本之利息幾何。合計總應在四千文以上矣。而其終歲勤動所藉以仰事俯畜者。悉於是乎賴。方今百物騰踊。不知所屆。彼良農之挾米一擔。易錢八千者。其果足以自餬其口與否。尚非所敢知耳。須知湘民以農為唯一之恆業。病農即病全湘。而抑制米價。則病農之尤者也。今欲已亂。而出此下策。其毋乃揚湯止沸之類乎。昔愛爾蘭當千八百二十年。遇大凶災。死者十餘萬人。而其時小麥輸入於愛境者甚多。堆積至於紅朽。德國當千八百六十七年。亦遇凶災。民之散而之四方者十數萬。而同時穀物之輸出於外國者亦極多量。此等故實。驟視之一若甚戾於事理而不可索解。殊不知乃由其人民貧困已極。雖至廉之物品。亦無力購買。徒瞠目而流涎已耳。人民生計之觳觫既至於此。則雖米價視平年為賤。又豈足以救死。夫彼乞丐之仰施舍於人以自活者。則百物之貴賤。於彼無與。至易見也。何也。一物而值百金者。固非彼所能購。一物而值一錢者。亦非彼所能購。等是不能。則百金與一錢齊觀也。嗚呼。我后我大夫。亦知吾民今日之瀕於乞丐者。已什人而六七乎。今茲湘中之米貴。以常理論之。自當由乏米使然。然觀亂作之前十日。而米猶滔滔輸出不已。則又安知非與前此之愛爾蘭德意志同一現象也哉。即未必純然同一。而要之湘人之購買力斲喪殆盡。而彼從亂之民。大率皆瀕於乞丐。雖米價倍賤於今。而亦無所得食。此則吾所敢斷言也。由此觀之。而謂平米價之治標策。果足以已亂耶否耶。

抑此猶就湘言湘耳。實則全國人民。其顛沛之狀。何地不與湘省相若者。蓋人民無所得職業。謀食之途盡塞。全國購買力日銷日蝕以至於無而復直接間接竄於種種惡政以致百物騰貴生人道盡此現在二十二行省公共之現象也賈山至言曰秦皇帝以千八百國之民自養力疲不能勝其役財盡不能勝其求勞罷者不得休息飢寒者不得衣食無罪而死者無所告訴人與之爲怨家與之爲讎故天下壞也王荆公上仁宗書曰蓋漢之張角三十六萬同日而起所在郡國莫能發其謀唐之黃巢橫行天下而所至將吏無敢與之抗者漢唐之所以亡禍自此始又曰昔晉武帝趣過目前不爲子孫長遠之謀當時在位亦皆偷合取容而風俗蕩然棄禮義捐法制上下同失莫以爲非有識固知其必將亂矣其後果海內大擾中國列於夷狄者二百餘年曾文正與人書云今者二千里中幾無一尺淨土推尋本原何嘗不以有司虐用其民魚肉日久激而不復反顧蓋大吏之泄泄於上而一切廢置不問者非一朝夕之故矣嗚呼數賢之言由今讀之蓋不寒而慄也天下之生久矣一治一亂我國數千年歷史覆轍相尋若一丘之貉乃其所最可異者則前車重疊入於坎陷而踵其後者曾不知所戒若赴火之蛾旁觀者悚息以爲之危歎息以爲之憐而彼且蹈厲以進栩栩然若有以自樂也今者晚漢晚唐晚宋晚明之病徵悉具備矣而所以自速死亡之手段又一一心摹力追之惟恐不肖人生實難其有不獲死者乎國存實難其有不獲亡者乎吾誠不知彼當局之百數十人者與吾四萬萬人歷刼以來果有何種不可解結之寃業而今乃坐蒙其慘報一至此極也嗚呼吾豈直爲湘亂言哉（宣統二年三月十五日稿）

讀度支部奏報各省財政摺書後

去歲之杪度支部有奏報各省財政大概情形一摺蓋淸理財政官調查之結果也原摺編次體例極錯雜難讀今重排比之列爲一表而附以

數言.

省別	幣別	歲入	歲出	比較
直隸 附熱河	銀	二一、六五八、五九七兩 八〇六、三八五兩	二三、五七四、一三九兩 八四一、二六四兩	△一、九一五、五四二兩 △三四、七七九兩
山東	銀	一一、三一一、六九九兩	一〇、五二五、九二八兩	▲七八五、七七一兩
山西	銀	五、八七一、八〇六兩	六、一四〇、二五二兩	△二六八、四四六兩
河南	銀	六、八八五、一一七兩	六、六六〇、〇九四兩	▲二二五、〇二三兩
陝西	銀	三、九六三、七〇二兩	四、一二七、五六五兩	△一六三、八六三兩
甘肅	銀 錢	三、一二一、七八〇兩 二、五一八、七九八文	一、二九〇、七五七兩 二、九〇〇、五三九文	△一六八、九七七兩 △三八一、七四一文
福建	家	六、七二二、一〇五兩	六、九四一、一〇七兩	△二二〇、〇〇二兩
江蘇（寧屬、蘇屬、江北）	銀 銀 庫平銀 湘平銀 錢	二五、四九六、八九〇兩 二〇、四〇三、〇二〇兩 一、一三二、五二五兩 一、五〇六、九八七兩 二八〇、七三九、六六七文	二五、七四五、一八二兩 二四、八九〇、〇〇〇兩 一、一一六、二四四兩 一、一二六、八一四兩 二八三、三一一、七六九文	△二四八、二九二兩 △四、四八六、九八〇兩 ▲三九六、四五四兩 △二、五二七、一〇二文
浙江	銀 銀元 小銀元 錢	八、一四八、五八一兩 四、六三三、四四四元 六五七角 二四、九一四、四七七文	八、四七三、二〇七兩 四、四八九、八四八元 二八八角 三〇、一七八、七三二文	△一八一、〇三〇兩 △五、二六四、二四五文
江西	銀	七、五六九、八六三兩	七、八九五、一一七兩	△三二五、二五四兩
湖北	銀	一六、五四五、二〇〇兩	一八、五二一、四〇〇兩	△一、九七六、二〇〇兩
湖南	銀 銀元 錢	六、〇二八、一〇〇兩 四七六元 六六二、二〇〇、〇〇〇文	六、四二四、二〇〇兩 一六〇元 五八二、五〇〇、〇〇〇文	△三九五、七九三兩 ▲七九、七〇〇、〇〇〇文

四川	銀	一五、三二〇、六五七兩	一四、九六四、九二六兩	▲一、二五五、七三一兩
廣東	紋銀 銀元	七、二五九、四六三兩 二〇、〇一八、〇三七兩	六、五六八、五二六兩 二一、〇四一、〇七一兩	△三三二、〇九七兩
雲南	銀	六、〇一一、五〇二兩	六、九八三、一六六兩	△九八一、六六四兩
安徽	銀	六、〇〇六、七二九兩	六、七四一、七七九兩	△七二五、〇五〇兩
貴州	銀	一、五三三、二七〇兩	一、七九一、〇五六兩	△二五七、七八六兩
新疆	銀	三、一七二、三〇〇兩	三、三四六、五六四兩	△一七四、二六四兩
奉天	銀	一五、八〇七、二七三兩	一五、五八七、八八九兩	▲二一九、三八四兩
吉林	銀	四、八五八、七〇二兩	五、三五五、六五七兩	△四九六、九八五兩
黑龍江	銀 中錢 羌錢 金沙	九三三、二五六兩 四、八五五、〇四〇串 一〇二、八〇三元 三〇六兩	二、二九〇、九〇六兩 二、五九六、四九五串 六、三八五元 銀元五、〇〇〇元	△一、三五七、六五六兩 ▲二、二五八、五四五、〇〇〇文
廣西	銀	四、八九〇、六四三兩	四、九九二、一五七兩	△一〇一、五一四兩
合計	銀 錢	二三六、六一七、一〇〇兩 五、三七九、八七五、一四二文	二四九、四五〇、九七四兩 三、一八二、四六八、五三〇文	△一二、八三三、八七四兩 ▲二、一九七、四〇六、六一二文

表例　比較格中　△符爲不足數　▲符當嬴餘數　表末合計其錯雜之貨幣省之故總數與別數小有參差不能脗合

吾編次此表。其首劇怵於吾心目者。則幣制之錯雜也。夫安有國庫收支之表。而有若銀若銀元若小銀元若錢若羌錢若金沙等種種名目出現於其上者乎。在地球各國中。恐更無第二國有此現象者矣。次則各省皆入不敷出。即號稱富庶之省爲尤甚也。使爲一年偶爾之現象。則補救尙易爲力。今則年年皆如此也。使爲一省獨有之現象。則挹注尙有可期。今則省省皆如此也。使中央有餘力以補助之。則怙恃尙有所託。今則中央之窮蹙更甚也。夫此摺則不過循例之報告耳。若徹底淸查。則其危急之狀。又豈止此耶。部臣仰屋咨嗟。汲汲以節流爲言。謂仍當守量入爲出之訓。斯固然矣。然以現在之官制。現在之吏習。苟非爲根本改革。則大部亦安從使之舉節流之實。而以現在百廢待舉之時。又豈僅務節流而可紓難耶。嗚呼。吾見國庫之破產不待五稔矣。抑日本人嘗明治六年。見井上馨澀澤榮一之財政報告。全國皇恐。爭詰政府。遂以導立憲之政。而得監督財政之實權。吾不知吾國民之讀此表者。其亦稍有所動於中焉否也。嗚呼覆巢之下。安有完卵。我國民其念之哉。

讀度支部奏定試辦豫算大概情形摺及册式書後

編製預算。爲理財第一要義。故九年籌備案所規定。各省皆以今年試辦。於是度支部乃編訂例式。奏准頒行。綜其內容。則爲試辦預算例言二十二條。內分總則、在京各衙門預算、各省預算、編訂預算方法、附則、三項。各省試辦預算報告總册式一扣。內分歲入經常門、歲入臨時門、歲出經常門、歲出臨時門、地方行政經費經常門、地方行政經費臨時門、凡六門。而每門復分若干類。每類復分若干款。每款復分若干項。而其比較表中。則每項更分若干目焉。其形式及分類法。大率採諸日本。尙稱適當。且摺中有云。但期取法乎椎輪。非敢遽懸爲定式。如有未盡事宜。仍當體察情形。隨時修改。其敬愼之忱。與虛受之量。至可敬佩。不揣蒙陋。略舉所懷疑者數事。爲芻蕘之獻焉。

（一）地方行政費性質

冊中於歲出經常臨時兩門外。更別標地方行政費經常臨時之兩門。而於其下注云。『凡憲政編查館奏定地方自治章程內所列各項經費。均歸自治預算範圍以內。毋庸列入本冊。其在地方自治章程以外者。均屬地方行政經費云云』。此其語意有頗費索解者。謹按行政之種類。大別爲中央行政與地方行政。而地方行政之中。又小別爲官治行政與自治行政。此所謂地方行政費者。不知專指地方官治行政而言耶。抑兼指地方官治行政與自治行政而言耶。如專指官治行政也。則前文歲出經常門中。除第九類司法費第十類軍政費其性質純爲中央行政外。自餘各類雖間有小項目宜屬中央。其餘則皆屬於地方者也。質而言之。則前表所列之歲出經常兩門。什有九皆地方行政經費而已。而兩者示別。其義安在。若謂後者所列爲專指自治行政耶。則此直可命曰自治預算。而據冊中所說明。又謂與自治預算範圍不同。何也。噫嘻。吾知之矣。憲政編查館所奏定之地方自治章程。只有城鎮鄉與府廳州縣之兩種。而省則無有。此所謂自治預算者。當指城鎮鄉與府廳州縣之自治也。蓋據現經頒出之法令。始終未有認行省爲自治團體之明文。故九年籌備案中。亦不見有籌辦行省自治之一條。雖然。行省爲自治團體與否。其於一省之民。休戚所關甚重。不可不察也。蓋苟爲自治團體。則團體所屬之人民有自決議本團體預算之權。非自治團體則無此權也。吾因是更欲商略諮議決議之問題。

（二）諮議局之議決豫算權

諮議局議決本省預算之權。明見於奏定章程第二十一條。而此次所頒試辦預算冊式及例言中。乃絕無交諮議局議決之文。此最不可解也。朝廷既許各省公民以此權。其必不中途剝奪之甚明。此次之不提及。殆偶漏略耳。然既許吾民以此權。則此預算冊編製之方法與移咨之順序。皆當有變動。又不可不察也。據部摺之意。大約以地方行政經費之一部分為諮議局議決權所及之範圍。雖然。地方行政本有兩種。一曰屬於本地方團體固有之政務者。二曰以地方行政官而行國家之政務。國家政務所需經費。固非地方團體機關所得容喙。故渾稱曰地方行政經費。其名固已不正。而其界固已不明。夫既名之曰地方行政經費。則其不置重於諮議局之決議。固其所也。吾以為政府而誠欲尊重諮議之權利。使人民知自治之責任。而導之以政治上之興味也。則其所當商搉者蓋有數事焉。

一曰宜於各省預算冊中。別畫出一部分。名之曰行省自治預算。今舉國朝野心目中。一若除城鎮鄉府廳州縣以外。更無他種之地方自治階級。故此次頒定預算冊式。乃至將行省一切公費。全屏諸自治預算範圍以外。不知行省之為自治團體。久已成歷史上之習慣。而諮議局章程頒布以來。更傅益之以法律上之效力。今雖欲不認之。而其勢既有所不可矣。既已默許。無甯正名。默許為紛議之媒。正名則綜覈之資也。

二曰既使行省自治預算離國家行政預算而獨立。則此獨立預算之形。不可以不具。蓋凡預算必以歲出歲入兩部分組織而成。萬國之通義也。今冊式中於地方行政一門。惟舉出支出之數。而不舉其收入之數。按諸論理。能無矛盾。在部臣之意。豈不曰現在地方稅章程未頒布。各行省無從新得特別之確定收入。其自治行政。大率仰國庫之補助。無取別為臚列也。夫據政府之意嚮。始終似不欲明認行省為自治團體。則雖將來地方稅章頒布以後。其許各行省以自行徵稅之權與否。蓋未可知。苟不許者。則以行省無此權故。而將來諮議局所議決一省之預算。將永遠有歲出而無歲入。如是尙得名曰預算矣乎。既他日有之。則今日曷爲而不能有。夫今日各行省雖未嘗顯立本省地方稅之一名目。而各種自治行政費之所出。其財源大率確有所指定。夫施行預算。以各種項目不許互相挪用爲一最要之原則。自治行政費既別列爲一部門。則其費之所從出。亦當別列爲一部門。固其所也。就令全仰補助於國庫。而國庫既許以補助之定額。此卽爲自治預算之經常歲入。何不可編製之有。吾之所以斷斷辨此者。誠以人民監督財政之權。必歲出歲入兩者兼施。然後其效乃克舉。今如部擬冊式。微論其所謂地方行政經費一部門。並交諮議局議決之明文而無之也。藉曰有之。而其議決權所及者。僅得半之數。是亦等於無有而已。此決非國家提倡自治之盛心所宜出也。

三曰。行省之自治預算。既已獨立。則當先經諮議局之議決。然後報部。此事理之順序也。蓋國家既畫出政務之一部分。責人民以自治。則於其自治範圍內。國家原不強予干涉。惟於其所議決有違法者。或以地方之利益妨及全國之利益者。則間施監督耳。就中關於財政事項。人民以本地方之財。治本地方之事。中央政府尤當聽其自爲。勿稍侵軼。故各國法制。其對於地方議會。最尊重其財政之議決權。蓋有由也。今部擬冊式。既將所謂地方行政經費者。別立爲一部門。而復使之隨普通之歲入歲出同時報部。吾不解其所以別立部門之意果何在。若此種自治行政費。悉仰大部之裁奪耶。則虛設此諮議局何爲。若大部裁奪之後。再交局議耶。苟局員惟部命是遵。則議猶不議。若部臣認可之案。而局員猶得否決。則不徒損大部之威嚴。而中央政府監督地方團體之權。且隳落矣。斯所謂兩敗俱傷也。故吾之意。以爲當編訂預算伊始。宜首將地方之官治行政與自治行政。畫清種類界限。其自治行政所需經費及其費所從出。宜別為自治預算。與官治行政之預算不相蒙。而此自治預算所最重者為諮議局之決議。議准之後。循例報部。部若不駁。即生效力。此實養成自治精神之第一要義也。

（未完）

國會期限問題

各省諮議局議員。鑒於政府之籌備立憲。有名無實。於是全國一致。共舉代表。敬謹伏闕。籲請縮短國會期限。提前召集。此誠深明治本之論。亦可見率土臣民。對於先帝遺詔。忠誠奉戴。兢兢惟恐不及。書所謂民情大可見者非耶。而朝廷亦俯順輿情。渙降溫詔。堅明憲政必立。國會必開之約。申之以信誓。徒以幅員遼闊。籌備未能完全。國民智識程度未能畫一。恐致紛擾。以貽憲政前程之累。而復敎以行遠者必求穩步。圖大者不爭近功。有君如此。吾儕小民。眞可恃以無恐矣。雖然。各省代表所以汲汲請願之故。尙有不能不為政府諸公一忠告者。夫以先朝之煌煌大誥。曁宣統紀元以來。明詔三令五申。我國政體之必歸於立憲。昭然既若揭日月。而舉國臣民。顧將信將疑。戚戚然若以為甚不可恃者。何也。非敢疑我皇上。疑政府諸臣之終無以奉答聖意而已。夫南轅旆而告人以將適幽燕。蘇糞壤而告人以欲求芳澤。雖五尺之童。猶能知其誕也。而不幸我政府所以奉行預備立憲之詔旨者。乃有類於是。夫以政府前此所上之九年籌備案。則既已鹵莽滅裂。不成片段。雖一一實行。而立憲國所當有事者。固已未備什一矣。而況乎凡百政務。其因果之關係甚複雜。欲治甲必當先乙。當其治乙。又當先丙。以此鹵莽滅裂之籌備案。欲求其實行。決不可得也。（參觀第一號時評門九年籌備案恭跋）此猶就形式上言之也。夫使政府及中外羣吏。果有至誠惻怛憂天下之心。有皎然不敢欺君父之志。則雖預定之方案。有所未備。而隨時損益。固甚易易。卽使其政策或有大誤謬。而既已至誠奉公。必能不遠復而無祇悔。又使其才力或有所不逮。則亦必能周諮博訪。舉賢自佐。信如是也。則其精白之心。既已與天下共見。無論舉措若何闕失。固不必求諒於天下。而天下自能諒之。信如是也。則必樂聞天下人之勤攻吾短。得瞿然借鑒以爲補救之資。而必不肯箝塞輿論。爲煬竈蔽纊之愚計以自陷於戾。而今之從政者何如。荀子有言。致亂而惡人之非已也。致不肖而欲人之賢已也。心如虎狼。行如禽獸。而又恐人之賊已也。今之從政者當之矣。其心目中未始有國家也。未始有君父也。未始有人民也。所見者權位耳。金錢耳。其自始未嘗知憲政爲何物也。且視憲政如寇讎也。天子曰。非行憲政無以保我子孫黎民。則相率自效曰。吾固最能奉行憲政之人也。奉行之且數年矣。然其不知憲政爲何物如故也。其視憲政如寇讎如故也。夫既已不知爲何物。且視如寇讎。而曷爲猶奉行之。曰。權位在則然爾。金錢在則然爾。故昔年考察政治大臣覆奏有云。立憲政治。上利君。下利民。而獨中不利於官。夫立憲政治。則豈眞有不利於官者。而中國今日之官。乃誠有所不利矣。是故竊其名則樂之。舉其實則惡之。夫舉立憲之實。則舍召集國會之外。甯有他事更急者。而政府之期以九年者。豈其實有見於籌備之必需爾許時日。毋亦默揣其時。吾之人與骨皆已朽。卽不爾。亦可以飽而颺去。而後此遺艱投鉅。非吾事也。此非吾深文周納之言。今之從政者試撫心自問。其有不若此者乎。曾不知從政者之於職位。雖可以視同傳舍。而皇統之於國家。國家之於大地。其壽命當與天無極。非可隨彼輩之職位以爲傳舍者。天下大器也。羣生重寶也。數百年之基業。數千年之文明。而今也將冥冥漠漠以斷送於傳舍中少數旅人之手。苟有血氣。其安忍坐視。然既已奉大誥。行立憲之政。政治上之責任。義不可復以勞君上。則夫監察彼輩使稍動其天良而思其所職者。夫烏可以無獨立之一機關。吾儕小民所以求國會若飢渴者。徒以此耳。不然。諸議局者固全國人民所選舉而成也。管子不云乎。民也者分而聽之則愚。合而聽之則智。諸議局雖曰幼稚。豈其不知憲政之當先事籌備而非可以一蹴幾者。正惟以事事亟須籌備。而今政府籌備三年成效既已可覩。循此以往。微論九年也。雖九十年。而政治現象一如今日。且每下愈況耳。若是則我國其長已矣。是故速開國會云者。非謂憲政以有國會而即爲告成。正謂憲政必賴國會而始能預備耳。使政府自光緒三十四年以來果能著著舉預備之實。其心與跡皆爲天下所共信。則吾民亦何必汲汲爭此虛名。雖遲至宣統十八年二十八年始開焉。固無懟耳。今奉溫詔明白宣示。吾儕小民益以知聖意所在。誠歡誠忭。顧所最願望者。願政府諸公及中外羣吏稍出其天良千萬分之一。以敬謹紬繹聖意所在而已。詔書所兢兢垂念者。在籌備之完全。而完全之期。責諸宣統八年以前。若何而始爲完全。政府及羣吏其念之。宣統八年以前果以何道而使臻於完全。政府及羣吏其念之。而不然者。詔書不云乎。上無以慰先朝在天之靈。下無以對我四萬萬國民之衆。此莫大之罪戾。吾恐非請願代表諸人尸之。而別有尸之者矣。抑吾聞之。至誠所感。日返魯陽。血性所孚。泉涌疏勒。我皇上思速觀憲政之成。甚於吾儕。而非有國會不能舉憲政預備之實。其事理既已昭然共見。則我皇上之於國會。又豈其好靳此數年者。第父母之愛子也。恆待其誠求而始應之。所以教孝也。意者吾民之求猶有未誠耶。如其誠也。吾將更以移孝作忠之說進。

錦愛鐵路問題

現今外交上最重大之事件。則莫如錦愛鐵路問題矣。今全世界各國之報館。無不囂囂然論此事。而我國人反若熟視無覩。至可痛也。吾故詳述其所覩聞而加以評騭焉。

（一）形勢及歷史

錦愛鐵路者。由錦州至愛琿之鐵路也。起軔於錦州。迤西經朝陽。折東北經阜新、小庫倫、彰武、以至鄭家屯。由鄭家屯西北行經洮南。略折而東經伯都訥。達齊齊哈爾。復由齊齊哈爾東北行。傍嫩江東岸。經布哈特、墨爾根、東行過石頭溝子、庫穆爾。穿黑龍江省城。以抵愛琿。愛琿者。我國與俄羅斯東北極邊之界。與彼西伯利亞重要都府伯拉照支璨斯克者。隔黑龍江一葦之水。縱切俄國之東清鐵路而過者也。（東清鐵路為東西線。此路為南北線。）線路共長七百五十餘英里。約為中里三千一百餘里。與京漢鐵路之長袤適相仿。實非常之大工程也。

初光緒三十三年四月。奉天將軍趙次帥。黑龍江巡撫程雪帥。奏准辦洮法（自洮南府至奉天之法庫門）及齊愛（自齊齊哈爾至愛琿）兩鐵路。其時新法鐵路（新民屯至法庫門）方將開辦。故欲以洮法與新法接。以通南。以齊愛控北。而於中間將來更築洮齊一路以聯絡之。則奉吉黑三省一氣。如臂指之相使。此實數年來賢大吏所苦心經畫也。而所最困難者。實為籌款問題。於是初擬築新法鐵路。向英國仙治潔特借款。而日人藉口於有礙南滿鐵路利益。極力抗議。至去年六月。我政府卒讓步。停止斯舉。而計畫不得不小變。乃擬改洮法路為錦洮路。由錦州府達洮南府。向美國仙治潔特借款。其後七八月間。美英兩仙治潔特之代表人。在北京協議合併為一。共承此路。更說我以再圖擴充。乃擬延長至齊齊哈爾。為錦齊鐵路。至十二月中。錫清帥更提議延長至愛琿。為錦愛鐵路。而向此英美聯合之仙治

錦愛鐵路畧圖

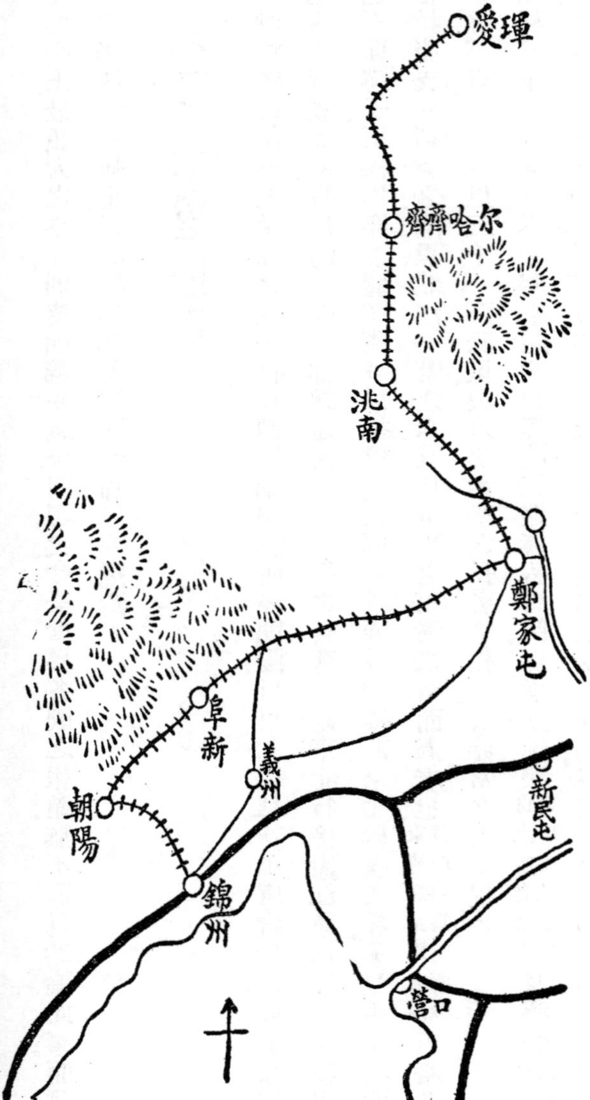

○ 都會
已成鐵路
豫設鐵路
通道
山脈

潔特借美金五千萬元爲工事之費。現今借款合同什九就緒。將次畫押。惟日俄兩國。又起抗議。是以遷延未能遽定。然大約當不至於中廢。此錦愛鐵路歷史沿革之一斑也。

（二）就政治上之價値論錦愛鐵路

錦愛鐵路之興辦。其目的實專在政治問題也。蓋自中俄密約以後。滿洲主權。實全爲所侵奪。及日俄議和以後。北俄南日。中分勢力。而我國疆吏。日受掣肘。與前無異。兩國所以能制我死命者。皆由路權爲彼所握。加以俄人爲日所扼。不能大得志於滿洲。則竭全力以經營蒙古。數年以往。恐第二之滿洲。復將出現。不可不爲曲突徙薪之計。我大吏能計永久之利害。創此宏遠之規模。實吾儕所欽佩無似者也。此鐵路若能自造而自管理之。則於國民生計上及財政上之結果如何。且勿具論。要之我之在東三省。可以有所憑藉。以與日俄競。而此路告成之後。與京奉路相接。復與京漢津浦兩路相接。直通中部南部諸省。而北方又由愛琿直與西伯利亞路相接。歐亞交通孔道。莫捷於此。不獨我國而已。即印度支那一帶（安南暹羅緬甸等）以至印度之南部。凡來往者。皆必由此與東清南滿兩道。能爲强劇之競爭。世界大勢。亦將爲之一變。是此路之效也。

雖然。我中國現在所用之政策。果能完全以收此效乎。實不能無疑。蓋辦此路之本意。無非欲以抵抗他國之勢力。然惟能以自力抵抗者。斯爲眞抵抗。若以他國抵抗他國。恐非惟不能抵抗。反增壓迫耳。昔日本勢力之未侵入滿洲也。苦我者惟一俄羅斯。及日攘俄而奪其特權之一部分。在日誠有邱山之利。在我則前此所失於俄者。豈嘗見秋毫之能復。徒使兩姑之間。益難爲婦耳。夫兩姑旣無以異於一姑。且更難處焉。則三姑四姑之無以異於兩姑而愈益難處焉從可推矣此次與英美所訂借款條件甚爲祕密其內容如何吾儕雖未獲周知然此事實由美國主動觀近來美人之輿論其對於中國之手段殆有攫金齊市旁若無人之概他勿具舉卽以其大統領所下國會之敎令證之謂美國之東方政治歷史將從此開一新紀元則其重視此舉已可概見蓋將以此仙治潔特爲英國前此之東印度公司也然則彼既得此敷設權後而附隨之之特權且將不知幾許如此則是於俄之東淸日之南滿外更益以美之錦愛鼎足而三耳而於我究何補焉夫前門拒虎後門進狼愚夫猶知其無擇況夫狼則進而虎卒不能拒也夫以日本犧牲數十萬人之生命而卒不能遷俄國之跡於滿洲何也强者之勢力既植則不易拔也既不能拔則惟有與之並植而已今美國雖日言親我而其終不能爲我驅逐日俄兩雄之勢力於滿洲以外此事理之至易見者矣故其結果惟與日俄鼎峙而我所贏者則自兩姑而三姑耳然則就政治上之價值以論錦愛鐵路吾殊不敢遽爲抽象的判斷要當視借款合同所訂之條件何如卽條件不謬仍當視我所以維持之之實力何如若此兩者不能躊躇滿志則雖謂此路無一毫政治上之價值可也

（三）就國民生計之效果論錦愛鐵路

現今各國之鐵路皆以爲發達國民生計一利器其不含有政治上意味者什而八九然則就此以論錦愛鐵路則又何如蓋各國之造鐵路其選擇線路也不外兩原則其一則已繁盛之地非有完備之交通機關則滋不便故鐵路自然發生也其二則未繁盛之地欲以人力導之使卽於繁盛而以鐵路爲一種手段者也而錦愛鐵路則全屬於二種者也今略舉該路重要諸驛之形勢自錦州以至洮南其間朝陽府人口約二萬一千阜新縣約

二千。小庫倫約四千二百。鄭家屯約三萬。洮南府約一萬六千。朝陽府雖爲附近菽粟諸品之集散地。然舍此無他產品。且商業圈域極狹。不適於爲商場。阜新縣惟與奈曼王府小有交通而已。小庫倫每年當七八月之交。附近諸牧場地有多數之家畜上市。他種商業亦隨而盛。然除此季節以外。平時皆極冷淡。惟鄭家屯爲東蒙古咽喉。其集散貨物近年總計值二千萬元。爲沿路最有望之地。洮南府地勢雖扼要。然附近牧畜業不盛。農業更微。其發達更須極久之時日。自洮南以北。惟齊齊哈爾爲與東清鐵路交互之點。實本路最盛繁之中樞。此外則伯都訥控松花江。亦商業地稍足觀者。（線路經此與否尚未確知）再度齊齊哈爾以北。則所經皆寒村僻壤。其墨爾根雖號稱一城鎮。然荒涼實不可名狀。舍毛革外無他貨物。即終點之愛琿雖有將軍駐箚。曾不能比內地之一山邑。以上所舉沿路重要之驛。其情狀不過如此。則僻小者更不必論。若語物產。則除畜穀二者之外。殆無可述。且惟洮南以南此兩者集散頗豐耳。以北則並此而無足觀。而其人民既貧觳。購買力自然缺乏。貨物由他地輸入者。亦無從盛。以現狀言之。則此沿路無取夫有鐵路甚明。今此路之目的。全在開濬利源。則現時之盛衰。原可勿深論。雖然。以開濬利源論之。則東蒙古之地雖曰肥饒。然以較中原。不逮遠甚。國家若爲開濬利源起見。則與其辦此路。何如移之以辦腹地之路。且利源能濬與否。全視人民之智識能力。國家祇能因勢利導。稍助之長。而斷無從全然代大匠斲。今沿路一帶蒙古人。其智識能力之劣下。不必爲諱。謂有此路而利源即緣此而濬。未免太易視天下事矣。然則就生計上之效果以論此路。除非兼辦一大殖民公司。將內地充溢之人民徙以實之。則將來之希望。可以極大。而中國現在之無此魄力。蓋可見矣。既已不能。則國民生計上之效果。蓋無可言者。

（四）就財政上之利害論錦愛鐵路

以上所論政治上之價値生計上之效果雖無可言然要不能謂其絕無補益苟他方無損害之可顧慮則辦此以期收將來之效亦一種良政策也吾於是不得不就財政上一揚搉之夫鐵路固一種之實業也除專備軍事用者之外必以收支相償爲期今試揣此鐵路之工程與將來營業之情形則何如沿路一帶山脈極多就中由墨爾根至愛琿一段越小興安嶺尤爲至難之工以視京張京漢等路其所需勞費遠過之考京張建設費每里二萬八千五百萬元京漢每里二萬五千八百餘元京奉每里二萬九千餘元滬甯九廣每里皆四萬餘元俄國之東淸且至五萬餘元今此路建設費計最少亦當在三萬元以上以三千一百餘里計之當爲一萬萬元故此次借款或云美金四千萬或云五千萬度非五千萬不足也而沿路所經過之驛站其荒涼之況既如前述則欲其每年營業入能敷出正未知何時始得副所期而獲利更無論矣藉曰全路開通以後爲歐亞來往最捷之徑旅客必多然鐵路營業本以運貨爲重而斷不能專賴搭客況東淸南滿原相競爭絕非我所得而壟斷耶然則此路必不能收支相償殆全世界所同認然中國現在負擔十三萬萬兩之外債既已力竭聲嘶今無端復增加將及萬萬兩以投諸不生利之事業將來有何把握可以贖回徒重我之仔肩以佐人之染指此則切膚之利害不可不深長思者也

(五)　錦愛鐵路外交之將來

錦愛鐵路自政治上言之自生計上言之其目的皆所以對抗東淸南滿兩路此天下所共見無容爲諱者也然則日俄兩國必不肯袖手旁觀實意計中事蓋有此路與彼兩路競爭則利益之一部分必見奪而俄之海參崴

日之大連灣。其繁盛或將日減。就中俄國所尤苦痛者。則此路既縱貫東清路。則附近貨物。前此專恃東清路運輸者。將泰半被奪。又愛琿與伯拉照支琛斯克相隔僅一水。臥榻之側。忽有他人鼾睡。其國防將自此多事。日本所尤苦痛者。則中國北數省及渤海灣口貨物之運輸。將去南滿以就錦愛。故彼兩國爲自衞起見。不願錦愛路之成立。盜憎主人。自然之理。不足怪也。雖曰據條約之法理。彼無詞可以藉口。然昔人有言。國際法惟强權者專有之武器耳。彼有所挾以臨我。我則安能與抗。故今者聞彼兩國方振振有詞。而吾政府之所以待之者。未審何如也。以吾料之。將來之結果。或兩國要求分擔此路借款及管理之權。或要求他種權利以相抵。二者必居一於是。由前之說。則本意欲以抵制日俄者。而日俄反加入其間。則所期之目的。消滅無存。所贏者增重債務耳。由後之說。則非惟不能抵制。而一方面既畀美國以權利。一方面則日俄兩國。於舊權利之外。更須畀以新權利。是所得無一而所喪者三也。況今各國日以機會均等相標榜。美俄日既有所得。他國必不甘落後。展轉效尤。又豈止喪三而已哉。此則吾所最爲慄慄者耳。

(六) 美國之成算

或曰。如子所言。此鐵路營業不能收支相償。美國之仙治潔特顧乃出死力以爭此石田。果何爲者。曰。是不然。美國資本充潤甲天下。其庬集數千萬金。毫不費力。而又習見其本國前此常投莫大之資以築一路。常人疑其勞費之難償者。不數年而利源濬發。國民生計及鐵路公司兩受其利。若加拿大太平洋鐵路公司大北鐵路公司等。其最著也。夫使國民果有餘資。則此奚不可者。美人今已司空見慣。不以爲憂也。然則蒙古人無濬發沿路利源之能力美人甯不見及耶曰否否美人惟見及此而謀之乃益亟亟也美國二十年前猶地廣人稀今則形勢驟變人滿之患與歐洲同今方日思求尾閭於外而此舉則欲以將來之東蒙主自居者也且箇中消息猶不止此美國中猶太人最多亦最富紐約之倭兒弗街猶太人勢力什居七八而在歐美所至受侮久欲於東方別闢一蒐裘以聚其族故滿洲鐵路中立提議時有謂猶太人欲醵資以購此權於日俄者非盡無因也而承辦錦愛借款之仙治潔特以美國中猶太人之分子爲最多使其有成吾知亞伯拉罕之子孫行將與成吉思汗之子孫爭地矣故大統領塔福特謂將爲美國政治歷史開一新紀元豈誕語哉況築路之資本有中國代負其債務本利不憂無著此如各國特權之公司政府爲之保息者安受利益而損害則有人代償美人之自爲計不已萬全矣乎

（七）結論

吾對於錦愛鐵路之意見大略如右讀者愼勿疑吾之爲日俄國左袒也城下之盟會稽之恥苟有血氣曷云能忘吾獨非赤縣之氓耶苟有術以爲國家立剔去此在背之芒則死且不避其安忍更倡異議雖然就事論事窮極將來變遷所屆而權其利害之輕重則有不容徒任一時之意氣以誤大計者故於我賢大吏錦愛鐵路之計畫雖極頌其體國之公忠與規模之宏遠而卒有所不敢苟同使我政府及國民之財力果有餘裕腹地重要之路既已盡舉尙有餘力及此而官吏復能有常識有儁材足與他人之掎我者相拮抗相鉤距則此路誠爲東三省起死回生唯一之良方吾願距躍三百以贊成者也今也不然而徒爲此獨坐窮山引虎自衞之計吾竊重憂

之。且吾更欲有一言。近數年來。吾國人對於外交事項。其目光所注專集滿洲。夫滿洲外交之艱危固也。然艱危豈獨在此。其他更有倍蓰者。但常人之情甯俟焦頭爛額而倉皇救護。不肯曲突徙薪以從容布置。烏知乎徙薪之必有功。而爛額乃終無補也。以吾之見。則滿洲已成難收之覆水。已碎之墮甑。欲策滿洲外交。宜在十年以前。今則晚矣。今日如有良外交家。惟當殫誠竭慮。沈幾善應。求使無復有第二滿洲出現。則我國民受賜多矣。不諱之言。願識者哀而鑒之。

滿洲鐵路中立問題

客冬美國大統領下敎令於其國會。有「美國對於中國將開政治上之新紀元」一語。識時之士固已劇心怵目而亟欲觀其後效果也。未及一月。而有美政府提議滿洲鐵路中立案一事。其內容之大略。則(一)使俄國將東淸鐵路日本將南滿洲鐵路賣回中國。(二)中國贖回此兩鐵路之款。由英美法德日俄六國公同合資組織一「仙治潔特」（仙治潔特者法文爲Syndikat即聯合團體之意而其性質與托拉斯相彷彿如前此與中國交涉之銀公司福公司合興公司等皆非一單純之公司而實仙治潔特也）以借給之。(三)滿洲鐵路歸六國共同合資所組織之「仙治潔特」管理。只以供商業上之用。而不許以供軍事上政治上之用。(四)英美兩國將來所得之錦愛鐵路敷設權。亦歸入此「仙治潔特」共同管理。

此議初出。環球聳動。各國報館莫不以此爲世界一大問題。揄筆以論其得失。及去臘之杪。日俄兩國相繼爲反對之覆牒。英法回答亦在模棱兩可之間。其純然贊成者。惟德國而已。中國答文如何。雖未能確知。要之此事關係最密切者。除中國外。厥惟日俄。而中國全立於被動之地位。舉足左右。不足以爲輕重。日俄既聯合反抗。則美國之提議。自將消滅於冥冥之中。此曇花一現之外交事件。殆幾於雲過天空矣。雖然。美國何故而忽然有此提議。其命意果安在。此提議若成。則其利害之及於中國者何如。今此提議雖不成。然其餘波之影響於中國者。又當何如。此我國人所亟當猛省。而未可遽以明日黃花置之者也。

美國提議之意。嚮就其表面上言之。似出於義俠為我國援手。蓋日俄兩國。擁南滿東清兩鐵路。兼有沿路之警察權。我地方官之設施。在在被其掣肘。名義上雖曰我國領土。而主權已喪失殆盡。就中南滿鐵路。對於日本輸入貨物特廉其運費。又設法逃避關稅。以致東三省市場。成日本獨占之勢。使我國及他國不能為正當之競爭。而經濟發達。將無可望。美國當俄人與我爭哈爾賓行政權問題時。振振有詞。仗義執言。當日人與我解決懸案五件之時。詰問日政府以是否不悖於開放門戶之主義。（參觀前號記事門宣統元年大事記）而今茲復為此提議。欲助我國贖路。而使脫日俄兩國之羈軛。其用意豈非可深感。雖然。美國之為吾謀。不如其自為謀之忠也。

美國此次之提議。其動機全起於前駐箚奉天總領事士德列氏。士德列之在奉天也。徐尚書世昌唐侍郎紹怡適為督撫。方不堪日本之壓逼。而思求助於他國。士德列本當代一梟雄。野心勃勃。乃利用此機。一面極力與我交歡。一面遄返紐約運動其資本家。使注全力以經營中國。當唐侍郎歷聘歐美時。中美同盟說喧傳各國。實則士德列輩左右周旋其間。非盡子虛也。及項城放歸。唐氏投閑。茲議暫輟。而士德列在美之運動不衰。卒能組織成一「仙治潔特」。而自為之代表。以來北京。當英德議借款與粵漢川漢兩路時。此仙治潔特要求加入。未幾復要求錦齊鐵路之敷設權。（錦齊鐵路者錦州至齊齊哈爾也現更擬延長至愛琿故又名錦愛鐵路現方為日俄兩國所反對成否未可知其利害次號別論之）現今北京外交場中。其活動力最強者。無過士德列。而此次提議。實由彼主動。則其命意所在。蓋可推耳。質言之。則欲排去日俄兩國之勢力。而以美國勢力入而代之也。夫以今日吾之在滿洲。徒擁虛名。而事事仰鼻息於日俄。誠天下至不堪之局。雖然奪諸日俄而畀諸美。則前虎後狼。抑何所擇。夫使美人而曰代中國贖還此路。卽將此路之管理權歸諸中國。則其利害比較。猶有可言。今而曰歸諸美人所發起之六國仙治潔特也。則吾誠不知中國之權利所以異於今日者果何在也。

藉曰稍有利於今日也。然其害之相緣而起者。又將如何。（第一）新借之贖路公債。我國之力。果能負擔乎。據日本報紙所論。謂必欲使日本棄擲南滿鐵路。則索償須在十萬萬兩以上。今旣作罷議。則此說固不成問題。然使列强聯合强日本以所難。則日本要索重價。恐亦非列强之所能拒。而俄國所索。亦必與相埒。又無論矣。再合以錦愛借款。統計所需。總在二十萬萬兩以上。我國現在外債十三萬萬兩。我四萬萬人負擔之。旣已力竭聲嘶。不審息肩於何時。今復兩倍之。是直欲索我於枯魚之肆耳。據東淸鐵路條約第十二條。（此條約乃光緒二十二年七月二十二日在北京畫押者。當時係屬密約。未經公布。至今我國官書不載之）則該鐵路八十年後歸還中國。不索償價。三十六年後中國可以隨時照價贖回。日本南滿鐵路。則由日俄議和條約繼受此權。其條件亦與東淸同一。夫條約效力之有無。變遷。恆視實力之所以盾之者如何。況事隔數十年。滄桑當不知幾度。吾豈謂恃一紙空文。遂可以收已覆之水。雖然。苟其時而我國果能自振者。則操劵以索。固尚有詞矣。而此數十年中。可以免公債之負擔。今如美國所提議。中國將來若欲收回此路權。仍須別向六國之仙治潔特議贖。而欲此兩路每年收益。能償二十萬萬兩公債之利息。已非易事。況於還本。是益永遠斷送滿洲而已。（第二）受壓制於六國。與受壓制於兩國。其利害之差別何如。吾以爲就滿洲論滿洲。則害等耳。無所差別。蓋滿洲久成破甑。雖有善者。末由補救。此如婦女業爲强暴所汚。則委身狡童與倚門賣笑等耳。而美國提議之所以可畏者。乃不在滿洲一隅。而在中國全境。蓋中國今日所以能擁虛名延殘喘者。非果有實力足以自存於諸大國之間也。諸國以連雞不並棲之勢。互相猜忌傾軋。而未能協以謀我。我乃僅得寄生以續頃刻之命。美國此次之提議。卽欲列國一變前此之政策。而共同一致以制我死命也。若其能成。則各國之感情。將緣此而漸趨融和。以後益謀所以分甘絕少。而咕囁我以滿洲爲試驗場。而以次推及全國。則會同干涉財政。乃至干涉種種內治之事。皆將實現。此實履霜堅冰無可逃避者也。觀於美國大統領敎令之言。所謂司馬昭之心。路人皆見矣。事至於此。則我國雖欲求如今日之滿洲。又豈可復得耶。

夫美國之提議。識者固自始已決其必無成也。何也。日俄必不肯從。末由威偪。一也。各國猜忌未泯。難以和衷。二也。今殆於收回成命矣。雖然。美之執政。固非全瞢於世界之大勢。以公牒爲兒戲者。且盎格魯撒遜人種。以堅忍不拔之性聞天下。又決非一挫而卽棄其所志者。其提議也。或自始料其不成。而故爲之。以備要求他種權利。杜各國之容喙耶。抑將以此聳動天下之耳目。喚起其合同精神。以造成干涉中國內治之趨勢耶。皆未可知。要之物必自腐。然後蟲生之。苟我國政治現象。長如今日。吾恐謀於曹社者。正不徒西方美人也。

臺諫近事感言

嗚呼。吾以爲中國之人心。旣死盡矣。及覩一月以來言官之舉動。吾始睪然有一線之餘望也。自去年江侍御春霖嚴劾贛皖兩撫。而疆臣部臣爲之回護。侍御六上疏爭之不獲。乃出於禽賊禽王之壯舉。專劾首輔。斥以老奸竊位。多引匪人。坐是奉明白回奏之旨。卒乃飭回原衙門行走。而陳給諫田趙侍御啓霖胡侍御思敬先後籲請收回成命。不省。於是全臺大憤。公上言路無所遵循請明降諭旨一摺。由忠給諫廉領銜。連署者五十八人。其規避者僅二人而已。雖謂之全臺一致可也。嗚呼。自漢代設御史臺以來。臺中最有名譽之歷史。未或逮今茲矣。諸給御之風節文章。皆皎然與日月爭光。巋然將與天地同其不朽。無俟吾之更爲贊歎。惟吾繹其事。誦其文。而感不絕於余心。乃以所感者著於篇。

所感一。　今日政界。混濁極矣。京外官署。無一不爲藏垢納汚之所。而託名新政以增設者。尤爲羣蟻所附。羶穢至不可嚮邇。其尚有清氣往來者。惟一御史臺而已。雖曰本屬冷官。爲熱中者所不願趨。抑亦以其資地嚴肅。雖欲濫趨而末由也。蓋御史必嘗舉孝廉以上授京職有資俸者始能與考。故其流品爲獨清。夫非謂科第之必有關於人格也。要之自始固嘗懸一標準以取之。非中程則不得進。其所懸標準之當否且勿論。要之以視彼漫無標準。惟奔競苞苴之能力是視。而不辨菽麥之紈袴。不識之無之駔儈。輒能彈指丞參起家道府者。其相去遠矣。故他官署無人。惟御史臺尚有人。非偶然也。其制度有以致之也。吾因是以知科舉既廢之後。而不別制定試驗官吏之法。則仕途之雜。官方之壞。且將江河日下。不知所屆。其不至悉衣冠而爲禽獸不止也。

所感二。　以吾所聞諸名御史中最能以風烈激厲天下者。其人則或爲理學家。或爲古文家。或爲詩家。或爲經學家。或爲校勘家。或爲掌故學家。大率有乾嘉先輩之遺風。而當世髦士所共訾以爲拘迂而不識時務者也。乃今者國家大事。全敗壞於識時務者之手。獨賴不識時務者匍匐而救之。救之不獲。繼以呼號。豈有他哉。蓋人必先有守。然後能有爲。又必自有所挾持。足乎已無待於外。然後能有守。其所挾持者。不問大小。不問新舊。不問有用無用。要在能自得之。而當世所謂識時務之髦士。其自始未嘗學問者固不待論。卽其嘗負笈海外有所稗販以壓歸舟者。亦大半借此爲終南捷徑。得一官則棄所學若短檠之燈矣。夫安得不盡喪其所守。而汨沒於社會也。而國家恃此輩以與立則岌岌乎殆矣。日本奏維新之功全賴舊學老輩。有以夫。

所感三。　湘鄉曾子曰風氣也者起於一二人心術之微。而極夫不可禦者也。可謂知言。此次全臺一致。爛然開千古未有之名譽。五十八人舉皆朝陽鳴鳳。固不俟論。然度其動機。亦未始不發於少數之最賢者。若江侍御則盡人所能知矣。讀其奏議之載於官報者。愛國血誠。隨戇直之氣以流溢紙上。雖有鄙夫讀之亦當起敬。況其在中人以上者哉。孔子所謂至誠而不動者未之有也。而其間若二趙陳胡諸公。所以互相宏獎者。又無不出於天性之眞。是以聲氣所感。如響斯應。不期然而然。於闇無天日之京師宦海中。乃能放此大光明。而雷霆所昭蘇。且將及於全國。一二人之心力。不可謂不偉也。吾是以知君子之道。在知其不可而爲之。爲之不已。將有可時。若其不爲。則天下事固無一可也。夫豈必御史臺能獨爲君子哉。

所感四。　全臺一致以對抗政府。實爲前代所無。雖然。以宋明氣節之盛。猶不能有此壯觀。而顧乃見諸今日者。則亦有故。蓋宋明權臣。無論爲賢爲不肖。要莫不有畏憚言官之心。恆羅置私人若干輩於言路以爲己援。其在宋則賢如臨川。不肖如蔡京秦檜。其在明。則賢如江陵。不肖如嚴嵩及羣閹。莫不用此術。故其言路恆分爲政府黨與非政府黨二派。今也全臺皆不黨於政府。洵爲有史以來第一美談。然亦可以見言路之久已不足輕重。而政府蓋自始已視如無物矣。江侍御之言曰。督撫舉劾屬員。僅須八字。言官彈奏督撫。萬語無傷。豈惟督撫。吾聞有以一區區三四品外吏。而合數言官之力不能損其豪末者矣。蓋言官之忍尤含垢。實未有過今日也。嗚呼。是可以觀世變矣。

所感五。東西諸立憲國。其人民所以能排專制以成立憲也。自始則亦其仁人志士。各自出其心力。於彼乎於此乎思有所救正。而勢力緜薄。所至動爲豪强所摧。終不獲已。乃胥謀結合以爲一致之行動。夫一木易折。而束矢難撓。此皆至淺之物理。而實不刊之公例也。至於仁人志士能結合以爲一致之行動。苟其百折不回前仆後繼。雖有豪强。終亦安得不懾。所以能撥亂世而反諸正者。胥遵是道耳。今者全臺能爲一致之行動。其亦有所感於此耶。夫能制勝於最後與否。則以其結合之能鞏固與否爲斷。結合何以能鞏固。則有一共同之大目的。而常繼續以進行是已。吾知臺諫諸公。必有以處此矣。

所感六　吾於是益痛歎於無國會之害也。夫朝廷設都察院之意。原恃以爲行政之監督。與立憲國之有國會。其目的蓋頗相近。惟御史而如今日臺垣諸公。亦可云得人矣。而其所補益於國家者幾何。據各報所傳說。謂監國嘗面諭總憲。謂江春霖雖忠。未免使朝廷爲難。故不得已而示薄懲。使告諸言官毋誤會云云。夫以一國最高之主權者。明知臣下之忠。而不得不屈己意以黜之。此何以故。以君主負責任故。負責任則怨斯歸矣。使有國會。其監督政府之職權。根於憲法。兩造有論爭。君主惟垂拱以聽。如風飄瓦屋。視之無成心焉。則何爲難之與有。而國會不得人則已。苟得其人。則凡所建議。自生效力。又安有如今日之都察院。雖由會典賦與以監督行政官之權。而有所彈奏。萬語無傷者哉。夫國會全體得人。雖曰非易易乎。然必有少數英俊之士出乎其間。此事理之至易覩者。言路得數人而可以動全臺。豈國會得數人而不可以動全院。嗚呼。我國民鑒於臺諫近事。其愈可以興矣。

所感七。然則都察院果爲無用之長物乎。曰惡。是何言。是何言。此次全臺公摺有云。

東西立憲各國。有國會以糾察政府。通達民情。又有行政裁判院以司行政之訴訟。左右維持。勢無偏重。我列祖列宗以來。許臺臣風聞言事者。深念民人疾苦。非是無以周知官吏貪橫。非是無以禁止法良意美行之二百餘年。

又云。

今國會未開。行政裁判院未立。司法之權。與行政相混合。會計之事。無專司以檢查。一切大權。皆付諸內外行政大臣之手。倘並舊日都察院之性質。亦歸於有名無實。陛下能必所用之人。皆無過舉乎。倘不幸而巧立名目。剝削百姓。輦金私室。集怨公朝。如是則民受其害矣。更不幸而排斥異己。任用私人。威立勢成。相顧結舌。天子號令不出一城。孤立無援。竟同尾大。如此則君受其害矣。且也九年籌備事體紛繁。萬一徒飾其名。不求其實。大臣以一紙空文報諸政府。政府以數言獎語稱爲考覈。從虛文觀之則百廢具舉。就實事考之則百舉具廢。無人糾發。陛下終無由知之。如是則不免上下相蒙。大臣之巧黠者。甚且託名辦事。歛費閭閻。其實則輸賄要津。已收其利。而所辦之事全虛也。上既許人民以立憲之福。下反受官吏立憲之禍。如是則不免上下相疑。民猶水也。載舟者水。覆舟者亦水。不堪其虐。鋌而走險。如是則不免上下相衝。夫至於上下相衝。考諸英法歷史。或十餘年或數十年。肝腦塗地。竭全國之力。僅僅底定。波蘭則以內部肇亂。外人乘之。遂召分析之禍。其原因皆由於行政專橫之所致也。

其言可謂博深切明。都察院之性質。與其現在所關之重大。言之無餘蘊矣。蓋我國都察院之職權。據會典及新官制草案所規定。實兼含有國會與行政裁判院之性質。所缺者。則無所保障。不能生出最終之效力耳。然在專制君主國。以之爲補助君主之一監督機關。實最爲適宜。我國雖自古專制。然歷代暴君之虐民。視秦西前代猶有間者。蓋賴此也。今號稱預備立憲。依然專制也。國會一日未開。則此全國惟一之監督機關。其責任不容以一日弛。臺中諸公而能常念其所行之職權爲將來國會職權之一部分也。則國民其庶有賴矣。

米禁危言

近日各省紛紛禁米出境。經湘亂後而益甚。江蘇浙江安徽江西行之。湖南湖北行之。最近則河南山東行之。奉天吉林行之。各省殆以此爲自衞唯一之政策。官吏有然。卽人民亦有然。嗚呼。此實速亂之階梯。而取亡之心理也。彼禁米出境者。豈非欲藉此以維持境內之米價。勿使騰漲哉。夫近年以來。米價飛漲。月異而歲不同。誠可以蹙吾民於死地。其亟思補救之宜也。雖然。欲治病者。必當先審病之所由起。苟不爾者。未審症而妄下藥。必至殺人而已。今吾吏民亦知國中米價果以何因緣而日飛漲耶。其一。則以貨幣購買力之比例而見爲漲也。曩昔有錢若干可以易米一斗者。今則倍之。或兩倍之。而僅易一斗。故命之曰米貴也。其二。則以人民所得之比例而見爲漲也。曩昔各人一歲之所入。僅以其二十分之一購米而足者。今則以其十分之一購米而猶懼不足。故命之曰米貴也。由前之說。則米貴之故。由於政府濫發惡貨幣。以擾亂市面。而括取吾民之脂膏。以今日米價與曩昔米價比較。其翔踊之一部分。卽其見蝕於銅元餘利官局鈔幣餘利者也。由後之說。則米貴之故。由於國民生計全體萎悴。一國勞力供過於求。一國職業求過於供。坐是庸率日微。而人人不足以自爲養。以今日米價與曩昔米價比較。其翔踊之一部分。則其見蝕於外國人之手者也。合此兩大原因。而米貴之惡果乃日遷流而不知所屈。今欲平米價而不能致力於此二者。以爲拔本塞源之計。吾恐雖日僇一人而價之騰猶不能止也。

吾先哲之訓。以遏糴爲大戒。而西方學者亦有恆言。曰生計無國界。夫遏鄰之糴。猶曰不仁。而況於同在一國者耶。生計界凡百之物。皆無國界。而況於民生日用所必需之品耶。夫物恆趨於價貴之處。若水就下。此生計學之公例也。斯何故歟。蓋同一物也。而甲地之價貴於乙地。則必甲地之求此物者過於供。而乙地之供此物者過於求也。是故以此物供之於甲地則得利豐。而以供之於乙地則得利嗇。懋遷之民。必舍嗇而趨豐。此不學而能者也。而坐是之故。物價已不期平而自卽於平。故欲平物價。惟有聽物之自已。太史公所謂善者因之。其次利導之。而斯密亞丹所倡生計自由主義。全世界至今受其賜者。胥是道也。苟欲强而制焉。則如水然。搏而躍之。激而行之。拂逆其性。終必橫決而已。是故生計現象。萬不容以國爲界。强界以國。則立此界以圖自利者。其究也。害必餘於所利。界以國猶且不可。矧乃更於國中而爲之界者耶。疇昔吾國禁米出境外之擧。屢見不一見。識者猶以爲非計。今乃以此道施於各省。其愚眞不可及矣。

吾民徒見夫米商之運米出境。而官不之禁。而米價卽隨而騰貴也。於是以爲價之所以騰。全由於此。此倒果爲因也。夫商人何以運米出境。必其運出之而能有利者也。運出之何以能有利。必四鄰周遭之米價先已騰貴也。四鄰周遭旣已騰貴。則夫攝於其間者。勢固不得以獨賤。此如內湖與外湖之水。有一竇以爲之通。且沿緣以達於河海。外湖涸落者。內湖勢不得復漲盈也。若曰吾將塞其竇耶。雖未始不可行。然自是遂變爲死湖。不特腐水生害。而更挹之亦終竭耳。及吾之竭。而又有何道能爲吾灌注也。故夫民之仇米商。而以嗜利爲其罪者。米商之嗜利。則誠是也。若以爲罪。則非也。夫商也者。以貿賤販貴逐什一爲其本業。其嗜利宜也。苟其以不正當之手段。

罔不應得之利。則官吏固當禁之。若猶是循生計之原則。守法律之行爲。以逐時求贏。雖帝者固不得而禁之。禁之則是侵人自由。侵一人之自由。似屬小事。而不知生計自由之大原則。將從此而破壞。而害固不可紀極也。然使一方人民自爲計。果能以米禁之故。而長保米價之平。則雖稍侵一部分人之自由。或亦非得已。而不知其終不能也。蓋米貴別有其大原因在。運米出境。雖爲助成之一近因。而其細抑已甚。不務革其大因遠因。而徒斤斤於小因近因。決無補也。此如外湖既涸者。內湖自應俱涸。居同一之地域。受同一之氣候。盈虛決無道以懸絕。其涸之有先後。則旦夕間事耳。區區小竇開之。固無救於外湖。即塞之亦豈有救於內湖。今者全國米貴之現象。正類是也。蓋全國人口歲增。而荒地不加墾闢。農業不加改良。所產之米不加多。實不足於給於養。此其第一因。以幣制紊亂之故。百物騰踊。農夫資生所需日鉅。牛種農器之費。與之俱進。米之出於市。其成本之重。較前倍蓰。此其第二因。新增賦稅無藝。農民之負擔。勢不得不加入米價。而轉嫁諸買米之人。此其第三因。合以上種種事實。故民之業農者。終歲勤動。猶不足資事畜。毋甯廢田不耕。相率爲游民爲盜賊。而全國之產米益少。供不逮求益甚。此其第四因。農業以外之人民。皆歲入不加進。而受百物騰踊之害。他物之需要。或可節減。而米之需要。不能節減。故於米貴之苦痛。感之最先而最深。此其第五因。其他尚有附屬之原因。不可枚舉。夫此諸因者。全國之所同。而非一地方之所獨也。由此觀之。僅恃禁米出境。而欲維持昔日之米價。能耶否耶。

頗聞政府今亦汲汲議平糶矣。問其策。則必曰一面販運外洋之米入口。以爲挹注。一面以官力限定各地之米。懸一法價。毋使奸商得居奇也。夫以今日全國之米。實不足以養全國之人。則爲治標計。販入外米。誠宜也。然亦當念生計無國界之理。全世界之米價。必與我國內之米價同一比率。欲求更廉焉者。決不可得。而所羅掘以爲平糶之資者則仍吾民之脂膏也官吏方且將借此名而恣朘削之以自肥耳則民且益病究其極也所謂販運挹注者不過一名號然所實行者不過恃官力以泐定一法價而罰其取贏者耳若是則其結果且何如彼方以爲吾所限制者不過罔利之商人耳不知病商者猶小而病農者乃滋益大商人無利可弋不過停此業之貿遷已耳猶可事他業也若農民則費牛種農器之資若干租稅之資若干勞力榮養之資若干（即農民本身衣食住之費也苟缺此則不復能從事操作故名曰勞力榮養之資）僅能產出此米者挾以適市而所易猶不能償其本則舉國之農有釋耒以坐待爲餓莩已耳何也勞亦死逸亦死死一也甯逸毋勞推其極必至全國無一農全國無一農則全國無一米而斗米之價乃逾於籯金矣此非吾過甚之言實則循現在政府之政策而不思變其結果必至如此也夫坐待爲餓莩惟騃而弱者爲然耳民不皆騃民不皆弱則茫茫後顧安得不股慄也

若夫禁米出境之謬見在愚民之爲自衛計者誠不足深責若乃地方長吏徒憚民變苟思免難輒徇其請而貿然行之則誤國之罪莫甚焉官吏者國家之公人也一方面固當爲所轄地方之利害計一方面尤當爲全國之利害計苟其事雖有利於一地方而有害於全國者猶不可行況於一地方無纖芥之補而於全國有邱山之損者耶夫今者舉國米價誠皆昂矣而甲地之米運至乙地而猶有利則必乙地之昂更甚而其供不逮求之勢更急也遏而不之濟其勢非釀大亂於乙地不止且甲地之米其價獨能稍賤於他地者必其地業農者衆而大多數人資米以爲生也故遏之不使得善價是牽率其地之人以俱斃也故無論就何方面觀之米禁決爲有百害而無一利也今者省與省之間既有禁矣而風潮所簸蘗將府與府之間有禁焉州縣與州縣之間有禁焉充類至盡其不至全國人各各孤立斷絕交通焉而不止也德國之所以强在能合數十國爲一國而當其政治上猶

未聯合也。則生計上之聯合先之。今我乃欲以一國而裂爲數十國。政治上之分裂。已不可收拾。猶以爲未足。而重之以生計上之分裂。人未瓜分我。而我乃合君民上下之力日日謀所以自瓜分者。天下不祥之事孰過於是。嗚呼。吾觀米禁而不禁有無窮之慼也。

抑吾更欲有言者。米禁之議大率倡自人民。而官吏不過爲所脅而曲從之。則似人民之愚昧實職其咎。而官吏乃可從末減。而非然也。人民徒以無所得食之故。不能不出於此以自衛。以今世文明國之法意論之。苟以自衛之故而殺人者猶無罪也。他更何有。今之政府官吏既以種種惡政陷吾民於死地。及其救死自衛又從而刑之。則罪莫甚焉。雖然。吾民之自衛是也。而其自衛之策則非也。吾民當知奪吾之米而餍吾於死者。非鄰境買米之人也。非本境販米之商也。而實惟政府官吏所行之惡政。苟政治組織循此不變。更閱一二年。則雖欲求如今日之米價又安可復得。祇有四萬萬人相枕藉以死耳。嗚呼。我國民勿以吾爲危言悚聽也。不知來。視諸往。試觀今日國民生計之現象與二三年前比較何如。則可知二三年後之現象與今日比較何如矣。懸崖轉石。今垂及地。禍變之速。豈言思所能及。要之自今以往。橫於我國民之前者。惟有兩途。一曰改造政府。一曰餓死。何去何從。則其決定當在今日也。

讀幣制則例及度支部籌辦諸摺書後

宣統二年四月十六日。度支部奏釐定幣制。酌擬則例十一條。附則十三條。得旨裁可。其內容略如下。

一　國幣單位之名稱。（第一條）

二　國幣之種類及計算法(第二第三條)

三　國幣之重量成色及形式(第四條第六條)

四　輔幣之行用限制及鑄造限制(第五條第十一條)

五　國幣之公差(第七條第八條)

六　國幣通用最輕量(第九條)

七　毀損國幣及紊亂幣制之處分(第十條第二十三條)

八　新舊幣交換機關及辦法(第十二條至第十九條)

九　國幣之鑄造(第二十條第二十一條)

十　國幣行用之權力範圍(第二十二條)

度支部既上此則例。略加案語。復有說明理由之摺。有籌擬舊鑄銀銅各幣辦法摺。有鑄造國幣應一事權摺。吾黨對於幣制之意見。本報前後所論列已十餘萬言。即對於此次新幣制當明詔甫頒。亦已循誦恭跋。今讀則例及諸摺。竊喜草茅邇言為當軸所已籌措實行者甚多。不勝欽佩。惟覺其中尚有一二闕誤之處及施行方法所當熟計者。謹再貢其愚以備采擇焉。

第一　國幣與價格單位。

貨幣最要之職務有二。一曰為交易之媒介。二曰為價格之標準。吾國前此所謂貨幣。僅能完交易媒介之職務。而不能完價格標準之職務。今頒定新幣制。其所最急者。則定價格之標準也。夫必先有價格然後能懸之以為標準。譬諸定度量衡者。我國古代。本於黃鐘之宮。今世界通制。本於米突。必先定若干爲一尺。然後尺之倍數爲丈。尺之小數爲寸。乃可得言也。故各國幣制其第一條皆云「以某種金屬純重量若干爲價格之單位名之曰某」。此通則也。故則例第一條之文。當改爲『大淸國幣以庫平六錢四分八釐純銀爲價格之單位。名之曰圓。』今原文但云「大淸國幣單位定名曰圓」。而一圓本有之價格若干。未嘗規定。此最缺點也。或曰原文第四條則既有之矣。見於彼與見於此則何擇。應之曰不然。第四條所規定者成色重量也。隨各種貨幣而差別者也。第一條所應規定者價格單位也。貫各種貨幣而同一者也。夫我國人之用銀其溺於秤量之習也久矣。今頒新幣制務須設法令此種思想剷除淨盡。是故當使全國人知國幣乃以六錢四分八釐爲一圓。而並非以七錢二分爲一圓。由是遞推之。五角之銀幣。則其所代表之價格爲三錢二分四釐也。一角之銀幣。則其所代表之價格爲六分四釐八毛也。一分則代表六釐四毛八絲也。今也不然。據四月十六日上諭及則例第四條所規定。則中國之價格單位七錢二分也。故對開之則爲三錢六分之五角銀幣。四開之則爲一錢八分之二角半銀幣。五開之則爲一錢四分四釐之二角銀幣。然則各種輔幣。徒以秤之而其總重量得一圓幾分之幾。而乃命以五角二角等之名也。豈非仍導之以秤量之心理乎。且既以七錢二分爲價格之單位。而實則所含純銀。僅有六錢四分八釐。是名價與實價異也。名價與實價異。惟輔幣宜然。今以施諸主幣。不幾治絲而棼乎。竊見此次所頒國幣則例其形式則摹仿日本貨幣法。略能逼似。而重要之精神。往往失之。此亦其一端也。

（附言）近唐蔚之侍郎上度支部條陳幣制書論成色一條云。惟用兩乃有足成與否之可言。今所謂七錢二分乃略數而非的數。又云各國以塊金鼓鑄成幣。必就其中收回工費。苟或反之。國家將以鑄幣爲甚大之漏卮何所取義而爲此乎。（原書見本報第十二號文牘門）此語實代表現在一般言幣制者之心理。其蔽皆坐於價格單位之觀念見之不瑩。故不言於單位純量之外加若干雜質。而惟言於每枚總量中折若干成色。是本末倒置也。於是乎乃有略數之說。夫貨幣者。一國之量價器也。量價器而乃用略數。然則量長短之尺亦可云略以若干米突爲一單位乎。至云國家鑄幣。必收回工費。否則將成漏卮。何所取義。以吾所聞。則今世諸國。其鼓鑄主幣。不收回工費者居大多數。即有收者。其數亦甚微。（德國每一千三百九十五馬克收三馬克。法國每三千一百佛郎收七佛郎有奇）殊不足以彌漏卮。然則彼果何所取義而爲之。殊不知貨幣也者。一國公私生計機關之所依託命也。而鑄幣以前民用。則國家固有之職務也。國家以履行職務。故雖時有漏卮。亦安可得避。夫漏卮之大。則孰有過於練海陸軍者。（實則除官辦營利事業外。凡國家一切政務。何一不可云漏卮）敢問侍郎。又何所取義而爲此也。竊觀此次所頒國幣則例。既不著自由鑄造之一條。而於價格單位又曖昧其辭。得毋欲揭此七錢二分之名號。而令民持足銀七錢二分者。政府乃以一圓以與之易耶。毋惑乎其於交換舊幣政策有許多轇轕也。（詳下文辨）果爾則吾敢斷言此則例決無絲毫效力也。

第二　輔幣行用制限之除外例及其鑄造制限。

輔幣之行用。以有制限爲原則。惟對於政府而行用者。不在此例。此各國之所同也。所謂行用之於政府不在此例者。其法有二。一曰納租稅者雖全用輔幣不能拒而不受。二曰持輔幣向中央銀行或造幣局易取主幣者。當如數兌交。此其理由本報既屢言之矣。今則例第五條云『銀輔幣用數每次不得過五圓之值。鎳銅輔幣用數。每次不得過半圓之值。過此限制。受者可以不收。惟向大清銀行及其分行分號代理店兌換之時。不在此限。』是第二法既已采用矣。雖然僅用第二法而不用第一法。遂足以維持幣制於不敝乎。據此條文則凡有大清銀行分號或代理店之地。其市面固可以免輔幣過多之患。然試問全國中類此之地有幾。大清銀行。又豈能偏山陬海澨。而悉置分號或代理店乎。微特無此辦法。（日本之「日本銀行」惟一本店在東京一支店在大阪耳我大清銀行紛紛開分號已失中央銀行性質）藉曰辦之。恐期以百年。猶未能普及也。而凡在無分號無代理店之地。則雖輔幣充溢。而終無道以使之返於國庫。如是則輔幣之價必落。一如今日現象。而幣制系統全亂矣。此非理論上之問題。而事實上之問題也。願當局者一思之。

當局者之意。豈不曰吾既定鑄造限制。則輔幣過多之患。其可以免也。故則例第十一條云。『各種輔幣鑄造之數。由度支部酌量情形嚴定限制。』斯固然矣。雖然。一國中輔幣供求之劑。果得由度支部酌量以定之乎。夫以歐美各國交通之利便。統計調查之精確。其司會官吏及銀行員之熟練敏慎。猶且以此事爲難。我國幅員如彼其廣。各地金融機關之挹注如彼其窒。官民之隔閡如彼其遼遠。官吏之玩愒職務闇昧事理如彼其甚。乃於他人所難能者。而我曰能之。夫將誰欺。或曰度支部不過欲託於酌量情形一語。以爲濫鑄輔幣地步。其所謂嚴定制限者。不過以飾天下之耳目。其制限之程度若何而始爲適於情形。誰能糾之。吾以爲度支部誠深有見於今日幣制紊亂之害。乃勵精以編此則例。亦何至自始即預爲舞文之地。雖然。國家立法。將以垂諸久遠。今部臣雖自知公忠。豈能謂繼此者必公忠。今部臣雖自命明察。豈能謂繼此者必明察。萬一將來有如論者所云云。託於酌量以行濫鑄者。則此次部臣旰食規畫之大業。不其隳乎。是故欲幣制之確定。必須使此則例第十一條確生效力。然此則例第十一條如何而始能確生效力。則非采輔幣納稅無制限之法焉不可也。誠如是也。則政府苟非濫鑄輔幣。民間決無持輔幣以納稅之人。政府一旦濫鑄輔幣。則其濫鑄之額。自能取途租稅以復返於國庫。

是故公忠者可免調查酌量之勞，而狡黠者不得行託名舞弊之智，商君所謂使法必行之法，此類是也。至所定民間行用輔幣之制限，銀輔幣限五圓，鎳銅輔幣限半圓，似未免過低，日本則銀輔幣限十圓，銅輔幣限一圓，似較我為得中也。

第三　舊幣暫照市價行用問題。

則例第十四條云『新幣發行地方所有從前鑄造之大小銀圓，暫准各照市價行用。』此吾之所最惑也。夫既曰市價，則不惟甲種舊幣對於乙種舊幣而有市價也，即舊幣對於新幣亦有市價，舊幣既對於新幣而有市價，即無異新幣對於舊幣而生出無量複雜之市價也。今茲施行新幣制，其所最患者，則人民以之與前此諸幣同視，不用之為價格之標準，而別持其向所習用之標準以臨之。如上海之九八規銀，即一種無形之價格單位，而現在一切市價之標準也。萬一新幣發行後，人民仍以此法馭之，前此以龍圓若干或墨洋若干或小銀角若干或錠銀若干而當九八規銀一百兩，日日異其市價者，今新幣發行後，復加入一種云新幣若干或新輔幣若干而當九八規銀一百兩，亦日日異其市價，如此則新幣制將從根柢破壞矣。日本人根岸佶氏前屢昌言謂中國幣制施行後，此種現象萬不能免，其言非無據也。吾日日憂幣制改革之成為空言者，實在於此。今當自始即設法以破此積習，今不惟不破之，而反以法令許其暫照市價行用，須知所謂市價者，不能無一標準而獨自成立，而我民所習用之標準，即此種無形之價格單位也，則例第十四條所定，豈非助其燄乎。如是則新幣制非惟不能收整齊嚴肅之效，徒於千差萬別之舊幣中，復益以一種新幣，增其複雜棼亂而已。而則例中准照市價行用一語，是恐猱之不升木而從而敎之也。

然則當現在舊幣充塞市場，而新幣鑄數未足之時，當何道以處此。曰日本之改革臺灣幣制也，凡外國貨幣，則分析其所含純銀若干，與新幣定一確實不易之比價，其日本之一圓舊銀幣，則暫認為法幣，皆限至某年廢止。竊以為今者處置舊鑄大銀元之法，宜師其意，取國中現在通用之諸內外舊幣，一一鑑定其重量成色，取其每枚所含純銀與新幣每枚所含純銀比較。而列爲一定之比價。限暫用若干年。在此期限中。照其比價。而暫認爲有法幣之資格。政府則隨收受隨改鑄。則滿期以後。舊幣可漸絕跡。而在期限中亦無擾亂幣制之虞矣。似此辦法。雖若甚繁瑣。然分析比較。實不過一技師之事耳。況前此已有先我而行之者。日本當改革臺灣幣制、時。曾由臺灣銀行將我國通用各種銀圓。調查其重量成色。列爲一表。今特錄之如下。據日本人所編清國商業總覽第五編第八十八八十九葉

名稱	重量	成色	摘要
廣東龍圓	四二〇・八八格違	九〇〇	光緒十五年以後廣東銀元局所鑄
美國銀圓	四一二・五	九〇〇	一八七八年在布蘭得比爾所鑄
美國貿易銀圓	四二〇	九〇〇	一八七三年以後專鑄以供東方貿易之用
本洋(西班牙銀圓)	四一六・五	八九八	一七七二年至一八四八年西班牙政府所鑄今絕
乙種本洋	四一四・九八	八九六	同上
丙種本洋	四一四	八九四	現今頗通行於各通商口岸成色雖低中國人喜之
舊香港銀圓	四一九・〇五二	九〇〇	鑄造年月未詳現今殆無
甲種香港銀圓	四一六	九〇〇	一八六六至六八年在香港鑄造
乙種香港銀圓	四一六	九〇〇	現今在印度鑄造
日本銀圓	四一六	九〇〇	一八九七年以後停鑄
日本貿易銀圓	四二〇	九〇〇	一八七五年開鑄一八九七年停

甲種墨西哥銀	四一七	九〇二或九〇三	在香港鑄
乙種墨銀	四一七・七四	九〇二・七	墨西哥本國所鑄現通用於其國中
丙種墨銀	四一六・五	八九八	墨國重要輸出品今在我國最通行者也
甲種新墨銀	四一六・一六	不明	現廣東香港上海間有行用但極少
乙種新墨銀	四一六	九〇〇	今在安南及廠六甲爲法幣中國亦間用之

右表所列重量。以格連起算。格連者英語 Grain 之譯音。英美金衡之單位也。一格連等於法國衡數格蘭姆 Gramme 一萬分之六百四十八。本則例第四條案語云『所稱庫平係指農工商部會同本部奏定劃一度量衡章程內稱庫平一兩合法國衡數三十七格蘭姆又千分之三百零二』故一格連等於庫平一釐七毛二絲弱。而國幣總重量七錢二分等於二十六・九格蘭姆強。即等於四百一十六格連强也。與右表所列丙種墨銀之總重量略相等。惟彼之成色則含純銀千分之八百九十八。我國幣則含千分之九百。是彼之成色低於我千分之二也。他以此類推。

今日處置舊幣之問題。各省舊鑄之幣其一也。外國輸入之幣其二也。據部摺稱各省舊鑄大銀元約四十餘兆。以吾度之。現存者決不及此數十分之一。（其理由詳下）而外幣之數。必多於各省舊鑄之幣數倍。此可以事理推揣而得者也。而此次所頒則例及部中諸摺。於處置外幣之法。未嘗一提及。此亦其漏略之點也。吾以爲處置外幣之問題。當乘此時解決之。失今不圖。後益難爲理矣。而處置外幣之法。實可與處置國中舊幣一律辦理。問者曰。如此則內外無別。豈不適以獎外幣乎。且新幣制行後。外幣無法幣之資格。即此以拒杜之不已足乎。應之曰。不然。外幣固應拒杜。而人民之資財。尤當保護。今外幣之流通於國中者。其數不下一二十兆。皆散在吾民之手。而共恃以爲生者也。使持外幣者蒙損害。則損害非在外人而在我民也。吾故曰。外幣宜與各省所鑄之舊幣同一方法以處置之便。

其法維何。則將國中現存諸幣。擇其通行尤廣者。衡其重量。析其成色。與國幣定一比價。泐爲一表。而於一定之期限內暫認爲有法幣之資格是已。前表所列。經日本著名之技師所分析。當無大忒。卽可據爲藍本。惟其表於各省舊幣。惟有廣東所鑄者。而他省闕焉。但他省所鑄。實與廣東不甚相出入。卽據廣東以例其餘。亦無所不可。若猶慮不確。則據此法而取各省所舊鑄者一一分析一次。爲事抑亦非難耳。至於外幣。前表所列。雖有十五種。其現在最通行者。惟丙種本洋乙種香港銀元丙種墨西哥銀元之三者而已。故卽可鑑定此三種之重量成色。定其比價。而於比價之範圍內認爲法幣。其餘十二種則不認之 其乙種香港銀圓。重量成色。殆全與我國幣同。故在期限中可以無折扣而暫認爲法幣。丙種墨西哥銀圓。其成色低於國幣千分之二。丙種本洋。其重量旣輕於國幣二百分之一。其成色復低於國幣千分之六。故此兩種雖在期限內亦暫認爲法幣。而用兩種墨西哥銀圓者。每百圓而須補水兩角有奇。用丙種本洋者。每百圓而須補水六角有奇。此其大較也。其各省舊鑄之銀圓。亦皆照此法按其重量成色而差定其率。俟期限滿後。卽悉廢不列於法幣。

吾之此法所以與則例精神大異者。則例尊市價。是儕一切舊幣於國幣也。吾尊法定之比價。是持國幣以臨一切舊幣也。儕一切舊幣於國幣。則價格之標準不立。民必仍用其所慣用之無形標準以建市價。各地標準不同。各業標準不同。是卒等於無標準。而幣制全隳矣。持國幣以臨一切舊幣。則全國之價格標準。定於一尊。夫然後幣制之根。乃植固而不拔也。

問者曰。如子所言。於收換改鑄。得毋妨害乎。曰。無傷也。是蓋與自由鑄造法相輔而始完其用。吾更於次節別論之。

然則處置小銀元之法當如何曰小銀元之名價大於其實價故外國鑄造者決不能認爲法幣認之則國家之虧耗重矣幸而我國市面上外國之小銀元不甚多其通行者皆各省所鑄造耳輔幣之行用旣立有制限倘更能輔以納稅無制限之法則酌盈劑虛之妙用已具雖竟認爲法幣亦無所不可固不必汲汲於改鑄也日本自明治初元以迄今其幣制已更三次其本位由單而複由複而再返於單由銀而金由金而金銀並用而復返於金以彼變遷之多如此而至今市面上猶有明治四五年之銀輔幣充斥焉斯可證改鑄輔幣之無庸汲汲矣。

論政府阻撓國會之非

(一) 上諭與軍機大臣責任問題

國中諮議局及其他公私團體痛國事之敗壞憂宗社之陸沈敬謹聯合二十餘萬人爲第二次請願國會之舉乃以五月二十一日奉上諭深閉固拒未予曲從使此上諭而由我皇上斷自聖衷則吾儕小民何敢更生異議雖然我皇上沖齡典學未親大政此天下所共見也監國攝政王謙恭自牧事無大小悉諮廷臣又天下所共聞也此次諭旨經召見會議政務處王大臣及面詢各衙門行政大臣而後決定此又明見於諭旨文中及宮門鈔者也且自宣統元年以來凡一切詔旨之末皆有軍機大臣署名此制實爲國朝二百年來所未有今茲所以行之者則以先朝旣確定中國爲立憲政體因采大臣副署之制以明責任所攸歸也夫立憲政體之精神君主不能爲惡其有過舉則惟大臣輔弼無狀實職其咎故詔勅中一句一字副署者悉任其責萬不容諉過於君上其

有假制詔以爲護符者是自處於至安而貽君父以至危其罪爲大不敬所謂亂臣賊子人人得而誅之者也是故吾儕小民得援此義以詰責署名詔末之軍機大臣

(二) 國民籲請速開國會之理由

軍機大臣署名之上諭有云願我臣民勿騖虛名而隳實效嗚呼以國民萬斛血淚而輕輕以虛名二字抹殺之政府熒惑聖聽之技可謂巧矣夫宣統八年之必召集國會既明見於先朝大誥我皇上且申之以信誓國民卽好虛名亦何爭此區區數年之歲月而國民所以哀號迫切再三籲訴者徒以現今之政治組織循而不改不及三年國必大亂以至於亡而宣統八年召集國會爲將來歷史上所必無之事也吾之此論非惟政府羣公聞而掩耳卽邦人諸友亦將疑爲泰甚雖然吾亦豈忍爲此不祥之言因果相嬗自有定律固非諱言之而遂能逃避也今中國亡徵萬千不可殫述但舉財政一端以爲例而其他可推也今中央之財政每年入不敷出者幾何非吾儕所深悉惟見其日日與外省爭財源而已各省之財政每年入不敷出者幾何雖不能得實數然多者缺數百萬少者亦缺百餘萬此則見於度支部清理財政之摺及各督撫之奏報歷歷可按者也約略計之則每年全國歲出三萬萬兩內外而歲入僅二萬萬兩內外雖不中當不甚遠假令有一家於此所入短於其所費三之一偶然如此尚可以謀挹注若年年以爲常則其家人非相率爲餓殍卽欺盜刼奪以陷於刑僇此事勢之無可逃避者也而不幸中國之財政乃有類於是前此猶得竭蹶以彌縫於一時也及最近一二年間而有驚心動魄之一現象起焉則官俸與兵餉之延欠是已（大清會典所定之官俸近數十年來已折扣殆盡官吏亦久不恃此以爲養吾所言者非指此乃指新官制之津貼及各差委之薪水耳）都

中除度支部外務部郵傳部外其他各署。大率皆以籌給司員薪水爲最大問題。外省則雖素號富庶之邦而各局員薪俸率皆支半欠半。而各省所練新軍欠餉不發者多則半年少亦三月。軍軍如是。省省如是。問將來從何處得款以補發。則毫無成算。但祈天雨金而已。夫國家而欠官俸。更何詞以整頓吏治。國家而欠兵餉。則無異授衆人以太阿使聚而戕我。此現象繼續一年。全國所至兵變矣。故即此一端而大亂已可以猝發於旦夕。政府諸公其亦知之否耶。夫財政現狀既已若是。雖一事不辦。力圖撙節。固已儳然不可終日。而政府當道猶日日假新政之美名。致歲出增加無藝。今日設一研究所。明日設一籌備處。全國所費動百數十萬也。不甯惟是。今日增一局。明日置一課。全國所費動百數十萬也。不甯惟是。中央則今日添一丞參上行走。明日添一參事官。各省則今日添一勸業道巡警道。明日添一交涉司度支司。薪俸及行政費之增加動百數十萬也。不甯惟是。今日派員往各省監查甲事。明日派員往各省監查乙事。每員薪水月輒數百。每派一次。所費動百數十萬也。夫此種種日增之費。不取諸民將焉取之。嗚呼。一國中同時能得幾個百數十萬。人民之力能負擔幾個百數十萬。管子不云乎。天之生財有時。民之用力有限。而人君之欲無窮。以有時有限而養無窮之君。足以上下相賊也。今我皇上雖恭儉自持。而政府當道抱無窮之欲者乃千萬輩。古者雖以殷富之民。竭其力以奉一多欲之君。而大亂未嘗不緣之而起。況當民窮財盡之秋。而豢千萬之虎狼以噬之。其安得不激而橫決。今吾民迫於全世界生計競爭之大勢。既已盡失其恆業矣。而政府復從而蹙之於死地。加惡稅。募惡債。鑄惡幣。發惡鈔。以致百物騰踊。四海困窮。孟子曰。庖有肥肉。廄有肥馬。民有飢色。野有餓莩。此率獸而食人也。又曰。使民盻盻然將終歲勤動而不得以養其父母。又稱貸而益之。使老弱轉乎溝壑。又曰。百姓舉疾首蹙頞而相告曰。何爲使我至於此極也。父子不相見。兄弟妻子離散。今一一當之矣。循此不變。不一二年。國中百業俱廢。民終歲不得一飽者。必居其半。此絕非危言悚聽試讀拙著中國國民生計之危機等篇當明其故民勞亦死。逸亦死。進亦死。退亦死。為乞丐亦死。為盜賊亦死。及乎舉國皆有死之心。而不樂其生。則雖有善者。亦不能為計矣。此僅就財政一端論之。而必至之趨勢既已若是。而況乎他事之與之相緣者。又更僕難數也。故使政治現象一如今日。則全國之兵變與全國之民變。必起於此一二年之間。此絕非革命黨煽動之力所能致也。政府迫之使然也。夫民變而徧於全國。則政府雖有兵。固已無自鎮壓。若重之以全國兵變。則政府及其他赫赫之官吏。為怨毒所集者。惟有束手以聽暴民暴兵之爨炙而已。況以今日中國在世界之位置言之。東西列强。必不容我鼎沸糜爛。政府之力既僅能召亂而不能戡亂。斯則必有代起而戡之者。則其禍豈惟中於三百年之皇室。勢必且中於五千年之國家。嗚呼。政府諸公乎。公等日日夢囈。尚以為有此優閒之歲月。待公等飽而颺去之後。至宣統八年開國會。乃舉艱大以遺諸他人乎。夫必有國然後有國會。吾敢斷言曰。中國而欲有國會者。惟開設於宣統四五年以前為能有之。過此以往。吾中國永永無開設國會之時矣。藉欲有之。則如芬蘭之求國會於俄。印度之求國會於英也。我國民所以淚盡眼枯以求國會者。徒以一失不可復得。故願及未塡溝壑而覩其成。使諸公而有一銖一黍之良心。有一銖一黍之能力。能保我國家之祚命及國民之生命。至於宣統八年者。則此區區期限之久暫。敬當忍以待之。何辱命焉。而不然者。則詩不云乎。鴟鴞鴟鴞。既取我子。無毀我室。我四萬萬人前世對於公等。無論結有何種不可解之冤業。公等奪其幸福者數十年。報之已足。幸毋並其所以託命者而奪之也。

（三）國會之職權及其功用

軍機大臣署名之上諭又云『論議院之地位在憲法中祇爲參預立法之一機關耳其與議院相輔相成之事何一不關重要非盡議院所能參預而謂議院一開卽足竟全功而臻郅治古今中外亦無此理』嗚呼讀此而政府諸臣煬蔽聖明之罪昭然若揭矣夫謂議院（議院卽國會也此從諭旨之文）爲參預立法之機關是也下「祇」字一「耳」字一若議院舍此別無他職權則大非也欲明議院之性質必合法理上及政治上兩方面以觀察之而始得其全以云法理耶則我憲法今尙未頒定無成文之法理以資解釋所能論據者惟比較各國成法以求其公共之原則而已考各國議院其職權之大小廣狹千差萬別莫或相同有以議院爲單獨之大權機關其權非惟在政府之上且在君主之上者如德意志帝國及比利時是也有與他機關共同而組成大權機關者如英國美國法國等是也有兼爲司法機關者如英國之貴族院德國之聯邦參議院美國法國意國之元老院是也有兼爲行政機關者如德國之聯邦參議院美國之元老院是也（參觀第八號拙著中國國會制度私議第七葉至第十葉）第此勿深論專就各國議院共通之職權論之則（一）參預改正憲法之權（二）提出法律議決法律之權（三）議決預算審查決算之權（四）事後承諾之權（五）質問政府之權（六）上奏彈劾之權（七）受理請願之權此七者無論何國之議院咸所具有故就比較法理言之卽謂此爲萬國議院共通之職權可也卽謂此種職權苟缺其一卽不成爲國會可也今乃云議院祇爲參預立法之一機關將其他職權盡爲削去此則無論徵諸何國憲法之法理而皆牴牾者也（名國會爲立法機關此本於孟德斯鳩三權鼎立之說其實今世各國立法事業非悉經國會而國會職權又不僅立法絕對的三權鼎立之說久爲學者所糾正矣）以云政治耶則議院最重之職務在於代表民意監督政府卽參預立法之權其根本精神亦在於是並非謂人民所選舉之議員其立法上之智識必能視政府爲優也今世立憲國之法案由政府提出者什而八九由議員提出者不過一二顧不聞

緣是而謂議院參預立法之權可以輕視者。蓋非是則無以防政府立法上之專橫。而所立之法。必不能順民所欲也。夫當順民所欲而防政府之專橫者。豈惟在立法而已。大而政治之方針。小而行政之成績。苟非立監置史以堅明責任。未有不積久而生弊者。故就政治上以論議院之地位。則議院之所以能安社稷利國家者。不徒在其有參預立法之權。而尤在其有主持財政監督行政之權。其主持財政之權。則以協贊預算之形式行之。蓋庶政非財不行。故政治上一舉手一投足。無不與財政相麗。預算案者。卽政治方針之具體的表現也。議院既有協贊預算之權。則政府凡百施政。自不得不取途於預算。以受國民之公斷。其所施之政。爲有方針耶。爲無方針耶。其方針爲適宜耶。爲不適宜耶。皆觀預算而可以得之。而既經議院協贊之預算。卽以證明政府之施政能順民意者也。其預算不能通過於議院。卽以證明政府之施政不順民意者也。故議院有協贊預算權。其於監督政治之大體。則已若網在綱矣。猶慮臨機應變之政策或有誤也。則有質問權及事後承諾權以監督之。猶慮循名責實之有未周也。則有上奏彈劾權以監督之。有此諸權者以與參預立法權相輔。而完議院之功用。故爲政府者。進則收集思之益。自能兼聽以生明。退則懍具瞻之嚴。自能敬愼以毋肆。立憲政體所以優於專制政體者。其根本精神皆在是。而我德宗景皇帝所以宏此遠謨。以保子孫黎民者。凡以此也。今而曰議院除參預立法之外一無所事也。則議院不過憲政編查館之輿臺已耳。以憲政編查館之輿臺爲議院。則其謂議院無關於國家安危大計。亦固其所。而惜乎其與各國議院之性質。大相刺謬也。

諭旨云『謂議院一開。卽足竟全功而臻郅治。古今中外。亦無此理。』誠哉然也。夫政治進化。靡有止期。若何而可稱爲全功。若何而可稱爲郅治。雖合全世界政治學大家。固無從下其定義。卽在今世憲政久行議院久開之國。彼其君民上下亦曷嘗敢謂已竟全功而臻郅治者。而況於中國乎。雖然。吾抑嘗徧讀各團體之請願書。則未見其以此種夸大無實之言上熒聖聽也。我國民主張速開國會之理由。圖治尙其第二義。而救亡乃其第一義。譬諸在冰天雪窖之中。而胥謀亟熾爐火。非謂但有爐火而人生之幸福卽已具備。然目前苟無爐火。將立失其生命。而後此之幸福將安所託。今吾國之急需國會。正此類也。夫以今日賣官鬻爵。公然列肆持籌而算。駔儈圉隸。彈指卿相者。一經國會之質問。政府能辨答乎。冗署冗缺冗差冗員。政府所以位置私人而招徠善價者。將其經費提出於國會。能見承諾乎。日搆虛辭。揑報成績。經國會委員會分科調查。其能隱蔽乎。國家歲計入不敷出者逾萬萬。而歲出之屬於糜費者。殆三之二。此種豫算案。其足以出醜於國會議場乎。凡編豫算。必期於收支適合。國會若質問政府以何術彌此巨虧。能置答乎。其他若外交政策之方針。軍事政策之方針。教育政策之方針。交通政策之方針。產業政策之方針。理藩政策之方針。無論爲大綱爲細目。國會任舉一焉以質問各部大臣。其能以片語見答乎。民間種種顚連疾苦。上請願書以求國家救濟者。國會受理之以移於政府。政府能展一籌乎。此不過隨舉數端。其他庶政罔不類是。蓋更僕難盡也。彼政府及一切官吏所以視國會如蛇蝎者。曰惟此之故。而國家與皇室與人民所以恃國會爲性命者。亦惟此之故。是故謂有國會而國立强。則古今中外洵無此理。若夫無國會而國立亡。則古今中外不乏成例。而在今日之中國。其理尤洞若觀火者也。夫組織國會。選舉議員。此非特爲國民之權利也。而一方面亦爲國民之義務。政府自言其不得已之苦衷。謂非故靳國民以此權利。曾亦思國民苟非萬不得已。亦何樂汲汲焉攬此義務。以自增其負擔耶。假使有聖祖仁皇帝世宗憲皇帝腓力特力大彼得以爲之君。管夷吾諸葛孔明張太岳俾士麥加富爾以爲之相。則厲行開明專制一二十年。而吾民於其間耕食鑿飲。安居樂業。扶杖以觀德化之成。豈非快事。夫我皇上他日親裁大政。繩武仁憲。方駕腓彼。誠意中事。然此當期諸十年以後也。此十年中。事無大小。總己以聽於政府諸公。政府諸公乃敢靦然自比管葛。而爲俾加之所不敢爲乎。夫公等爲天之降材所限。不能自媲於前賢。吾民亦豈忍苛責。但使有至誠惻怛憂天下之心。有皎然不敢欺君父之志。則亦自能取人爲善。相與有成。而吾儕小民以生命財產託於公等之手。魂夢亦可以暫安。如日本之三條實美。岩倉具視。皆非有過人之才。而能翊佐大業。垂名無窮。是其例也。即不然者。委蛇伴食。无咎无譽。雖不能爲國家增幸福。猶不肯爲國民滋毒痡。則吾民猶可以苟活數年。以待公等之代謝。今也公等之所爲。明明惡國祚之綿長。而日夕併力謀所以斵喪之。惡人民之蕃息。而日夕併力謀所以屠殺之。吾民誠不忍列祖列宗艱難締造之國土。從茲淪亡。抑亦不甘以天地父母仁愛覆育之軀。宛轉就死。故於前途希望一切斷絕之餘。作九死一生之想。冀此國會成立。得喚醒公等良心於萬一。續此千鈞一髮之國命。以奉諸我皇上而已。而公等乃謂其希全功而望郅治。是晉惠食肉糜之類也。

（四）國會與籌備憲政

軍機大臣署名之上諭。動以籌備憲政爲辭。一則曰面詢各衙門行政大臣。皆奏稱籌備一切。尚未完全。再則曰仍俟九年籌備完全。再行降旨。其他連行累牘。皆不外數衍此一語。嗚呼。亡中國者。必此言也。今請立四義以明辨之。

第一　憲政二字。當作何解釋乎。

第二　九年籌備案與國會果有何種之因果關係乎。

第三　無國會而所謂憲政者果可得籌備乎。

第四　現政府於其所謂憲政者果嘗籌備乎。

第一、憲政二字當作何解釋乎

三四年來。朝野上下。洋洋盈耳。皆曰憲政憲政。然試叩以憲政之果爲何物。恐能對者什不得一二也。憲政也者。立憲的政治也。立憲的政治也者。對於非立憲的政治而得名也。何謂立憲的政治。何謂非立憲的政治。此非繩之以論理學。則正確之意義。不可得而見也。今吾立一名於此。曰此人也。此非人也。人與非人。以何爲識別。蓋人自有人之特質焉。以示別於禽獸。具此特質者名之曰人。缺此特質者。時曰非人。憲政與非憲政之別。則亦有然。立憲的政治。自有其特質焉。以示別於非立憲的政治。苟缺此特質。則無論如何。終不得以冒憲政之名也。夫所謂立憲的政治之特質者何。則政府對於國會而負責任是已。蓋他事皆立憲政體與專制政體之所同。惟此事惟立憲政體之所獨。是故有國會謂之憲政。無國會謂之非憲政。籌辦國會謂之籌辦憲政。不籌辦國會。不謂之籌辦憲政。（責任內閣立憲的政治之一大特質也故籌辦責任內閣得謂之籌辦憲政然責任內閣之名何以立以其對於國會負責任而始立也故無國會則無責任內閣不籌辦國會則等於不籌辦責任內閣何也責任內閣者非對於君主而負責任之謂也苟對於君主負責任而即稱爲責任內閣則凡專制國之大臣何一不對於君主負責任者果爾則是專制政體與立憲政體之所同非立憲政體之所獨何足稱爲特質乎是故必對於國會負責任始足以符立憲的責任內閣之定義使無國會則責任內閣何所麗以成立故不籌辦國會即等於不籌辦憲政毫無疑義也）夫非謂舍國會以外。凡百庶政。可以無須籌辦也。今世界中已有國會之國。其所籌辦諸政。曷嘗一日荒怠。然此乃籌辦普通之政治。不名爲籌辦憲政也。我德宗景皇帝命嗣皇及百執事籌辦憲政。恭繹聖意。則不外籌辦國會而已。今政府非惟不籌辦國會。而反沮撓國會。舍憲政不辦。而惟日日指憲政以外之事爲憲政指與憲政不相容之事爲憲政於是中外衙署紛紛設立憲政籌備處他且勿論彼翰林院有何憲政之可籌備者彼理藩部有何憲政之可籌備者其他各署亦皆若是已耳添置一局所則曰籌備憲政頒布一章程則曰籌備憲政任用一官吏則曰籌備憲政凡政府一舉一動皆納入於籌備憲政之範圍中蓋經現政府籌備之後而憲政一名詞遂永永爲世詬病是故我國民上奉先帝之遺詔下按世界之學理決不能許現政府以冒籌備憲政之名孔子曰名不正則言不順言不順則事不成究其弊之所極至於民無所措手足今若正籌備憲政之名乎則惟籌備國會而已

第二、九年籌備案與國會果有何種之因果關係乎　現政府所謂籌備憲政則以光緒三十四年奏定之九年籌備案爲金科玉條此籌備案之鹵莽滅裂不成片段吾既已痛駁之（參觀本報第一號時評門）今政府託於籌備未完以沮撓國會所謂未完者謂此籌備案之項目敷衍未完如小學堂學生所讀課本未卒業也今且勿論此籌備案之價值惟論其與國會之關係何如考籌備案雖臚列八十餘項目以塞篇幅按其內容實只得十四項一曰設立諮議局資政院二曰調查戶口三曰編纂法典四曰司法獨立五曰辦理巡警六曰辦理地方自治七曰編訂官制官規八曰清理財政九曰編國民課本十曰變通旗制十一曰設行政審判院十二曰設弼德院十三曰頒布憲法十四曰頒布議院法及選舉法今得一一檢其與國會之關係以證籌備未完國會不能開之說果爲正確與否也

(一)國會與資政院諮議局　諮議局爲一省之議會國會爲一國之議會其性質雖相類其系統不相蒙兩者之間絕無因果之關係謂必先有諮議局然後能有國會無有是處藉曰必須爾也則諮議局之成立今

已兩年他事雖籌備未完而此則已完矣其不足爲沮撓國會之口實明甚若夫資政院政府恆稱之爲議院之基礎在彼固以爲與國會有密切之因果關係吾則以爲資政院非惟與國會不成關係而且與國會不相容者也此其理由國會請願代表言之甚詳吾亦於下方別爲專條以論之

(二)國會與調查戶口　戶口與選舉略有關係則調查戶口與國會不得謂絕無關係雖然謂戶口調查未竣卽選舉不能執行此讆言也諮議局議員由選舉而成而籌備案以調查戶口列於諮議局成立之後謂諮議局議員可以無須調查戶口而選舉國會議員則非調查戶口後不能選舉此何理乎

(三)國會與編纂法典　國會與編纂法典絕無因果之關係者也蓋法律之應否編爲成典至今尙爲世界學者論爭之一問題若謂必須法典完成之後乃能開國會也則如彼英美等諸不典國將永世無開國會之期矣（不典國與成典國相對待成典國者將民刑商訴等重要之法律以系統的組織編爲成書也不典國者國中惟有許多單行法而未嘗編爲成書也今世界上無所謂英國民法美國民法等蓋英美皆不典國也）卽在采成典主義之國亦從未聞必先有法典然後可以有國會法國國會起於一七八九年其民法頒於一八〇四年德國國會濫觴於一八四八年大成於一八七一年其民法頒於一八九七年日本國會開設於明治二十四年其民法頒於明治二十八年其他諸法無論何國大率皆成就於國會旣開之後故開設國會與編纂法典可謂之絕無關係若必曰有關係者則謂當先開國會而後頒法典猶爲近之此不徒徵諸各國成例爲然也蓋法典之爲物其效力視普通之單行法爲尤强國民公私權於茲託命焉國會以參預立法爲一重要之職務若民刑商訴諸大法典未經國會議決而遂頒布是舉國民參預立法權之一大部分而剝奪之也是故籌備案以編纂法典列於召集國會之前實爲大悖論理至謂非俟編纂法

典事業籌備完全之後。不能開設國會。則更夢囈矣。

(四)國會與司法獨立　司法之事。與國會最不相蒙。其絕無因果關係。不辨自明。

(五)國會與巡警　巡警不過內務行政之一事。與國會絕無因果關係。如曰必辦完巡警始能開國會。此無異謂必須練成海軍始能開國會也。有是理乎。

(六)國會與地方自治　謂地方自治之成立當先於國會。此現行俗說之最强有力者。非特政府借此以延宕。而大多數之國民。亦或緣此而自疑。卽吾黨前此亦誤於此說。此所謂彌近理而大亂眞者。不可以不辨也。夫謂自治當先於國會者。不過曰借此以養成人民政治上之能力而已。夫人民習於地方自治。則能喚起其參與公事之興味。孕育其服從多數之習慣。政治能力緣而增長。誰曰不然。雖然在歐美諸國。其地方自治爲歷史上所固有者。既數百年。非國家强迫之獎厲之而始成立也。是以能收其效。若國中本無地方自治之習慣。或雖有之。而與多數政治之精神相牴觸者。則假國會以養成政治能力爲道。尙稍易。假地方自治以養成政治能力爲道。尤難。彼日本初開國會。已斐然可觀。後此年年進步。而其地方自治辦理二十餘年。至今訖未完備。而一切要政。多受成於官吏。實最確之例證也。此其故何耶。蓋事業無論大小。成之存乎其人。國會議員。以一國之大。所需不過數百人。地方自治。則一鎭一鄉。動需數十人。於一國而拔其秀者得數百人爲事易。於一鎭一鄉而拔其秀者得數十人爲事難。此理勢之至易覩者也。今中國人之有新智識而感政治上之興味者。本已甚稀。其或有之。則當此國家危於累卵之時。自必急其所急。以全國之利害爲重。而一方之利害爲輕。故非俟國會既開。危機已過之後。則有新智識而抱熱誠之士。必不肯盡瘁於一鎭一鄉之自治有斷然也然則此數年內就令地方自治果能成立其機關亦不過爲頑劣紳士所盤據愈以助其武斷鄉曲之淫威於人民究何利焉而此輩强半不適生存於立憲政體之下不久當受天然淘汰若望其練習數年後爲國會之中堅是欲彫朽木而圬糞墻也由此言之則泰西之地方自治誠與國會有因果之關係而現政府所籌辦之地方自治則與國會無一毫之因果關係者也況以事勢言之則國會不開地方自治又決無成立之期何也辦地方自治必須先籌地方財政而籌地方財政必須使地方人民於負擔國稅之外仍有力以負擔地方稅然後可以言籌也中國若三年內不開國會則全國之民皆憔悴於虐政而轉乎溝壑夫安有以救死不贍之人而猶暇爲鄉鄰造福者哉

(七)國會與官制官規　官制官規全屬行政範圍與國會不相蒙其無因果關係不辨自明而立憲政體之官制莫要於責任內閣無國會則責任內閣無所麗而官規之實行亦賴國會爲間接之行政監督故謂有國會然後官制官規能臻完善則是也謂官制官規完善後始能開國會則非也

(八)國會與清理財政　國會以承諸租稅監督財政爲最重要之職務故爲積極的財政計畫起見非有國會不可爲消極的財政整頓起見亦非有國會不可我國民之主張速開國會此實其最主要之一理由也而政府則謂以財政未清理之故不能開設國會此何理耶謂附屬於國會之經費無所出耶公等日日取吾民之脂膏血汗恣意揮霍一擲千萬所憂者豈在此區區若此區區者公等誠不能籌措則國會自必有術焉以籌措之無勞公等仰屋也若曰豫算表不易編成無從提出於國會耶此誠公等不可告人之隱衷然試問此一二年內猶不舉行預算則國家破產之禍更能免否國家破產更安所得宣統八年以召集國

會也且政府不言以資政院爲國會基礎乎此爲國會基礎之資政院亦有議決預算權否耶如其無之何基礎之可言如其有之則可以提出於資政院者曷爲不可以提出於國會故籌備案中關於財政之各項目謂必俟一一籌備完全之後始能開國會其說決不成立也

（九）國會與國民課本　籌備案中有編輯簡易識字課本編輯國民必讀課本創設簡易學塾等條最爲可笑吾前曾言之參觀第一號時評政府日以程度不足責吾民問其以何術籌備而使之足則於九年籌備案中年年排列簡易識字課本簡易識字學塾等項目黔驢之技止於此矣夫國家教育之本意非驅一國之人民悉從事於政治也故普通教育重焉普通教育固隨處灌輸之以立憲國民之常識而所恃以爲國會議員以代表民意者則非以此而遂足故恆注重政治教育使人民之秀者得由此以自致所謂政治教育者不一端而官私大學之教授報紙之論列政黨之指導其最要也使籌備案中所規定爲某年設立官私大學某年推廣官私大學限某年在大學畢業者須得若干人未及此數則指爲籌備未完全國會不可開則吾無間然也又使政府以國中報館程度幼稚以國中無一政黨而籌備所以改良之獎厲之者當其籌備未完全而因言國會未可開則吾益無間然也今也不然方禁止私立法政大學方停止留學法政官費方梏報館方摧鋤政黨而所以爲國會之預備者惟恃籌備簡易識字試問簡易識字果與國會有何關係度公等固斷未必肯行普通選舉制也且諮議局尚行複選舉制則將來國會之必行複選舉制又可推也於國民中拔其秀者然後予之以選舉權又拔其秀者然後予之以第二次選舉權又拔其秀者然後舉而列諸國會復何慮其不識字是故籌備簡易識字與國會無絲毫之因果關係其事甚明

(十)國會與變通旗制　變通旗制爲一種特別行政。與國會絕無關係。事至易見。若謂旗制未變定以前。於選舉議員不無窒礙。則如現在諮議局暫設旗籍議員。俟他日變定後始行歸併。有何不可。此固不足爲國會之障也。

(十一)國會與行政審判院

(十二)國會與弼德院　行政審判院受理行政訴訟。弼德院備君上顧問。皆爲一種獨立機關。與國會異其系統。其彼此不必相待。至易見。

(十三)國會與憲法　宜先有憲法而後有國會耶。宜先有國會而後有憲法耶。抑國會憲法宜同時成立耶。此我國人亟欲研究之問題也。當世諸立憲國中。國會與憲法同時成立者居多數。吾國采此主義。未始不可。雖然。謂非有憲法卽不能有國會。此大謬也。英國爲立憲政體之祖國。其國會建設已數百年。而至今尚無成文憲法。使國會必有待於憲法。則英何以稱焉。不獨英也。法國先有國民議會。然後有憲法。美國先有十三州議會。然後有憲法。德國先有聯邦議會。然後有憲法。自餘諸國。率皆類是。蓋雖兩者同時成立。然猶必召集國會後。乃頒布憲法。觀各國憲法條文。其發端皆有經國會協贊字樣。斯可證也。惟日本以有特別之國情。故先頒布憲法。乃始召集國會。然國情異於日本者。固非可以漫然學步。卽以日本論。彼中有識之學者。於此舉猶多腹誹。蓋憲法既頒於未有國會以前。斯不得不用君主單獨之名義。而用君主單獨之名義以頒布憲法。其憲法之硬性過甚。雖時勢變遷。而改正不易。非國家之福也。故吾黨所主張。謂宜先制定憲法草案。而暫勿頒布。俟國會第一次開會。將草案提出。經協贊然後布之。此既符各國通例。亦適應我國國情者也。夫憲法之與國會。誠有密切之因果關係。制定草案。誠不可不先時籌備。然以一年之力爲之。亦既優優有餘。謂徒以此而必須費九年之光陰。甚無理也。

(十四)國會與議院法選舉法　此其因果關係。最爲直接。非有議院法選舉法。則國會決不能發生。不能存在。當召集國會前必須籌備者。惟此一事而已。然此則何難之有。以憲政編查館之濟濟多才。數日半月可了矣。況關於諮議局之種種法規。皆足以爲先河。及今籌備。其事已因而非創。乎謂此區區者而須期以九年。尤無理也。

準此以談。則九年籌備案中。雖臚列八十餘目。按諸實際。僅得十四項。此十四項中。與國會有因果關係者。僅得兩項。此兩項中。又惟一項必須籌備於召集國會以前。其他項則雖一面召集。一面籌備亦不爲晚。而此必須籌備於召集國會以前之一項。則數日半月可了者也。然則謂籌備必經九年始能完全。未完全則不能召集國會者。直欺罔而已。獨奈何以我皇上之聖明。而政府諸臣乃敢於欺罔。忍於欺罔也。獨奈何以我國民之忠愛。乃坐視政府諸臣欺罔我皇上。而曾無所動於中也。

第三、無國會而所謂憲政者果可得籌備乎。　上所論者。謂九年籌備案與國會絕無因果關係。國會之能開與否。不視此案籌備之曾完與否也。雖然。案中所列。什九皆屬要政。此數年中必須次第籌辦。自無待言。雖然。苟無國會。則此諸政者果可得籌辦乎。吾請立兩義以衡之。夫政無大小。其舉之也必以財。故財政實爲一切政治之總前提。然今日之中國。而無國會。則財政萬無整理之時。吾既屢言之矣。夫國家所以得收入之道。舉其重者。約有三端。曰租税也。曰官辦事業之利益也。曰公債也。國會未開。無從募一文之公債。徵諸前事既歷歷矣。官辦事業。若郵政電報。若鐵路。在各國政府之收歸官辦者。其目的雖非借以籌款。然辦理得法。自然能於利便人民之外。仍有非常之利爲國家歲入一大宗。今中國諸官業中。有須賠墊者。有僅得微利者。然使經辦之官吏。能有實心有常識。則現之賠墊者決無須賠墊。而微利必易爲厚利。可斷言也。（試舉一事言之。即如京漢鐵路。現每年獲利雖云有數百萬。然搭客車價每人至六十餘元。世界各國無此奇昂。此無異欲阻禁人民之搭車而已。又如普通行車。惟日行而不夜行。其他設備之種種不完。經理之種種無法。不可具述。使東西各國有此繁盛延長之路。其便民必數十倍於我。而政府所得亦必數倍於我。可斷言矣。姑舉此爲例。其他皆可以是推之。）夫無實心無常識之官吏。所以得濫竽其間者。徒以無國會監督之使然也。故國會不開。則此種收入必有日減無日增。蓋可必矣。（現政府所最津津有味者。則惟在爭此種官業之餘利。而不知日減之象久已見端。謂余不信。試觀五年前京奉鐵路所獲利與近兩年比較。則何如。吾知此種好夢不久亦將驚覺矣。）若夫租稅。則英國人所謂「不出代議士不納租稅」之一格言。國中一部分人士雖倡導之。然未必能見諸實行。故政府亦不以介意。雖然。舊稅之抗納。容或爲事理所暫無。而新稅之增徵。則爲情勢所萬不能致。此徵諸印花稅推行之艱窘。而可知也。又不惟新稅而已。即以舊稅論。苟循今日之政治現象而不變。則今後徵收日以困難。而收入日以減少。又事勢之無可逃避者也。其在間接稅。（如釐金關稅等）財政學上所謂最富於自然增收之性質者。其性質既能自然增收。則亦能自然減收。民富日發達。則一切物品之銷場廣。不必加增稅率。而收入可以自增。反之而民富日萎悴。則一切物品之銷場狹。雖稅率仍舊。或議增焉。而收入反以自減。此不易之理也。我國釐金統捐等。近一二年來。各省所收皆銳減。官吏曹於學理。咸莫解其所以然。不知履霜堅冰。所由來漸矣。其在直接稅。（如田賦等）政府定率取盈。人民固莫得而抗。然雖有公忠馴良之民。亦必其負擔力所能逮。然後得以自效於國家。若老弱轉乎溝壑。壯者散而之四方。則雖欲靖獻。其可得乎。然中國此種現象。則日迫一日。不一二年。決無幸矣。故中國而無國會。則新稅決不能增徵而舊稅必日以減收其事至易明夫所謂有國會而政府收入可以增者非謂國會以有承諾租稅權故遂能强國民以苛重之負擔也政府中亦有一部分人懷此理想者而民黨之游說政府亦或以此餂之其實非正當之觀念也蓋國會既開之後則政府無論如何必須將財政計畫提出以求協贊而計畫之太悖於學理能生出涸竭民力之惡果者決無從通過故稅源得受保護而無自然減收及逃匿不納之患此其利一也欲增新稅雖其稅目選擇極當然猶必使人民解其所以然之故乃始不以爲厲己而推行可免阻障何以能如此則必使人民於國家之觀念見之漸眞於政治之興味感之漸深然後開導之乃易爲力彼日本政府於所得稅相續稅等明知其爲最良之稅目然非俟召集國會以後不能施行此中消息蓋可參矣故必有國會然後善良之租稅系統得以建設此其利二也由此言之則非有國會而財政之整理萬不可期雖蘇張之舌無能相難矣而財政不足以給新政之所需則未辦者必永遠閣置即已辦者亦半途廢止勢必然矣不見此兩月來京外大吏陳請緩辦新政之疏已果上乎其言雖或由於頑固或出於忠愛未可以一概論而要之皆以財政問題不能解決致生此反動此萬目所共睹也是故此一二年內不開國會則無論以何人當籌備憲政之局決不能爲無米之炊而九年籌備案中所列諸項目其屬於宣統三四年以後者勢不得不悉行中止吾所敢斷言也

復次卽舍財政勿論而以現在之政治組織果足充籌備憲政之機關乎蓋九年籌備案雖屬鹵莽滅裂然任欲籌備其一二端固已非有適當之機關不能爲力而現在之政治機關則無一而適者也現機關之不適者其事非一而根本之缺點則在事權不統一責任不分明舉措無計畫名實難綜覈此事吾於憲政編查館所編行政綱目別有批評將於彼文詳之今且勿具論然一言以蔽之其樞紐不外在設責任內閣然非有國會

則責任內閣決無從成立故國會又樞紐之樞紐也今也在現行政治組織之下雖使管夷吾諸葛武侯俾士麥嘉富爾復生則亦困頓於簿書期會束縛於築室道謀而銷磨其精神破壞其計畫已耳故曰無國會而所謂憲政者決不能籌備也

第四、現政府於其所謂憲政者果嘗籌備乎　前此所論(其一)以憲政與普通政治不容混爲一談不得舉凡百政治而盡託於憲政之名也(其二)謂九年籌備案鹵莽滅裂不能援之以爲延宕國會之口實也(其三)謂苟無國會則並此鹵莽滅裂之籌備案而不能行無論以何人當籌備之任皆將束手也然此皆勿具論就令如政府之意謂籌備案所列項目與憲政之範圍適相脗合舍此以外更無憲政而此所謂憲政又不必有國會而已能籌備也而現政府果嘗從事於籌備乎此則當請政府諸公捫心自問無勞吾輩更贅一辭也今軍機大臣署名之上諭一則曰各衙門行政大臣皆奏稱按期次第籌備一切再則曰經憲政編查館奏派委員分起前赴按照籌備清單認眞考核三則曰朝廷按期責效並未嘗稍任鬆懈嗚呼政府諸臣乃敢爲不怍之言以上欺君父而下欺國民乎今每半年奏報籌備成績一次聽其言則百廢具舉稽其實則百舉具廢此非吾輩少數人之私言實天下無智愚賢不肖所同認也上諭有云宵旰急切圖治之心當爲薄海臣民所共諒夫我皇上之急切圖治凡有血氣莫不尊親雖微明詔我臣民甯不知感若政府諸臣乎我臣民惟見其急切圖亂而已公等而欲求諒於臣民耶則請先自求諒於其良心正恐薄海臣民雖恕公等而公等之良心無一刻可以恕公等也易曰鼎折足覆公餗其形渥凶言不勝其任也夫此九年籌備案者雖一一依單籌備已不足以稱爲救時良藥而在現在政治組織之下雖有非常之才眞心籌備固亦無術以底於成而況政府諸公乃視爲兒戲資爲利藪而絕未嘗爲一日之籌備者耶然則如公等言謂必須籌備完全乃可開國會是國會終無能開之日而已何也以公等之籌備終無能完全之一日也

（五）國會與人民程度

謂人民程度不足不能開國會請願國會代表諸君已力辨其謬而政府猶津津然藉此以爲口實且易「不足」之名曰「不一」此其說果足以自完乎夫我國民動曰吾人民程度已足此吾所不敢苟同也吾國現在人民之程度以比東西諸立憲國實自慚低下安能爲諱雖然此足爲阻撓國會之口實乎吾又將立三義以質之

第一　程度不能爲國會議員者果能爲政府官吏乎

第二　程度不一果足爲國會之病乎

第三　現在程度不適於開國會者果九年後而遂適乎

第一、程度不能爲國會議員者果能爲政府官吏乎　所謂人民程度者指全國之人之程度言之也故凡有籍於此國中者自必悉在此程度範圍之中而無所逃若欲將官吏置此範圍外也則必官吏非人焉然後可也官吏與非官吏者既同爲人也且同爲中國之人也則謂程度本不足之非官吏者一變爲官吏而程度遂足天下斷無此理不特此也政府官吏所需之程度其懸格宜視國會議員爲更高何以明之

（一）現今各立憲國一切法案大率由政府調製以提出於國會國會議員雖亦有提出之權然什九皆出自政府則各國所同也故政府之計畫爲創而國會之評決爲因創者勞而因者逸創者難而因者易非程

度極高者以創而苦不足雖程度稍下者以因而猶有餘也

(二)國會於凡百庶政則批評其是非得失而已政府官吏則當執行之故議員雖以坐論之士猶優爲之政府官吏非富於經驗有幹事才者不能勝任也故議員之程度惟以智識爲標準政府官吏之程度兼以智識與能力兩者爲標準此取一而彼取二也

(三)國會爲多數合議之機關而各行政官署大率爲獨任機關合議機關一人程度不足者他人可以補之管子所謂民分而聽之則愚合而聽之則聖也獨任機關尸之者惟一人苟非其人則此機關全隳矣故國會議員之程度以相補而易足政府官吏之程度以寡助而難完也

準此以談則謂今日中國以人民程度不足之故無一人堪爲政府官吏則吾或無以爲難既有人堪爲政府官吏而獨云無人堪爲國會議員此猶謂力足以舉百鈞而不足以舉一羽天下寧有是理是故政府而欲自完其說則必當自己先認程度不足而立刻辭職不甯惟是以程度不足故一切行政官廳皆須立時廢止以俟程度既足之後而始再設而不然者以程度如此低下之國民以之充議決機關之分子而猶虞僨事者更安望其能充執行機關之分子今政府乃難視其所易而易視其所難此何理也是故人民程度不足之說外國人以此誚我則可人民以此自鞭策則可而獨出諸政府官吏之口則大不可也

第二、程度不一果足爲國會之病乎　政府亦知程度不足之說終不能成立也於是變不足以名曰不一軍機大臣署名之兩次上諭皆有此言舞文於字句之間誠現政府之長技哉吾請更樹兩義以破其說

(一)夫物之不齊物之情也無論政教若何修明終不能以使全國人民程度悉歸於一例如今日僅有少

數人民程度達於乙點，而其他多數程度尚止於甲點，此不一之名所由起也。陶冶而遷化之，則前在甲點者可進而至乙點矣，而前在乙點者又將進而至丙點，如是遞嬗以至無窮，是以終無能一之時。試問政府，今世各立憲國果有何國焉其人民程度能一者乎，是故一程度之說大悖論理，決無自成立也。

（二）且國會又決非俟人民程度均一而始能成立者也。其在古代雅典斯巴達等市府國家議會由人民全體組織而成，則程度均一，尚不失爲理想的要求。今世之國會則采代議制度而已，人民各舉其賢智於我者以爲議員，被選人之程度恆加選舉人一等，此各國之通例也。故選舉人程度尚在甲點者，則必能選乙點之人以爲議員；選舉人程度進於乙點者，又自能選丙點之人以爲議員，正惟以程度不一之故，而代議制度乃得運行圓活，曷足病焉。夫今日政府官吏之程度決無有以優越於一般之人民，此舉國所同認也。藉曰稍優越也，亦不過甲點與乙點之比例已耳。政府官吏程度能達乙點，何以見人民所選議員其程度不能達乙點，以同級程度之議員監督同級程度之政府，此正所謂技枝相對，葉葉相當者耳。

第三、現在程度不適於開國會者，果九年後而遂適乎。政府而曰國民之程度不適於開國會，故中國政體惟宜專制而不宜立憲也，則吾亦更無責焉。今也不然，宣統三四年之人民程度不足，一至宣統八九年而程度遂足，吾不解其何理也。噫嘻，吾知之矣。政府增進人民程度惟一之利器，則彼籌備案中最大特色之簡易識字政策也，故原案於第七八九年間將人民識字者須得幾分之幾列爲一項。夫僅能識字，其與立憲國民程度之關係至爲微薄，吾既痛陳之。就令曰有關係也，而試問以現政府之力，果能使今後數年間人民識字者日以加增乎，吾見其適得其反已耳。以吾論之，則此一二年內吾民之程度尚足以開國會，更閱數年乃眞不足以開國會矣．此非好爲矯激之言也．請言其理．

(一)　現在人民浴國家百年養士之澤．承先民好學之風．其治國聞而知大義者．尙不乏人．及近年所謂新教育者興．非素封之家．不能遣子入學．而舍學堂外．又更無就學之途．而學堂學科之內容．其腐敗又日甚一日．故此後國中識字解文義之人．惟有歲減而無歲增．多閱一年．而人民程度低下一級．此徵諸已事而可知者也．

(二)　距今數年前．爲全國人民最熱心以求政治智識之時代．蓋留學東西洋以學法政者．殆及萬人焉．今政府一變前此之獎厲政策．爲摧抑政策矣．故留學生之學法政者．則撤其官費．私立法政學堂．則禁止之．今雖弛禁．然不積極獎厲．終無從發達也．而官立諸校．其不足以養成人才．至易覩矣．故自今以往．國中有政治智識之人．亦恐有日減而無日增．雖至宣統八九年．而其所恃以爲議員之中堅者．仍不外現在已具此種智識之人而已．然人之志氣．最易銷磨．而學問亦至易遺失．學成而無所憑藉以發揮之．則或慷慨悲吒．頹然自放．或媚世取容．喪其所守．自非有高世之行．絕倫之才．則其不墮落以儕於流俗者．幾何．而其熱狂過度者．則又或走於詭激之途．而嬰羅網以死．故現在具有政治智識之人．急開國會以招致之．則咸能出其所學．盡瘁國事．且才智以磨練而愈出．行將蔚爲國幹．更閱數年．則雖有存焉者寡矣．而繼起者又且日衰．是故於此一二年內速開國會．國會猶可以得人．九年以後．其程度決無術以逮今茲也．

(三)　管子有言．倉廩實而知禮節．衣食足而知榮辱．必國民生計稍足自給．少數優秀之民．不至太以衣食之累．擾其神明．然後得有餘裕以盡瘁於國家．今中國國民生計日趨萎悴．其徵已顯．今者愛國之士．見迫於仰事俯畜之計，而自卸責任者，已不乏人。愈遲一年，則此勢愈甚。且謀生愈艱，則全國子弟失學者愈衆。坐是之故，人民程度惟有日退而無日進，又必至之勢也。吾故曰此一二年內，吾民之程度尚足以開國會，更閱數年，乃眞不足以開國會，此皆根於事實之言，非激論也。

要之人民程度說，其根據甚爲薄弱。合請願國會同志會意見書與吾此論觀之，其說蓋不攻自破矣。

（六）國會與資政院

軍機大臣署名之上諭，謂有資政院可以無國會。此種誤解，請願國會同志會意見書中辨之至詳，恰如吾意所欲言，故不復再論（參觀第九號所載原書）。吾對於資政院尚有意見，他日更當別爲文論之。

（七）所謂不准再行瀆請者何如

軍機大臣署名之上諭，最末一語，曰不准再行瀆請。是將以杜第三次請願之途，而永箝民口也。嗚呼，方今國會未開，軍機大臣署名之詔勑，固無獨立之機關以糾其責任，不知軍機大臣對於列祖列宗亦應負責任否耶？祖宗既設立都察院，更於通政使司置登聞鼓，凡所以宣小民之隱而通上下之情。蓋列聖以一夫不獲時余之咎爲心，故遠踵唐虞三代盛軌，立誹謗木，建敢諫鼓，雖里巷之謠，矇瞽之議，猶不憚延攬以廣聖聽。世祖章皇帝、聖祖仁皇帝聖訓，於此事不啻三令五申，列宗繩武，代有明訓。卽最近而光緒二十四年六月，德宗景皇帝尙有嚴飭都察院不准任意延閣人民呈請代奏呈稿違者嚴行治罪之諭蓋人民有請願權而政府之特設機關有必須為代奏之義務此實我聖清之不文憲法百世子孫莫之敢易者也我皇上之仁孝其斷不忍蔑祖宗大法自無待言而軍機大臣有輔弼之責者豈其於歷朝聖訓竟未一讀乃敢於破壞列聖所賜與臣民之權利而陷我皇上於不孝也蓋請願之見采擇與否聖心自有權衡顧雖於不可采擇之事而猶許其請願者列聖所以念民瘼而察邇言且使政府毋得漫為煬竈故歐美各國之碩學有謂我中國立憲精神發達最早者此即其一也今朝廷既以立憲號於天下雖前此本無此制猶當急頒之而況於列聖相傳之家法乎今曰不准再行瀆請不知國會以外之事件自今以往我國民尚得呈請願書於都察院而都察院尚有必為代奏之義務否耶如曰不得也則是三百年來列聖之所以貺我民者今一旦委諸草莽也如曰得也則事之關於一局部之利害者猶許請願而關於全國之利害者獨不許請願出於一人之私見者猶得請願出於全國人多數之公見者獨不許請願此何說也吾國民固有懍遵諭旨之義務同時更有懍遵聖訓之義務若遇諭旨與聖訓矛盾則吾民當遵諭旨耶當遵聖訓耶願署名之軍機大臣一明示之也如曰不當遵聖訓也則其人乃聖清之亂臣賊子也如曰當遵聖訓也則吾民之第三次請願乃體我皇上繼志述事之仁非違詔也嗚呼我國民其思之矣

(八)結論

要而論之我德宗景皇帝下九年開國會之詔全由當時時勢與今不同各省代表所上書謂先帝猶是堯步舜趨之時我皇上已處禹馳湯驟之世誠哉然也然使德宗景皇帝非遽棄臣民則依最初之計畫著著實行籌備

羣僚懾於威靈。罔敢鬆懈。則中國之危。或不至如今日之甚。而行此數年開明專制。其造福或且益多。昊天不弔。龍髯難挽。我皇上當典學之年。總己以聽政府。而不料政府之所謂籌備者。乃無一事不出於欺罔。我國民惟以哀慕先帝愛戴皇上之故。乃乞早開國會以紓宵旰之勞苦。而防威福之下移。忠愛之誠。已爲皇上所深悉。而政府徒以不便己之故。設種種詖辭以行沮撓。且不自任責。而託詔旨爲護符。蓋我皇上爲彼受過。方且語人曰。非吾儕不欲速開國會。其奈聖意不可回也。嗚呼。皇上之委政於公等。天下孰不聞。公等雖欲人民府怨於皇上。人民安肯受欺。李固與胡廣趙戒書云。後之良史。豈有所私。吾願爲公等誦之。

資政院章程質疑

資政院召集開會之期。瞬息將屆。去年九月資政院總裁會同軍機大臣所奏定之資政院章程。卽院中職權及議事規則所根據也。竊嘗取該章程再三細讀。見其內容條件所規定。與原奏所謂欽遵諭旨所決公論之精神。多相反背。吾嘗別爲專篇條辨之。本篇所謂質疑者。專就該章程文義字句間之不可索解者。剔出之。求資政院議員之注意。以爲質難修正之豫備云爾。

凡法規之文。在今日已別成爲一種專門之文體。非可苟焉已也。所以者何。蓋今世國家。以法治主義相尙。每頒一法規。則或人民之新權利新義務從此發生。或國家機關內部之組織及事務範圍受其影響。是故制定法規者。不獨於實質上當折衷學理斟酌國情以期達福國利民之目的而已。卽其形式上（卽文義上）亦當嚴守論理學之法則。力求明確。然後官民始有所持循。故英儒邊沁嘗以法律文體比諸精金粹玉。其意蓋謂他種文雖詭異連犿。或不爲病。法律之文。苟有瑕疵。則其效力遂將減殺。或且全喪失也。法律文體之要件多端。然其最要者。(第一)當求意義正確。所下字句。樹義謹嚴。毋或爲模棱騎墻之語以淆觀聽。(第二)當求文義一貫。無或與他種法律或本法律他條之文相矛盾。此兩禁苟犯其一。則法律不復成文也已矣。我國近二三年來。法如牛毛。官民上下。亦既窮於應接。然什九皆成紙上具文者。語其遠因。雖由與法相維之機關種種不備。語其近因。則法律之不完善。亦有以致之。所謂法律不完善者。則實質上之不完善居其半。形式上之不完善。亦居其半。實質上之不完善。則由立法者不通學理。不審國情使然也。形式上之不完善。則由立法者不遵論理。不識文體使然也。近年來所頒一切章程。皆不免此弊。而資政院章程。亦其一也。今請專就本章程中之模棱者矛盾者。條舉之。

(其一)　本章程第十四條。規定資政院應行議決事件。其第三款云『稅法及公債事件。』其第四款云『新定法典及嗣後修改事件。但憲法不在此限。』此第四款所列「法典」二字。當作何解釋乎。此資政院權限廣狹之第一大問題也。考光緒三十二年六月編纂官制大臣奏擬官制草案。其資政院項下第十二條之條文規定資政院應議事件。實爲本章程第十四條所本。而彼文第二款云『新定法律事項』。本章程則移作第四款。而將「法律」二字改爲「法典」二字。何故必如此改作乎。實吾所甚不解也。以中國通行文義論之。則憲典令典。皆法律之通名。故大淸會典。可以大淸法規之意義解釋之。則法律與法典義蓋無擇。雖然若就今世法學上通行之術語言之。則法律與法典。其範圍廣狹。大相逕庭。「法律」之語源。本於羅馬語之「周士」Jus「法典」之語源。本於羅馬語之「哥狄克士」Codez 法律可以包法典。法典不能包法律。法典者。與單行法對舉者也。(編纂法典Codifieation一語創自英之邊沁卽襲「哥狄克士」之名而名之者也羅馬之周士的尼安帝將前此種種單獨頒行之法律輯爲一編命曰「哥狄克士」後此遂爲專名以別於單行法單行法則英語之 Commen Laws 也)故今世術語。惟民法商法刑法民事刑事訴訟法法院構成法及成文之憲法。以系統組織的方法編纂成帙者。始命之曰法典。其他皆不名法典。今本章程所謂議決新定法典及嗣後修改事件者。不知係指此種編纂成帙之法典乎。抑指普通法律。兼法典與單行法悉納其中乎。若惟指編纂成帙之法典也。據九年籌備案所列舉。則法院搆成法於去年既已頒布。新刑律於今年亦既頒布。民律商律民事刑事訴訟律則宣統三年始行核訂。則今年資政院開院。竟無一法律可資議決。則參與立法權之謂何。不甯惟是。除宣統三年以外。後此各年則諸法典核訂已了。資政院亦更無容喙之餘地矣。（九年籌備案於核訂諸法典條項只寫憲政編查館修訂法律大臣同辦亦並無資政院字樣）信如是也。則國家何貴有此資政院。以爲裝飾品。而所謂爲議院基礎者更何所取義也。吾意當時擬此章程者。其荒謬當不至是。然則本條所謂法典。解爲普通法律。當無甚過。雖然。第二十一條第二十四條第五十二條皆有「法律」字樣。同一事物名稱。曷爲參差。而他處皆言法律。獨於此處言法典。則又何也。且本條第三款復云議決稅法及公債事件。稅法亦法律之一種。若第四款之法典與法律同義。則稅法自包於其中。何必更贅言之。然則兩義皆無一通也。平心論之。謂當時擬章程之人。有意將舊章之法律改爲法典。以剝奪資政院立法權之一大部分。恐未必然。特用字不知所擇耳。殊不知坐是之故。可以起他日無窮之爭論。而資政院或且緣此而成爲廢物。孔子所謂名不正則言不順者。其此之謂乎。嗚呼。無使我不幸而言中也。

（其二）第十五條云『但第四款所列修改法典事件。資政院亦得自行草具議案。』此法典二字。無論解爲編纂成帙之法典。或解爲普通之法律。然考各國議院法。凡議員皆有提出法案之權。所謂提出法案者。兼原案與修正案言之也。今據此則能提出者僅屬修正案。脫欲提出原案。其亦許之否耶。夫議員雖提出議案經議決後然非得裁可不生效力裁可與不裁可權操自上議員卽有此權何遽足爲政府之梗何必並此區區者而靳之彼擬章程之人若有意剝奪此權則其心可誅若曰行文偶爾缺漏也不知緣此缺漏之故而資政院損失已多矣

(其三)　第十六條云『資政院於第十四條所列事件議決後由總裁副總裁分別會同軍機大臣或各部行政大臣具奏請旨裁奪』據此條文則資政院尚能單獨具奏否耶萬一軍機大臣及各部行政大臣不肯聯銜則所議決不悉成無效耶

(其四)　第二十條云『資政院於各衙門行政事件及內閣會議政務處議決事件如有疑問得由總裁副總裁咨請答覆』此條所規定根本於各國議院之質問權意至善也雖然各國所謂質問權者議員中任舉一人皆可向政府委員以口舌當場質問不必用公文尤不必經議決蓋凡議院開會時行政大臣或親臨會所或派員代表故議員對於政府政策有所懷疑自可以當場往復問難爲勢甚順也今本條所規定限以由總裁副總裁咨請則議員對於莅會之政府代表不能面詰一辭世界各國議院豈聞有此辦法而所謂總裁副總裁咨請云者例必須經全院議決而後得行也考本章程第三十六條云『資政院自行提議事件非有議員三十人以上之同意不得作爲議案』然則議員有欲質問政府者必須先求得三十人以上贊成提議再經多數議決然後得由總裁咨請明矣似此僕僕則一會期中所能質問者幾事嗚呼是不啻剝奪資政院之質問權而已矣

(其五)　本章程第二十一條第二十四條第五十二條皆有「違背法律」一語其第二十一條所規定則軍

機大臣或各部行政大臣違背法律資政院得奏劾也其第二十四條所規定則各省督撫違背法律資政院得核辦也其第五十二條所規定則資政院議決事件違背法律得由特旨諭令停會也此三者與資政院權限所關皆甚鉅其不可無一定之範圍甚明吾不知此所謂法律者果以何爲範圍耶考今世諸法治國其所謂法律者皆經過一定之手續（手續者日本名詞也猶次第進行之意不得善譯故襲之）遵依一定之形式乃始成立蓋由政府或議員提出（一）經國會兩院議決（二）得君主裁可（三）以定式公布之（四）然後謂之法律此立憲君主國所大略從同也今我國國會未開其手續雖不能如此完備雖然亦當指定一確實範圍凡具若何若何之形式者則謂之法律然後違背不違背乃可以有所據以爲評決若如今者各種章程則例條規等名紛歧雜糅或沿舊案或奉特旨或由各部各館擬進或由各省督撫奏准棼然殽亂莫衷一是無一可稱爲法律又無一不可稱爲法律其各種章程之效力孰强孰弱不可得指也不特此也舊章程與新章程往往相矛盾同時所發出者而此章程與彼章程往往相矛盾甚且同一章程中而此條與彼條往往相矛盾不違背此者必且違背彼然則違背之界說究於何定之然則欲使此諸條所規定者能生效力非先明示法律之範圍不可欲示法律之範圍非先定法律之形式不可若一如今日現狀則此諸條必悉成具文否則亦緣此而生無量之爭議已耳

（其六） 第二十一條又云『前項奏陳事件非有到會議員三分之二以上之同意不得議決』條文之意不知謂有三分過二之同意始得開議耶抑謂得三分過二之贊成始爲有効耶由前之說則須得三分過二之同意乃始列爲議案雖以各國改正憲法之提案且不至如此其嚴重由後之說則原文所規定其不辭亦甚矣此雖小節亦可以使人靡所適從也

(其七) 第五十三條云。『資政院有左列情事。得由特旨諭令解散。重行選舉。於五箇月以內召集開會。』夫議院與政府互起衝突不能相下之時。非政府辭職。則解散議院。二者必居一。此各國通例也。資政院既云為議院基礎。則采此制誠屬至當。雖然現今各國大率行兩院制。遇有應解散時。所解散者惟下院。而上院則僅停會。蓋以下院純由人民選舉。故得借解散重舉以覘眞實輿論之所在。上院多為勳爵世襲或君主勅任。故無取僕僕解散為也。今資政院議員雖無世襲之一種。而欽選者實居三之一。不知當解散時。此欽選之一部分同時亦失議員之資格乎。抑其資格仍存在乎。是亦一問題也。

以上所舉。皆末節耳。資政院章程之最大缺點。乃在其與各國議院共通之原則太相剌謬。吾將別為專篇以論之。然即此末節而其窒礙不通。既已如此其甚。窮其弊。已可使資政院成為一臃腫無用之長物矣。此實由擬章程者不解法律文體有以致之也。夫資政院之為物。在政府本視為無足重輕。雖有極完善之章程。原不過一紙空文。何必斷斷與校。且其實質上之紕繆。方不暇指摘。更何有於形式。顧吾猶不能已於言者。則以吾國人於立法上之智識太過缺乏。而當立法之衝者。又莫或肯以忠實之心將之。徒取外國之法文。東塗西抹。荀塞篇幅而已。故一篇之中。其法理互相衲鑿者。往往而有。甚且以事實上所萬不能行者。貿然規定之於法文之內。謂其有意惡作劇耶。殆未必然。不過輕心以掉之耳。近數年來法令如牛毛。夷考其實。大率皆此類也。在立法者之意。吾姑臚列數十條。以炫人耳目。內容良窳。孰能糾我。殊不思法律之為物。非以為裝飾品也。期於實行也。一及實行。而有不可行者在。則立且閡窒廢置。此如機器然。全副事件有一缺損或衲鑿者。則雖有良工。無從運用矣。則其勢必變為裝飾品也。亦何足怪。西儒有言。國之治亂。亦於其人民習安法律狀態與否覘之而已。夫必法律先使人有可習安之道然後習安乃始可期若騎墻矛盾之法文則其本身先自不安者也中國法治之效不覩其原因雖多端而此亦其一也吾故借端以論及之豈獨爲資政院章程言哉

葡萄牙革命之原因及其將來

外史氏曰吾聞之無實之名不可以久假不綱之政不可以即安積威之權不可以永怙蘊怒之民不可以終侮四者有一大則以亡其國小亦以覆其宗吾於葡萄牙最近之事變見之矣

葡萄牙此次之革命其發也至驟一若出人意外雖然一考葡國之歷史及其最近之政治現象而有以知今茲之變不足爲駭也葡國革命之主因實由宮廷葡國現今之王統實肇基於十九世紀之中葉（葡之建國在十四世紀其王爲佐治第一越三百餘年傳至彼得羅第四無子以壻爲嗣稱飛蝶南第二即今王之曾祖也）其時憲法已頒國會已開國勢雖積弱已甚君民亦相安無事及一九〇三年（光緒二十九年）其王加爾羅第一（即今王之父）任布蘭哥氏爲宰相布氏乃揚言曰葡國人民識字者尚未及十之二程度不適於立憲其年八月適屆國會議員任期正滿之年行總選舉而政府黨不能占多數布氏乃奏請解散之不復召集亦不再行選舉夫國會既不召集安得復云立憲故一九〇三年以後葡國實爲純粹之專制政治而已葡民素漠視國事其對於政治上之興味本至淺薄也及經庸暴君相之壓制乃一激而驟漲所謂共和黨者始萌芽矣越五年一九〇八年二月（光緒三十四年正月）而加爾羅遂見弑則革命黨以爆彈投之也於是王與太子俱及於難時其次子亦同車顧傷而不死遂繼位稱瑪奴埃第二即今王也而布蘭哥亦自知爲衆怨所歸潛遁海外至今不敢歸國瑪奴埃嗣統時年僅十九既弱齡不更事又多欲而好色穢德時有所聞左右輔弼復非其人故皇

室與國民之感情日益閡隔而至於相疾此禍之所由起也瑪奴埃即位後之一年察民怒之已甚不得已而始以去年二月復召集國會蓋監督機關之廢而不舉者七年於茲矣據葡萄牙憲法所規定國會權力本已微弱不甚能舉監督政府之實乃復久廢不用故政府之專橫政治之腐敗積久而彌甚瑪奴埃在位僅二年有半而政府之更迭乃至六次（第一次爲亞馬特爾內閣以一九〇八年二月成其年十二月倒第二次爲亨力內閣在職三箇月第三次爲提黎士內閣在職兩箇月第四次爲利馬內閣在職七箇月第五次爲白拉阿內閣在職六箇月現在之多奴沙內閣則以本年六月始成立者也）夫政府屢更舉棋不定雖有賢能固無自實行其政策況其執政者初未嘗以國利民福置其心目中也惟藉權勢爲罔利之具而已以故政愈叢脞而民之塗炭愈甚財政紊亂至於不可收拾去年政費入不敷出者九百餘萬佛郎乞靈外債爲挖肉補瘡之計（去年九月募國債五千九百萬圓合諸舊有國債共一萬七千九百餘萬圓）而執政者嗜利若命紀綱埽地去年三月其國會得有農工商部大臣與外國借鐵路公債受賄乾沒之據至提出彈劾案一事如此他可類推矣（何其與我國相似也惜我國彈劾案無從提出耳）於是輿論譁然爭集矢於政府抨擊不遺餘力去冬今春其外務大臣度支大臣至兩次與報館主筆決鬥（眞是可笑然我國若有此現象則猶爲可喜也）而此後所以箝制國民言論者亦愈甚前此政府之屢更迭大率由不見容於輿論不得已而引退也然繼之者亦若一邱之貉雖屢易而腐敗無以異於前國民益知此等政府終無可望非廓清而辟闢之不可得而理矣今年二月國會初開以阿非利加屬地鐵路案致國會與政府大衝突國會中革新黨議員全部不列席未幾而又有砂糖專賣政府受賄之案起（與我國眞相類）國會之攻擊益甚政府猶不悛竟解散國會定以今年七月再行總選舉同時又擅改報律極力箝束言論報館之封禁主筆之被逮日有所聞又徧布憲兵於各地干涉選舉民怨益甚然雖極力干涉而政府仍不能得多數於是又託辭遷延歷三月而猶不肯召集新議會方

謂可以偷安旦夕而不知禍已發於眉睫矣。

自布蘭哥之執政銳意擴張軍備兩年來又復增置海軍夫以奄奄就斃之葡萄牙豈復能有所競於外其修武事也毋亦以防家賊而已豈意今茲變起而舉國軍隊無一不與革命黨響應其首砲擊里斯本王宮者非斬木揭竿之民而葡王大元帥陛下所將之陸軍也其堵截海口致其王幾不能出險者亦葡國海軍部所管之軍艦也一夫發難三日而事大定死傷僅七十餘人而五百餘年之君主政體遂破壞而不留遺跡旁觀視之殆若兒戲焉自古鼎革之交未有行所無事若斯之甚者也嗚呼觀於此而葡君臣自取滅亡之效愈可睹矣。

然則自今以往葡亂其定而葡民其蘇乎曰是又非吾所敢言也凡國之失政其罪不獨在君相也舉國之民皆有責焉以現在葡人之政治能力果足以拔其國於險艱而躋諸治理乎此識者所未敢輕許也此徵諸葡人舊屬而可推也中美南美葡人諸屬地宣告獨立而改爲共和政體者殆將百年然其間蓋未嘗閱十年無亂事政出武門而民之憔悴滋益甚大本不立安適而可故今茲新政府之建設吾未能遂爲葡民慶也雖然彼建國以來五百餘年之王統自今以往如覆水之不可再收則中智以下皆能知之矣嗚呼當近世史發軔伊始葡之國旗西奄全美東極亞洲五洋島嶼半隸其版固一世之雄哉所憑藉深厚若彼徒以暴君汙吏之壓迫日蹙百里至今曾不得自比於上國而彼君相之操斧自伐者至竟亦不過流離瑣尾作寓公於人國徒貽穢德爲萬世笑悲夫然世固尚有日夕效其所爲惟恐不肖者此太史公所以歎息於亡國破家相隨屬也（宣統二年九月八日稿）

中國最近市面恐慌之原因

本報昔曾痛哭流涕以陳言曰恐慌也飢餓也即我國民今後最近二三年中所受之果報也不幸而言中未幾遂有陳逸卿之事發於上海其影響波及長江沿岸諸市又未幾而加以源豐潤之事影響遂波及於全國今既已舉國惴惴儳然不可終日矣然豈止於此而已竊恐自今以往此等風波之繼踵而起者且未知所終極吾一念及此不寒而慄焉越在海外不能躬自調查事實無從確論其所以致此之由顧其大體有可以揣測而得者謹述一二以為談補救者之一助焉

第一、由於全國企業資本之缺乏也　我國現在全國之企業資本實剝蝕已盡而無所餘本報前既已屢言之矣以故現在各通商口岸號稱大行號者什九皆無實本而惟仰銀號錢莊之挹注銀號錢莊亦什九無實本而全賴濫發莊票之彌縫全國之生計社會如累層樓而無其基無日不可以坍塌故雖極微之風波亦受不起也

第二、由於企業之塗術不健全也　生計社會現象既已若彼就令企業者一循正軌篤實從事猶懼不足自保乃無端而忽焉騖於投機夫投機事業最足以擾亂市場雖生計社會極穩健之國猶且病之況我中國股份懋遷公司制度尚未頒定無所以防其弊而我之投機者乃以其闇昧之眼光以欲與至敏猾之外人競安所往而不敗此次恐慌緣橡皮公司投機倒產而發端尚不過小懲大戒而已

第三、由於幣制不善受銀價之影響也　我國因不行金主位幣制故凡從事對外貿易者除供求關係外尚

須積算金銀之時價以計盈虧。而金銀時價。則漲落不測者也。故雖以至忠實之商人、及其營對外貿易。則固已不得不含投機的性質。一月以來銀價以種種變故忽爾驟漲爲五六年來所無。此次源豐潤之變其間接受此影響者當不少耳。

第四、由於銀行制度之不頒定也　我國銀號錢莊所發之莊票。其性質與各國銀行業所謂期票匯票支票者皆有異。（期票譯日本之約束手形匯票譯爲替手形支票譯小切手形參觀第念四號銀行業務說略）實則一種之兌換券也。凡發兌換券必須有準備金。或有確實之有價證券以爲保障。今我國之銀號錢莊一切無之。任意濫發此種制度雖謂國家導民以爲惡可耳。故每遇錢莊等有變故。其禍之烈乃過於他國也。

第五、由於新幣制不采自由鑄造主義且推行不得法也　新幣制之對於主位幣。必當采自由鑄造主義。本報大聲疾呼非止一度。政府漫然不省。惟向市場收買銀塊以充幣材。此者銀價驟騰。此亦其助成原因之一。又築室道謀朝令暮改。主金主銀。至今未定。致令各局造成之新幣庋藏而久不發出。夫市面銀根本已緊極。政府以鑄幣之故而吸收之。愈增其緊。吸收之後。又死藏之於造幣局中經年累月。不見發出。而緊者遂不復舒。此亦釀成此次恐慌之一重要原因也。

第六、由於大清銀行之無信用也　大清銀行。冒一國中央銀行之名。而實則所營之業。僅與普通銀行等。已乖名實。而其內容之腐敗。又早已爲識微者所窺。前月德使兩次詢我政府以準備金之有無。政府不能確答。用是益增人疑。故大清銀行之兌換券。不爲外人所信。馴至並不爲本國人所信。夫通商口岸之錢莊等。大率皆恃各國銀行爲之挹注者也。大清銀行且不爲人信。私立銀行更何有。各國銀行之放銀。一加收緊。則我乃立槁矣。

第七、由於地方官吏之作奸犯科也　前次恐慌之原因，革道蔡乃煌之投機失敗，挪蝕公款，實爲動機之一。經革職後，天下已共知其罪，而此次之恐慌，又起於該革道事發後之旬日，且聞關款之無著者，乃至數百萬。其間必有與該道狼狽之跡，殆無可疑。國家豢此盜臣，既耗國帑，而復以奪數十萬小民之生命，天下可痛哭之事，莫過此也。

今者經商會之呼籲，江督之奏請，得由大清交通兩銀行指撥五百萬以爲維持，則禍燄殆或可以少息矣。然吾於此復有數疑問焉。

一曰大清銀行交通銀行，果有救濟之實力乎。

二曰此五百萬者，以救濟上海一隅，尚未知能給與否，而此恐慌影響所及，實至鉅，自長江一帶乃至北京廣東，無不波及，兩銀行救濟之力，能徧及乎，不能徧及，則善後策又奈何。

三曰最近一年數月間，能保無第二次之恐慌乎，以吾慮之，其繼起者將未已，而且加劇，其時此兩銀行之力更能及乎，不能及，又將奈何。

四曰此暫移救濟之五百萬，將來有何把握，能保其必歸還乎，不歸還，則大清交通兩銀行，不將受其波累乎。

五曰大清交通兩銀行，其本身果有確實之信用乎，其有以異於源豐潤者幾何，今惟濫發無準備金之兌換券，以自支門面，而救濟人，萬一以市場恐慌之結果，商民爭持該行之兌換券以求兌換，則又求何人爲之救濟乎。

嗚呼。吾念及此。不寒而慄。苟及今不圖根本之解決。吾又烏知其禍之所屆哉。

讀十月初三日上諭感言

時局危急。極於今日。舉國稍有識稍有血氣之士。僉謂舍國會與責任內閣無以救亡。爾乃奔走呼號。哀哀請願。至於再至於三。於是資政院全體應援之。而有九月念六日之決議上奏。各省督撫過半數應援之。而有九月念三日之電奏。旬日以來。舉國士輟誦。農釋耜。工商走於市。婦孺語於閭。咸喁喁焉翹領企踵。庶幾一朝渙汗大號。活邦國於九死。乃不期而僅得奉十月三日之詔。彼署名詔末之王大臣。使其能察民意之所歸。舍己以從。則天下固誦其忠。而不然者。孤行己意。堅定不搖。甚則取異己者而放逐之戮辱之。則天下亦將服其勇。而乃依違模棱。以作調人。如買菜之論價。不願兩者並許。又不敢兩者並拒。則舍國會而先取內閣。國會既不願即開。又不敢太緩開。則調停於明年與九年之間。而取五年。誠不知宣統五年可以召集國會者。宣統三年不能召集之故果安在。誠不知國會未開以前。所謂責任內閣者果何所附麗。且督撫電奏。人民請願。皆言責任內閣。而上諭中特刪去責任二字。誠不知無責任之內閣。則與前明以來以迄今日之內閣何以異。與軍機大臣何以異。與現在分立之各部院何以異。與會議政務處何以異。若是則吾國之有之也既已久矣。何俟宣統三年而始成立。何俟再以詔書為之規定。於是而當道一二大老之心跡。昭昭然揭於天下矣。其或者熟計吾身已不久人世。至宣統五年我則已一瞑不復視。則國中蜩唐沸羹之象。無論極於何等。而皆於吾無與也。其或者持籌握算。略揣盡此三年中所黷之貨。差足為長子孫之計。至是乃急流勇退也。嗚呼。以全國人萬斛之血淚。可以動天地泣鬼神。而不能使絕無心肝之人稍有所動於其中我國民之血其虛灑我國民之淚其虛擲矣乎雖然我國民其毋中餒也其毋徒慟也今後我國民所當黽勉以從蹈厲以進者正大有在耳

西方學者有恆言法律現象與政治現象不可混爲一譚也夫在西方諸法治國其法律之效力至强且固者猶且有然而況於今日之中國耶我國上諭及其他奏定之文牘就理論上言之誠與今世各國所謂法律者有同一之效力雖然以政府大臣而視聖訓及上諭爲弁髦者其事日有所見以上諭比諸外國君主裁可之法律爲事本已不倫夫以外國之法律猶不能束縛政治現象而況僅於一種之文告其平昔所發生之效力遠不逮法律者耶謂以此而可以定一國政治之運命其亦誤解政治之性質也已矣蓋法律文告者結晶體之物也而政治者活物也故法律文告之現象譬之則猶器械在人所製造所變置所利用不能以自伸縮政治現象譬之則猶人之知覺運動常能製造變置利用彼器械而流動不可方物是故國民而不嫺於政治者雖有至善良完備之法律文告亦等於廢紙國民而嫺於政治者雖法律文告至惡極劣曾不足以爲其前途之障也此不必遠徵他國卽以我國數年來之事實論之前此之法律文告本無所謂立憲政體也何以今忽有焉本無所謂資政院諮議局也何以今忽有焉本無所謂國會責任內閣也何以今忽有焉乃至國會及責任內閣據法律文告所指則當期成於六七年以後也何以今忽先焉昔無而今忽有有其不得不有者存也昔後而今忽先有其不得不先者存也所謂不得不有不得不先者誰實爲之則政治現象是已是知前此之法律文告決不能束縛現在之政治現象而現在之政治現象實能改廢前此之法律文告且能孕育將來之法律文告明於此義則吾國民今後所當有事者從可知耳

自今以往．吾民所宜自覺者．有一事焉．則輿論之勢力是已．凡政治必藉輿論之擁護而始能存立．豈惟立憲政體．卽專制政體亦有然．所異者．則專制政體之輿論為消極的服從．立憲政體之輿論為積極的發動而已．蓋自古未有輿論不為積極的發動而能進其國於立憲者．而雖有淫威无等之專制政府．苟欲攖積極的輿論之鋒．未或不敗績失據．輿論者．天地間最大之勢力．未有能禦者也．夫天下苟非正當之事理而適合於時勢者．必不能為輿論之所歸．雖弄詭辯以鼓吹之．一時風起水涌．不旋踵且將熄滅．若其既為至當之事理而適合於時勢者．則雖以少數人倡之．其始也聞者或皆掩耳而走．及積以時日．則能使成為天經地義．而莫之敢犯．故輿論之為物．起乎至微．而終乎不可禦者也．卽如我國所謂維新變法論．所謂立憲論．所謂國會論．責任內閣論．自始曷嘗不為舉國所訕病所目笑．而當道席勢怙權之人．曷嘗不以為大弗便於己．而盡其力之所能及．以明拒而陰撓之者．然其拒之撓之之術．惟得行之於未成為輿論之時耳．輿論一成．則雖有雷霆萬鈞之威．亦歛莫敢發．不見乎自辛丑壬寅以後．無一人敢自命守舊乎．不見乎最近二三年．無一官吏不言籌備憲政乎．不見乎此次資政院提出請願國會案．無一人敢反對．督撫公電．無一省持異議．而代表團歷訪樞府．當道莫不溫言唯唯乎．且如資政院當決議上奏時．有大聲疾呼促反對黨之演說者．彼時此二百議員中．誰敢保其無一二人不慊於國會論．雖然．當此之時．雖懸高爵重祿以誘於前．設大戮嚴刑以敺於後．吾知其欲求一反對之演說而不可得也．而要路之人之唯唯於其間者．亦若是則已耳．夫豈無以偽相應者．然社會制裁之力．能使人不敢於為真小人而自託於偽君子．則其功用已不可謂不偉．況乎輿論之監察．誠有進步．更不容彼輩之以偽自遁耶．

由前之說．凡能成為輿論者．必其論之衷於正理而適於時勢者也．顧此雖有能成為輿論之資格．然所以成之者。恆存乎其人。夫輿論者何。多數人意見之公表於外者也。是故少數人所表意見。不成為輿論。雖多數人懷抱此意見而不公表之。仍不成為輿論。是故當輿論之未起也。毋曰吾一人之意見。未必足以動天下。姑默爾而息也。舉國中人人如此。則輿論永無能起之時矣。當輿論之漸昌也。毋曰和之者已不乏人。不必以吾一人為輕重。姑坐觀成敗也。舉國中人人如此。則輿論永無能成之時矣。故近世立憲國所謂政治教育者。常務尊重人人獨立之意見。而導之使堂堂正正以公表於外。苟非爾者。則國中雖有消極的輿情。而終無積極的輿論。有消極的輿情而無積極的輿論。此專制國之所貴。而立憲國之所大患也。且如此次速開國會建設責任內閣之國是。其主持者由我仁聖皇帝固也。而翊贊之者誰耶。謂代表團耶。僅代表團則安能致是。謂資政院耶。僅資政院則安能致是。謂督撫耶。僅督撫亦安能致是。蓋實有一種無形之勢力。主持乎其間。而假塗於代表團資政院督撫以表示之。而此無形之勢力。則存於國中無量數不知名之人之身中者也。苟此無量數不知名之人。人人以為吾之一身無足以輕重於國家之大計。則此勢力遂永不能發生矣。夫國中此種勢力。其宜發生之日久矣。而前此遲遲不發生者。豈非以國中人人皆自以為不足輕重耶。今雖發生矣。然其微抑已甚也。我國民若能人人鑑於此次之效。而知勢力本存於我身。則後此所以進取者。必有道矣。

比年以來。一種悲觀論瀰漫於國中。其稍有知覺之士。日惟相對欷歔。謂國必亡國必亡。（其醉生夢死並此等危急情形而不知者更不足責）夫以現在當道之人物。處現在時局之危機。其安得不令人意喪氣盡。雖然既已託生為此國之人。於其國之將亡也。甯得僅以之供憑弔感歎之資料。如詞章家之歌詠前代古蹟。如歷史家之敍述他國陳跡乎。稍有血氣。其必不忍不謀所以拯之也明矣。而彼以亡國論為口頭禪之輩。必曰吾豈不願謀所以拯之。顧吾確已見乎中國今日之亡。非人力所得而拯也。嘻甚矣其僨也。凡自然界之現象。其存在也純恃他力。故其成毀非其本身所能自主也。社會界之現象。其存在也全恃自力。故其成毀實其本身所能自主也。自然界之物質其分子皆以無意識之阿屯結合而成阿屯爲物理學上必然之法則所支配絲毫不能自由社會界之團體其分子實爲有意識之人類人類意志常自由發動不可方物非必然之法則所能嚴限也國家者社會界現象之一也。故國家之亡。苟非其「組成國家之分子」（卽國民）自樂取亡。則他人決無能亡之者。吾輩以爲吾國今日所處至極艱險。而豈知各國情事雖異。要之莫不各有其艱險者存。我之視彼。猶彼之視我。吾嘗以今日中國事勢與美國獨立前後相較。與法國大革命前後相較。與德國意國統一前後相較。與日本維新前後相較。惟見彼之險艱倍蓰於我而已。夫法國當革命前後。財政紊亂之極。而繼以屠戮恐怖。舉鄰强國。咸起與爲難。此等現象。我無有也。美國本爲人藩屬。奮微力以抗上國。旣脫羈勒。而聯邦各自爲計。中央政府不名一錢。此等現象。我無有也。德與意本以無數孱國。介於列强之間。冒大險經數戰。始能自建樹。而德則外之畏敵國之報復。意則內之受教會之掫制。此等現象。我無有也。日本承數百年幕府專制之威。竭全力僅能勝之。而藩國猶存。王室守府。此等現象。我無有也。夫以我國歷史憑籍之深厚。國中秩序之安順。政令施行之便易。而猶不能以自振。而日日憂亡。使吾輩處他國之所遭。又將若何。今吾國凡百不足病。所病者在政府不得其人耳。而政府者固非能有深根固蒂以自植者也。又非能强有力而敢於明目張膽以與舉國之輿情爲難者也。然則其能爲國家進步之障者幾何。大抵國家之大患。莫患乎國中有一特別之階級。與多數人之利害不相容。而此階級者智力較優秀。而結合至鞏固。人民有所論列。彼則相結而挫之。則多數輿論之政治。決難遽行。而國運之進。常爲所窒。我國無此種特別階級。此卽我國民政治運動最易成功之一大原因也。我國君主國體之精神。自始本與歐洲中世以降之君主國大有所異。在彼則以國家爲君主之私產。在我則以君主爲國家之公人。故曰所欲與聚所惡勿施。天視民視。天聽民聽。經訓中類此者不可枚舉。此等大義。數千年深入人心。雖有至悍之夫。只敢陰蔑而不敢明犯。蓋立憲主義發達之早。未有若吾中國者也。故輿論所在。君主在理在勢。皆曲從之。此中國相傳之天經地義。歷久而彌光晶者也。而翳乎其間者。不過此以職務爲傳舍之官吏。官吏非人民以外之一團體也。其未進也。不過一平民。其旣退也。亦不過一平民。故其目前之利害。雖或與一般人民小矛盾。而永久之利害。終必與一般人民相一致。夫舉國人民利害略相一致。此實吾國固有之特質。而在數十年前東西諸國。無一能幾者也。（其小利害有不相一致者此則又今世諸國所皆莫能免也）是故以官吏而出死力以防害人民之政治運動者。爲我國事理上所不能有。卽有之而亦脆薄已甚。其勢萬難以繼續。試觀比年以來。人民所樹之義。但使壁壘稍堅。幾見官吏不同化之而附和之者耶。是不得曰彼以其爲官吏之資格而納降於人民也。彼不過以其爲人民一分子之資格。而加入於人民運動之隊而已。夫君主決不肯爲人民之敵也。旣若彼。官吏決不能爲人民之敵也。又若此。然則但使有正當之輿論。能發生於多數人民之閒。則何求而不得。何欲而不成。而彼不負責任不適時勢不達治體不顧國益之人。豈能一日尸政府之位。凡彼輩所以得尸其位者。皆由消極的輿論默許之而已。今如曰我國於政府腐敗之外。別有亡國之原因也。則救亡之道。容或難焉。若原因止於此也。則吾以爲救之之易。莫過此也。何也。天下事惟求諸在外者爲至難。孟子所謂求之有道。得之有命。求無益於得者也。若求諸在我者。則至易。孟子所謂求則得之。舍則失之。求有益於得者也。夫欲使政府毋腐敗。欲使國毋亡。豈有他哉。亦吾民各各求諸在我而已矣。

今中國凡百皆不足深患。而惟人心風俗之病徵爲足患。人心風俗。其他之病徵。尚不足深患。而惟此坐以待亡之心理爲最足患人人皆曰國必亡國必亡則莫復肯爲百年十年之計而惟苟且偷生於一日既已苟且偷生於一日則縱肉體之慾惟恐不及此奢汰貪黷之風所由起也以名譽爲更不足顧惜此寡廉鮮恥之行所由多也以學問爲無所用之此學絕道喪之象所由見也夫人之生生於希望而已希望一絕則更何事可爲者又更何事不可爲者夫人雖墮眢井雖陷虎穴但使須臾毋死猶未嘗不思所以自拔蓋於無希望之中而猶懷希望人之情也獨乃於吾儕所託命之國家全世界人所共認爲前途希望汪洋靡涘者我民乃以其偶處逆境之故而嗒然自絕其希望天下不祥之事莫過是也譬有人於此或試驗落第或懋遷失利而遽發憤自戕此天下之不祥人也今之持亡國論者蓋有類於是矣是故我國之亡不亡匪由天也匪由人也而實在我輩四萬萬衆之心四萬萬衆皆曰聽其亡斯竟亡耳四萬萬衆皆曰不許其亡斯不亡耳

而論者或曰今四萬萬衆之聽其亡者既什而八九矣我一人獨何能爲應之曰不然我而在四萬萬衆之外也則誠無如何此如歐美日本人雖有愛於中國而欲其不亡無能爲力顧我非四萬萬人中之一人也耶四萬萬人皆各自我其我故不必問他人之欲亡此國與否惟問我欲亡此國與否而已夫羣衆心理之感召良莫能測其朕一人欠伸舉坐隨焉涉樂方笑言悲已歎此不必有大豪傑然後能負之以趨也其互相吸引互相倚重各不自知其然而然而其傳播之迅速氣魄之雄厚乃極之至於不可思議勿徵諸遠卽以此次之國會論責任內閣論言之自其始萌芽以迄今日爲時幾何其有人焉單提直指以鼓吹之者爲時更幾何而其風被之遠響應之捷則竟若是矣使自始而人人皆曰倡之者不必自我也則其結果當何如使繼此而人人皆曰應之者殆無待我也則其結果又將何如是故吾輩但患我之不如人耳毋患人之不如我我雖至么麼而四萬萬人之我則

至偉碩。我雖至脆薄。而四萬萬人之我則至雄强。我而不信我之偉碩雄强。則是非侮我也。而侮四萬萬人也。我國之所以殆坐是而已。夫此四萬萬人之我本具有偉碩雄强之力而不自知。今讀十月三日之大詔。不已明示之以徵證耶。嗚呼可以興矣。

由此言之。吾國前途之最大希望。實惟輿論勢力。而可恃之以爲中國不亡之劵亦既明甚。而此後所以運用此勢力者如何。則我國民所最當留意也。昔政府動持人民程度不足之說以沮撓國會。吾儕既力闢其謬矣。雖然此不過謂現政府之程度。比於一般人民尤爲劣下。以現在人民之智識。優足以監督之而有餘。故與現政府相對。而得言人民程度已足云爾。實則吾人民而誠欲沐浴憲政之膏澤。則今後所以吸收政治上之智識。磨鍊政治上之能力者。今方當大有事。而現在之程度。其歉然不足者。不知凡幾。是又吾國民所不可不自省也。夫輿論勢力之表示於外。而最强有力者。莫如國會。國會所行職權。若議決法律。若協贊預算。審查決算。若事後承諾。若質問政府。彈劾政府。若信任投票。雖採種種形式以顯其勢力之作用。一言以蔽之。則政策之討論辨爭而已。其種種形式。則無非借之以爲建設一政策。或反對一政策之手段也。夫必先有政策。然後能有討論辨爭之鵠。而政策也者。非政治智識圓滿之人。不能建樹。非政治智識粗具之人。不能批評者也。今我國人於政策二字。習爲常語。小有建白。動輒以冒政策之名。而不知學術上之用語。萬不能如此其朦混也。凡國家任欲舉一政事。無不與他項政事相聯屬。其他項政事。又更與他項政事相聯屬。如是相引若循環無端。不可殫窮。苟欲舉一項。而遺他項。則並此一項亦不能舉而已。是故必有組織者。乃得稱爲政策。復次。凡政治固莫不以國利民福爲鵠。而國利民福。決非一端。而時且或相矛盾。建樹政策者。或向甲端。或向乙端。惟其所擇。而決不取兩不相容之策以糅爲一團果爾則其利必以相消而盡耳。是故必有一貫之系統者。乃得稱爲政策。復次。凡一政策之實行。則其直接間接影響於一國社會現象者。不可紀極。人民所蒙樂利固多。而苦痛亦在所不免。欲評政策之價值。惟以樂利能餘於苦痛與否以爲衡。而苦樂之效。往往發見甚遲。其間接所波動。抑非粗心淺識之人所易見及。是故建樹一政策固甚難。即批評一政策抑亦非易。而國會所以能於政治上有大作用者。則在其能建樹政策批評政策而已。苟國會議員不知政策爲何物。其所討論不懸一政策以爲鵠。而徒東塗西抹。雜提出許多無組織無系統之法案。而擾擾焉贊成之反對之。或枝枝節節以行其質問彈劾之權。不探根本而摘枝葉。則雖有國會。而其補於政治現象之進化者。抑至微末耳。由此言之。則國會既開之後。吾國民所需政治上之智識。其程度當若何。若今日其能以自足耶。

且吾更欲有言者。吾近年以來。默察時勢。竊以天若相中國。使得舉立憲之實者。則將來政權所趨。其必成爲英國式之政黨政治。而非復德國日本式之官僚政治焉矣。夫政黨政治官僚政治。各有短長。吾固未嘗漫爲軒輊。且官僚政治整齊嚴肅之效。與今日之時勢極相應。而按諸我國歷史。官僚政治之根柢極深。因而利用之。其於施治當較易。故吾自昔固深望我國之政治現象能如德國日本。而非欲其强效英國者也。雖然。以比年來事勢察之。深恐官僚政治有絕對的不能維持之勢。何也。當一國改革政體伊始。苟其官僚於政治上之道德智識能力獨爲優秀者。則將來政權恆在官僚。而不然者。則必移於政黨。此徵諸各國已事而可見者也。今我國官僚强半闇於世界大勢。無絲毫政治上之常識。其智識較諸民黨之俊秀者。實下數等。（若新進少年初得一官者其中固不乏英才然未可具指爲官僚黨也）其職務上之經驗。雖視民黨爲多。然不過簿書期會之事。非復適於新政體之用。則其能力固未見有所特長也。又彼輩雖自爲風氣。儼然若成一所謂官僚社會者以自別於齊民。實則不過無機的集合。偶然的湊泊。絕非有一共同之目的以相團結。（此我國官吏社會與歐洲各國之貴族社會日本之藩閥社會最相異之點也）趨利則相軋。過患則相陷。絕無足以稱爲黨派者存。論者或加之以吏黨之名。其寵異彼輩。抑太逾分矣。夫中國現在之官僚。既已若彼。自今以往。彼等固不敢作永遠蟠踞政權之妄想。卽時勢亦豈容彼輩之長爾爾耶。今責任內閣尅期建設矣。國會次第召集矣。自始組織此責任內閣者。必爲現居要津之人。此自然之數也。而試問其能提出一有組織有系統之政綱以與天下人共見否耶。卽提出矣。而試問其能一一按照之以見諸實行否耶。五尺之童。以有知其必不能矣。既已不能。則現在之資政院及將來之國會。苟空無人焉。斯亦已耳。若猶有人者。則此鹵莽滅裂塗飾敷衍之內閣。安能一日存立。善夫各督撫聯銜電奏之言也。曰『既有國會監察。權限明則責成專。雖欲諉卸而不能。才力薄則應付窮。雖欲把持而不得。數經更易以後。求才者知非破格不爲功。飽嘗憂患之餘。任重者亦必審量而後進。』蓋責任內閣既建。國會既開以後。無主義無統一之內閣。萬不能存立。此既爲自然之效。必至之符。而羣現在之官僚社會。其必不能成一有主義有統一之內閣。抑章章矣。於此時也。若國會議員。亦等是無主義無統一也。則將國會與責任內閣兩者。皆成爲無用之裝飾品。政治現象。混雜至不可名狀。腐敗且日益甚。而國遂以亡。使於其時而國中有堂堂正正之政黨出焉。揭健全之政綱以號召天下。而整齊步伐以從事運動。則國會勢力必爲所占。以之與無主義無統一之官僚內閣相遇。其猶以千鈞之砮潰癰也。進焉則取而代之。退焉則使官僚內閣唯唯服從也必矣。吾故曰。吾國將來之政治現象。必變爲英國式之政黨政治。勢則然也。

夫然。而我國民之責任抑更重。而所以完此責任者抑更難矣。凡天下事批評易而籌畫難。籌畫易而實行難。此事理之至易覩者也。是故批評一政策，則但有政治上普通之常識，可以無大過矣。籌畫一政策，則非有圓滿之學識所不能也。籌畫一政策，則但有學識，亦庶幾矣。綜攬此政策而實行之，非有相當之器量才技所不能也。如彼德國日本者，其官僚社會中人，皆一國之秀，又閱歷極深，於政務無所不嫻，故其所籌畫之政策，率皆能與最大之國利民福相應，而無甚可議，而行之又無所閡滯。國會之政黨，則不過拾遺補闕，匡其不及，以洩其過已耳。故爲道較易也。我國不幸，而官僚社會太紊亂無紀，脆薄無力，欲其負荷此艱鉅，而饜天下之人心，殆成絕望。於是將來我國國會之政黨，不惟負批評政策之責任也，且不能辭籌畫政策之責任，甚且不能辭實行政策之責任。欲云完之，豈其易耶。嗚呼，我國民其念之，此責任之壓於公等之雙肩，蓋不遠矣。公等雖欲避之，而固有所不得避，而將來公等之能負荷此責任與否，即國家存亡所攸判也。由此言之，則自今以往，我國民所以自鞭策者當何如，而此二三年之光陰，其可以一寸一分擲諸虛牝也耶。嗚呼，我國民其念之哉。

吾誦明詔，既感我皇上之仁聖，感輿論勢力之偉大，復感吾國民將來責任之艱鉅，輒雜述其所感如右。（宣統二年十月六日成）

評一萬萬圓之新外債

吾所爲外債平議，方始脫稿，而政府向美國借一萬萬圓新外債之議，據道路所傳言，則契約已彼此畫諾矣。是故吾欲有所評。

評一、就政治上評此次外債之性質　政府借此外債，將以供何項用途乎。其用途當否乎。此政治上之問題也。聞諸道路。謂將以爲改革幣制之用。就中於施行虛金本位制一事。尤所注重。果爾則實吾黨數年來喁喁期待之要政。不憚竭全力以贊成。而辦此要政。宜利用外債。亦吾黨素所主張也。(參觀本號外債平議第八節)雖然。今政府借債之目的。未嘗宣明。吾又烏知其果爲此事之用否耶。卽宣明矣。誰又敢保其不以一部分挪用於他項耶。卽不挪用矣。而現在辦理幣制之人。果有公忠奉國之心。而不至聚而咕嘬此款耶。卽有此心矣。而其智識才能。果足以善其事。而不至擲款於虛牝耶。此諸問題者。無一能解決。則吾雖欲據用途之當否以論斷借債之當否。亦何所據。要之政府非人。則無論何種外債。在理皆當反對。而或者持某種外債可借某種外債不可借之論。此在國會既開政府確負責任以後。此固爲有價值之一問題。若在今日。則此決不成問題也。

評二、就法律上評此次外債之性質　政府果有以單獨意思而借此外債之權能乎。此法律上之問題也。據資政院章程第十四條第三項。凡公債事件。資政院應行議決。資政院章程非他。欽定之法律也。今此一萬萬圓之新外債。雖有巧辯。亦不能強指爲非公債也明矣。而其議借也。固在資政院成立之後。不能以法律效力未發生爲辭。且正在召集開議期中。更不容援事後解除責任之例。而試問此次借債之案。果曾提出院中而經議決乎。豈惟未提出未議決。蓋諱之莫如深也。是明明視欽定法律爲無物。苟有不便於己。則蹴踏之如草芥也。吾欲問政府。凡我大清帝國臣民。是否應有服從欽定法律之義務。違法者是否有罪。若云無之。則頒各種法律何爲。若云有之。則公等之罪。該當何等。夫政府既不提出以求議決矣。資政院復不要求其提出以付議決。是政府積極的蔑視法律。而資政院亦消極的蔑視法律也。吾誠非有所惡於政府。有所愛於資政院。吾惟知欽定法律之神聖。但使當已頒定而未經改正之時。有犯之者。則爲亂臣賊子而已。政府而惡資政院之不便於己也。則當其欲借債之前。先請旨將章程第十四條第三項削去可也。或更請旨將資政院停辦。取其章程盡行燒棄可也。資政院一日尚在。欽定資政院章程一日尚在。而於應行議決之事不付議決。是非侮資政院也。侮皇上耳。侮國家耳。

評三、就外交政策上評此次外債之性質　此次外債。其結果能使外國將來對於我國之地位有無變動耶。我國現在多數人所懷之外交理想。果緣此而得實現耶。此外交政策上之問題也。據道路傳說。謂此次借債。無須抵押其種種條件。亦比較的於我有利。洵能如此。寧非可慶。然以我國現在財政紊亂之實情。外人甯不深悉。問將來何道可以償還本息。在債務者固未嘗一念及。在債權者則安能不念及。既念及而顧無抵押以貸諸我。恐其所以爲抵押者別有在耳。此吾所爲不能釋然者一也。吾借債不求諸他國而求諸美。以美爲愛我也。藉曰愛我。而彼得獨行其愛乎。夫各國之條約協商等公牘。其對於我國。莫不著有機會均等四字。此我國人所最宜牢記也。昔借債以應甲午償款。而英俄德法互爭債權。最近則借債築粤漢鐵路。而英法德美互爭債權。此前事之章章者也。今我固乞憐於美而不屑乞憐於他國。而他國果遂許美以獨爲君子乎。苟紛紛憐我而周我。則政府之財固不可勝用。恐國命自此而斬耳。此吾所爲不能釋然者二也。

嗟乎。此次一萬萬圓之新外債。殆已在成事不說之數。吾雖瘏口嘵音。亦復何補。雖然。吾猶不能已於言者。則以今茲之舉。實由國中號稱有識愛國之少數人士分尸其咎也。數月以來。以拒款論反動之結果。而歡迎外債論。乃無端而瀰漫於全國。一若但得外債。則可以立拔國家於九淵而登諸九天者。此其迷妄。視彼拒款論抑又甚焉矣。吾請以一言正告彼輩曰。外債之利。公等所知。恐尚未必能如我之深。顧我所以不敢漫然附和公等者。則以公等於百凡與外債相緣而起之現象．一切忘卻耳．夫拒款論雖拘墟可笑．然以現在之政府．其道德．其才力．豈足以運用外債者．此如刀鎗誠爲利器．若以授諸狂人或童孺．則適以自殺．或殺其所親愛之人而已矣．故拒款論誠陋．而在今日則猶爲消極的有益於國家者也．夫政府雖驕恣無等．而其力本甚脆弱．對於熱狂沸騰之輿論．固不能無所憚．彼欲借外債以自肆之日固已久．然未敢悍然遽發者．懼爲衆矢之的耳．今一旦有輿論爲之後援．則爲禍將安紀極．夫國民而許現政府以借外債．此猶父兄以銀行支票簿畀其飲博無賴之子弟．其不立蕩其產焉不止也．故歡迎外債論誠當．其在今日則實爲積極有害於國家者也．昔孔子謂有一言而喪邦．今號稱愛國有識之士之特歡迎外債論者．當之矣．

夫今茲之一萬萬圓．固成事不說矣．然彼持歡迎外債論者．固非以一萬萬圓而遂饜足也．而政府之無饜足．又不俟論．債權者之無饜足．亦不俟論．三無饜相結合．則不一二年而使我國爲埃及可也．詩曰君子毋易攸言．我有識愛國之君子．其念之哉．

要之．外債之本性．無善無惡．而其結果則有善有惡．善惡之機．惟在舉債用債之政府．嗟乎．我有識愛國之君子乎．公等而確信今日中國之當借外債乎．則請竭全力以求得一可恃以舉債恃以用債之政府．公等而謂外債早借一日則國家早得一日之利乎．則必此可恃之政府早一日成立．然後公等之理想可以早一日實現．而非然者．則恐亡中國之罪．不在政府而在公等矣．夫生今日之中國．不併力以求得一可恃之政府．而東塗西抹．摭拾一二不完不備之學理．牽引情異勢殊之外國事實．而侈言某事當辦某事當辦者．皆亡國之言也．又豈獨外債哉．（宣統二年十月初六日稿）

編者案此文由海外寄來去本號出版時已將一月據近日所傳外電有美國派員監督我財政一事良不敢遽信爲眞而此一萬萬圓之債權由美英德法四國公同引受則借款主動之美國人士德列氏在倫敦已經畫押此消息殆必確矣且聞其約款中尙有將來凡有中國借款皆須四國均霑等語嗚呼著者竟不幸而言中矣本報第二十五號載有著者所作中國外交方針私議一文其中有云『我今後如欲借債則各國資本家豈患不趨之若鶩寧惟美國』又云『及乎議訂質劑之時他國仍必起而爭爲債主』曾幾何時此等語皆變爲事實矣願我國人一省之（宣統二年十月二十三日編輯部識）

論資政院之天職

明詔以資政院爲上下議院基礎議院最大之職權有二曰參預立法也曰監督行政也其在今世實施憲政之國則以前者爲重既參預立法則監督行政之實自舉也其在我國今日則以後者爲重非監督行政則參預立法之效悉虛也歐美諸先進國法治主義久已深入人心舉國上下咸認法律爲神聖不可侵犯是故凡百事項不著諸法律則已既已著諸法律經裁可而宣布之雖君主且恪守罔越而政府斷不敢發違法之命令苟其發之屬僚可以不奉行也苟其奉行人民可以起行政訴訟也故立法一善而國利民福思過半矣中國不然大清會典大淸律例以及歷年詔勅與奏定章程其位置本與各國法律等也而各行政官視同無物今者號稱預備立憲一一襲外國之形式於是變其名曰法律然而視同無物如故也頒布自頒布違反自違反上下恬然不以爲怪而國家威信益掃地以盡非匡正此弊則法治安有成立之期而今日匡正之責舍資政院信無屬也

比年以來新頒法規多如牛毛其內容大半皆鹵莽滅裂固無論也然就令悉臻完善又將何爲蓋有法而不行則良法與惡法之效等耳英法德美日諸國其法曷嘗不粲然具備然於我何與者比年法規之著於官府者高

可隱人。究其實則官民視之其與外國法典相異者幾何。今憲政編查館及各部院養無量數之冗員。除酒食博奕外。則惟以鈔譯他國法規爲事。充其量雖將萬國所有之法。用天吳紫鳳之式。割裂綴合。悉以中國文字著錄之。可也。而試問於國利民福。有絲毫之痛癢相關者否。今者資政院開。彼等方且一一提出其割裂綴合之譯本。以求協贊。資政院議員則日日疲於奔命。相與磨勘於其字句之間。最上者能比較法理。使實質稍稱善良。極矣。及其議定。則又編入故紙堆中。與大清法典大清律例同爲殭石。議員之精神日力。雖不足貴。抑亦何不值一錢若此耶。嗚呼是可以知返矣。

今日之要。最要使政府知法律之非同兒戲。當其未頒也。先預計將來所以實施者如何。苟財力不能實施。人才不能實施。事勢不能實施。則毋甯勿頒也。則法雖不完不備。而有一法卽可收一法之効。然則今日資政院所當率之職如何。一曰調查將已頒之法規。一一調查其曾否實行也。二曰質問於其不實行之事項。嚴重詰責。問其所以不實行之故也。三曰彈劾揭政府違法大不敬之罪。求君上裁判也。若資政院議案能注重於此方面乎。則國其或有瘳。不然者。政府方提出無數法案。議員復提出無數法案。而其結果不過併九十日之力。孳孳以製造殭石甚無謂也。

亘古未聞之豫算案

今政府居然提出預算案於資政院矣。資政院居然審查脩正而將付諸議決矣。立憲國最重要之政治手段。儼然已移植於我國。政界一綫之光明。豈不在是。乃吾觀於今茲之豫算案而不禁廢書而嘆也。

今兹之預算案。其實質上。其形式上。鹵莽滅裂。千瘡百孔。不遑殫述。而其最奇怪不可思議者。則收支之不適合是也。夫預算非他。實一國行政之鵠也。無論何種政務。行之必需政費。而立憲國之所以有預算者。則除預算表歲入項下遵依法律所收諸稅則外。行政官不得濫有所徵索。除預算表歲出項下所列諸款目外。行政官不得濫有所支銷。此立憲國之通義也。故無論采量入爲出主義。采量出爲入主義。要之其第一著必期於收支適合。量入爲出者。以所收既萬不能增。則設法減所支以期合於收。量出爲入者。則以所支既萬不能減。則設法增所收以期合於支。既名爲預算。則未有不遵此道者也。今次提出於資政院之豫算案原文。吾雖未之獲見。據其所已知者。則入不敷出之額。約五千萬兩。或云合諸各項預備金。實不敷七千餘萬兩。其支出之果皆適當與否。且勿論其收入之果符實際與否。且勿論。要之既名曰豫算案。則無論如何。必須將此七千萬之差額。胷合彌縫。或增加新稅。而以收就支。或節省政費。而以支就收。及其提出於資政院也。資政院於歲入一面。則討論各項所入能符實際與否。新增之稅。能應民力與否。於歲出一面。則討論各種政費。必要與否。有益與否。有應移此辦彼者與否。而決議其租稅之是否可以承諾。政費之是否可以許可。此各立憲國預算案提出議定之常規也。是故惟政府得編製預算案。實政府固有之特權。政府必須編製預算案。又爲政府不能辭之責任。而編製預算案之所以其難其慎。非大政治家莫克勝任者。則正以此調合收支之手段。非通籌全局。確立計畫者不能爲功。而全國人欲觀政府施政方針者。皆於預算案焉覘之。胥是道也。

今既儼然稱爲預算案。而收支差額七千萬兩。此可謂之決算案耳。不能謂之豫算案。此可謂之歲費概算書耳。（各國當每年編製預算案之前各部大臣將本部所需經費之額開列清單牒諸度支部名曰歲費概算書）不能謂之豫算案。此可謂之財政報告書耳。（美國度支部無編製豫算之權度支部大臣每年將財政情形報告於議院供議院編製預算之資料名曰財政報告書不能謂之豫算案。今政府所提出者果何物耶。以云決算案耶。則決算只有審查無待議決。且又安有以宣統二年而提出宣統三年決算之理。以云歲費概算書或財政報告書耶。則此二者凡以供編製預算之資料耳。政府得毋欲將編製預算之權。讓與資政院耶。此惟民主國體之美國行之。而君主國皆不爾。政府此舉得毋欲破壞我神聖之國體耶。如其不然則胡爲不以豫算案提出於資政院。而僅以編製預算案之資料提出於資政院也。

要之我皇上所命於資政院者。命其對於預算案而決議耳。不命其於決議以外更有所事。命其決議豫算案耳。不命其決議彼不成爲預算案者。今政府所提出者。乃決算或概算書報告書也。非豫算案也。資政院所討論者。乃編製預算案也。非決議也。今欲使政府與資政院。各保其權。各率其職乎。則第一義當識預算之爲何物。第二義當識編製與決議之作何解釋。嗚呼。日日言立憲而不知預算之爲何物。不知編製與決議之作何解釋。吾安得不爲之痛哭流涕長太息也。

嗚呼今次之預算案已矣。而國會開設之期。即在目前。使我政府我國民之常識而長此慣慣也。則財政之整理。何日可期。政治之監督。何日得舉耶。吾今蓋有所感。則頒定會計法實爲我國實行憲政之第一要著。不先務此。則他法雖如雨下悉成殭石耳。

（附言）今茲資政院對於政府所提出之預算案。從節省政費一面。頗加討論。此誠爲議決預算案者所當有事。特惜所提出者。並非預算案。無討論之價值耳。若在他國而有此等四不像之預算案出現於議場。則必以政府之無方針無常識生出責任問題。而斷不肯無益費精神以爲之討議。但現政府既以不負責任昌言於衆。資政院彈劾亦無效力。則議員之勉强討論。或亦有所不得已。然其所謂節省政費之提議。又似舉其細而遺其大。就令本案有決議之價值。而院中所執決議之手段。似亦有未盡得宜者。吾當別著論陳其所見。（宣統二年十月十九日）　著者識

評新官制之副大臣

責任內閣之將設立。已見明詔。未幾而海陸軍兩部新官制發布。改尚書稱大臣。同時並設所謂副大臣者。將來各部大約皆同此組織。殆可推知。而此制度果於立憲國之精神有合乎。吾不能無疑。

就政治上言之。則副大臣是否列爲國務大臣。此一疑問也。立憲國之國務大臣。兼有兩種地位。其一則行政上之地位也。其他則政治上之地位也。蓋一國之政治。其責任不能無所歸。而在立憲國。則以君主不負責任爲原則。故大臣輔弼君主。而全負其責任。然不負責任之君主。又不容躬糺大臣責任以瀆神聖也。乃以此職權委諸國會。國務大臣者。與國會相對待之機關也。故國務大臣。與普通官吏異。普通官吏。以服從命令爲主。其有瀆職。則受懲戒。若國務大臣者。以云服從。則服從君主耳。然君主之命令。必以大臣副署而始有效者也。以云懲戒。則君主懲戒之耳。然君主之懲戒。又必經大臣輔弼。然後行者也。於是乎舍國會以外。無足以檢束大臣之行爲者。然則國務大臣。與其他官吏。其法律上之地位。劃若鴻溝明矣。今使副大臣而列爲國務大臣也。則一國中果須爾許之國務大臣否耶。使副大臣而不列爲國務大臣也。則何必以冒大臣之名。且副大臣將直接對於君主而負責任耶。抑對於本部大臣而負責任耶。吾苦無以明之。

就行政上言之。則大臣與副大臣。是否成長屬之關係。此又一疑問也。夫今之大臣副大臣。與昔之尚書侍郎。則

異名同實耳。尙書侍郎。昔本六人者。後乃減爲三人。今復減爲二人。數雖減而性質則如故也。尙書侍郎。則非長屬而同列也。夫官署本有獨裁制與合議制之別。合同列數人共長一署。在理原非不可。然行政官署采此制者已少。若一國之最高行政官署。而置權力同等者兩人以上。則未有不治絲而棼也。在昔六部九卿之弊。與夫督撫同城之弊。既稍有識者所共見矣。今使一部中兩大臣而爲平等之關係也。則改制何爲。若爲長屬之關係也。則古人所云並都匹嫡兩都耦國。名不正言不順。亦已甚矣。

彼立法者。豈不以各立憲國各部大臣之下。多有次官。因爲此以擬之耶。夫名爲副大臣。與名爲次官。雖不必斷斷計較。然我國之設副大臣。與人國之設次官。其精神截然不同。則天下所共見也。人國之次官。爲事而設者也。我國之副大臣。爲人而設者也。顧亭林有言。小官多者其世盛。大官多者其世衰。我國今日盈天下皆大官也。彼車載斗量之大官。明明與立憲國之行政組織異。雖然。犧牲國家可也。犧牲大官之地位焉不可也。此副大臣所由立也。豈惟副大臣。全部新官制之旨趣。皆在是耳。嗚呼。吾欲無言。(宣統二年十一月十六日稿)

硃諭與立憲政體

旬日以來。以資政院彈劾軍機之故。連頒硃諭。皆不以軍機大臣副署之形式行之。此實兩年來一種新異之政治現象也。王言如綸。吾儕小民。豈敢妄贊一詞。惟按諸中外古今之法理。以研究其性質。則亦聞政者所當有事也。

硃諭者。唐宋以來曰內勅。謂中旨特下。不由廷臣擬進者也。質言之。則出於君上單獨意思。而不參以他機關之同意者也。其在專制政體之國。一切詔勅。皆以君上單獨意思而成立。故內勅與普通詔書。在法理上本無區別之可言。然我國向來習慣。猶必指定一機關為出納之府。故唐人有言。不經鳳閣鸞臺。何得為勅。而斜封墨勅之屢頒。歷代皆引為大戒。良以內勅者名義上雖云出於君主單獨意思。事實上往往有他人之意思參乎其間。而此所謂他人意思者。其人大率假君主為護符者也。故我國前古令辟。凡事之關於賞罰黜陟及邦國財用者。每不肯輕用內勅。非法理上有所限。凡以示王者無私言。一切皆與大臣共之云爾。

若近世之立憲國。則凡政治上之詔勅。不經國務大臣副署者。不認為有效。非削君主之權也。法理之結果。不得不然也。英國者。立憲政體之祖國也。而其諺曰。君主不能為惡。夫人性可以為善。可以為不善。君主亦猶是人也。而曰不能為惡也。何居。學者解之曰。君主者以一自然人而為國家之最高機關者也。就其為一自然人之地位言之。則固與其他之自然人同。能為善。亦能為惡者也。就其為國家最高機關之地位言之。則只能為善而不能為惡。蓋此機關實絕對的不能為惡之機關也。凡君主皆舉一國立法行政司法三大權而總攬之。然皆不以自專。而分使他機關參預。司法權則法院以君主之名行之者也。立法權則議會協贊君主以行之者也。行政權則國務大臣輔弼君主以行之者也。故君主之一機關。會無單獨自動之事。其有動則必挾他機關以動者也。夫既挾他機關而始動。苟其動而惡也。是亦他機關有以成之耳。大臣副署制所以為立憲政治之命脈者。其精神皆在於是。故近世各立憲國。苟其詔勅有不經大臣副署者。祇認為君主以自然人之資格而發私牘。不認其為以國家機關之資格而發公文。此不必君主為然也。卽以普通官吏論。無論何人。皆不能無私牘。然體制總不能與公文相混。既名曰公文。則必有畫行用印等種種條件。條件有一不具。卽失其為公文之用。此事理之至淺者也。

立憲國詔勅必以大臣副署爲成立之條件。其作用亦猶是耳。既有此條件。則責任自有所歸。蓋雖有違法違憲之詔勅。苟非大臣副署則不成其爲詔勅。使君主違法違憲之舉得現於實者。皆副署之大臣成之也。所謂大臣負責任者。非責任本在君主而大臣代負之也。君主本無責任。而責任實全存於大臣之自身也。淺識者流。或以爲君主並非不能爲惡。徒以其神聖不可侵犯。雖有過舉而勿宜問。故移而尸之於大臣。如周公抗法於伯禽。如魏絳戮揚干之僕。此大謬也。夫臣民之尊君親上。以實不以文。故以足蹴路馬芻有誅。齒路馬有誅。謂其嫌於偪君也。若明明以君爲過舉。徒束於名分不敢議。而議其所親暱。以使之聞之。則其與於不敬抑又甚矣。今立憲國之精神則異是。君主者。常立於無過之地者也。其所謂不能爲惡。非理想上之不能。而事實上之不能也。何也。苟其爲惡。非副署之大臣長之逢之。則無所取塗以現於實。故惡惟在大臣。而決不在君主也。明乎此義。則今世各立憲國。斷不肯用不經大臣副署之內勅。其故可思矣。其所以以大臣副署爲詔勅成立之必要條件者。凡以使君主常立於無過之地。而臣民之愛戴君主得出於至誠云爾。

孔子之稱舜也。曰無爲而治。其稱堯也。曰蕩蕩乎民無能名焉。孟子曰。堯以不得舜爲己憂。舜以不得禹皋陶爲己憂。此其言君主無責任。大臣負責任之理。可謂博深切明。哀公問孔子曰。一言而喪邦。有諸。孔子對曰。言不可以若是其幾也。人之言曰。予無樂乎爲君。惟其言而莫予違也。如其善而莫之違也。不亦善乎。如不善而莫之違也。不幾乎一言而喪邦乎。此以言乎君主發言之不可以易也。遠循先聖之鴻訓。近察各國之法理。有國有家者可以知所擇矣。

夫我國昔在專制時代。賢君誼辟。猶兢兢致謹於是。況其在立憲政體。久布於天下者耶。夫降乘輿之尊。以代一誤國殃民之人受過去高明之地。而立於人民相對待之勢。甚非所以保威嚴而定民志也。嗚呼乃心皇室之君子。倘亦有能以此言聞諸君父者耶。

評資政院

資政院開院以來。政界漸見活氣。此實中國前途一線光明也。今閉院在即。此九十日內院中之功過可得而論次焉。

（甲）資政院之效果

第一、資政院因爲國家法定機關之故。其言論總比較的有力。雖以痲木不仁之政府。要不能不稍有所忌憚。而院中一部分議員頗能以立憲國之國會議員自待。於院章常取積極的解釋。不爲消極的解釋。故政府本意原欲以資政院爲政府諮詢機關者。今居然能保持其與政府對待之地位。使誤國殃民之政府。漸有感於衆怒之難犯。專欲之難成。而淫威不得不稍殺。此資政院之功也。

第二、我國人於國家機關之觀念素不明瞭。動視國家官職與私人權利爲同物。蓋緣我國前此祇有獨任機關而無合議機關。故易將機關本身與司機關之人混爲一談。勢則然也。自資政院開而其爲國家機關之性質。漸爲多數人所了解。故去年各省諮議局初開時。尚緣各省議長官職之崇卑而有用照會與用劄飭之問題起。知有私人而不知有機關。大爲識者所笑。今則此義漸明。資政院彈劾軍機。盡人皆知爲非溥倫彈劾奕

勵此思想進步之一證也此思想普及以後將來對於國家凡百機關皆得推此義以衡之則公私界限分明其有裨治理非淺尠也

第三、資政院既開天潢貴胄外藩侯伯與齊民之秀者共集一堂相與融通其感情交換其智識前此種族思想階級思想地方思想不期自化而眞正之國家思想漸湧現於心目間數千年來官尊民卑之錮習庶有廓除之望此於精神上之感化最有力也

第四、人民疾苦欝積而無所控愬者已非一日時或哀號呼籲終無塗以自伸資政院開則民論可以得堅勍之後援而衆欲衆惡始有實體之可覩如第三次請願國會之決議上奏案迭次之彈劾軍機案其最著者也

第五、凡立憲國民莫不感政治上之興味其感之愈深則其政治之進步愈速而此種興味所以能發生者其一則由人民有參政權其一則由政治事項之公布今資政院議員雖非盡由民選然尙得半數雖未能使一切政治事項悉行公布然其一部分不得不以付議決舉國人民因得有與聞之之機會以故自開院以來人民政治上之興味實陡增於舊觀夫每當一重大議案開議則院中旁聽座爲滿而數月以來政治的運動各地方紛紛繼起畿輔密邇之區尤加劇烈是其效也

第六、資政院討論各議案其理論及其秩序較諸先進國之國會雖甚有遜色然得藉此以爲練習之地步議員之見識能力緣淬厲而日赴光晶其中必有一部分能爲將來國會人物之模楷者又此次經驗之結果則言論所以不能統一勢力所以脆弱之故皆漸發見而不得不圖補救之策故以資政院爲他日國會之練習場實最適切也

（乙）吾所欲忠告於資政院者

第一、資政院何故間數日始會議一次乎此最不可解也各國議院自開會以迄閉會恆繼續會議英國常自二三月開至六七月雖著期亦鮮休暇日本常自十二月開至三月新年前後率休暇旬日而論者且以是誚其議員之放逸蓋各國通例皆以議院停會爲政府示威之一法實解散之先聲也非不得已未嘗用之除被命停會外則未聞有由院自停者今資政院果采何國之先例耶夫會期限以三月純是模倣日本日本會期之短在各國中實無其比彼中人士既頗有訾之者我國土廣人衆重以一切草創庶政殷繁十倍日本故此區區九十日之會期本已局促不適乃復間數日始會議一次計至閉會時當不過三十次而止是此機關運用之效僅得其法定期日三之一也何怪乎一切皆草草議決而不能列於日程之議案且山積乎而各議員未聞以此責善於議長全國報館亦未一論及是吾所大惑也

第二、會期既短矣開會次數既少矣而每次率以午後兩三點鐘始開會至五六點鐘遽散會則於短少之中又加短少焉各國公廨治事大率以午前八九點鐘作始我都中官署多用晚衙實爲惰氣之徵今方新之資政院曷爲尤而效之且各國議院議事至夜分者往往而有甚者則如英國前此之討論愛爾蘭自治案院中論戰三晝夜不休蓋苟爲重大問題恆非可以一言而決而兩造論鋒相接在勢固不容以中止各國議員往往有以一人而演說亘四五點鐘之久者其敵黨之所以應之者亦相當欲以匆促之晷刻而使重大議案討論得失無餘蘊難矣今每次開議不過數點鐘而議案動以十計其在薄物細故固可以沛然若決江河而關

係國家大計者。非草草盲從。卽未決而散。此甚非所以愼重職務也。此種現象。雖尙有他原因致之。然開議時刻之短。亦其一矣。

第三、院中議員以欽選民選兩部分組織而成。其立法善否且勿論。要之此不過爲取得議員資格之一塗徑。非其地位緣是而生差別也。今院中欽選民選之分子。隱然若兩黨對峙。此最不祥之象也。（雖兩造之分子未必劃若鴻溝然大勢實如是此事實之無可爲諱者也）夫既已司一機關。則惟當忠實於本機關之職務。而他固非所當問。欽選云者。受命於君上。而非受命於政府。政府不得以欽選者爲己之私人。其理甚明。而既已爲議員。則無論其由何途以取得此資格。職務皆同一律。譬諸官吏有由科第而得此資格者。有由捐納保舉而得此資格者。及其既已爲官。則職務當必同一。而出身何自。固不必問也。如謂凡民選者必當攻擊政府。然則各國右議院全體悉由民選者。將無論何時。恆必與政府爲敵。有是理乎。如謂欽選者必當爲政府辯護。則各國左院民選之分子。至少當常與政府狠狽矣。且彼法官何一非由欽選或奏任。若欽選者必黨於政府。則當道大臣之民刑訴訟。當無所往而不得直矣。更何司法獨立之可云。各國多限制官吏不得爲議員。惟德國獨否。而德國之官吏議員。則往往作在野黨之驍將。而爲政府所最嚴憚者也。夫以德國爲號稱官僚政治之模範。而其現象乃若是。彼其以官吏而兼任議員者。當其以官吏之資格而入行政官廨也。則惟知服從長官命令。而不知其他。當其以議員之資格而列席於議場也。則惟知自由發表政見。而不知其他。司國家機關者。不當如是耶。有獨立人格者。不當如是耶。夫使政府確有政綱。而其政綱爲我所心悅誠服。則率吾良心以爲之辯護者。吾之天職也。若徒以欽選之故。而自儕於政府之輿臺。其毋乃太不自好矣乎。夫君主者。超然立於各機關之上。非政府所得而私者也。院中之所以定有欽選一部者。豈其欲爲政府樹羽翼以對抗人民。不過謂分兩部以選之。其於資政院之得人較易云耳。其無端而成此現象。當亦立法者所不及料也。今者議院選舉法行將編纂矣。官吏應否得有被選權。尚爲未定之問題。今資政院欽選議員中之一部分。（非敢謂盡人皆然也願諸公有則改之無則加勉）一若以左袒政府爲當然之天職。其有所爲而然耶。則是以一己之利益犧牲國家之利益。其道德程度不足以爲議員明矣。其無所爲而然耶。則是全不解立法機關與行政機關對峙之精神。其智識程度不足以爲議員又明矣。夫非道德程度不足。則智識程度不足。二者必居一於是。是徒使人民厭惡官吏輕蔑官吏。而將來官吏之被選權。或永被剝奪。爲吏黨計。其不智抑亦甚矣。

第四、各國國會議決權之範圍。雖有廣狹。然其議決者必生效力。苟無效力。則擾擾焉多此一決。何爲也哉。資政院既屢奉明詔。指爲議院基礎。則其議決權之效力。自不容違各國議院通則。而資政院所以自處者。亦當以此爲先決問題明矣。夫我國法律之毫無價值。不自今日也。自大清會典則例大清律例以迄近年來所頒之章程規則。朝夕雨下。高可隱人。而大小官吏視同無物。頒布自頒布。違反自違反。上下恬然不以爲怪。商君謂國之大患。在有法而無使法必行之法。今中國凡百職務。悉隳於冥冥之中者。皆坐是耳。資政院開。謂庶幾可救此弊。然而政府之視資政院。固不值一錢也。其於資政院所議決。未嘗一毫尊重也。試就法律言之。資政院可決之法律。而政府不施行之。如故也。資政院否決之法律。而政府施行之。如故也。然則擾擾焉爲此一次提出一次議決。果何所取義。試就預算言之。各國通例。凡租稅非列於歲入預算案者。分文不能徵收。凡經費非列於歲出預算案者。分文不能支銷。凡歲出預算案所指定各款各項各目。分文不能挪用。此諸義者。既爲政府與國民所公認。然後申之以預算非經國會協贊不能成立。故政府之編製預算也。常兢兢懼隕越。而國會但據此協贊預算之權。即可以舉監督行政之實。今資政院所議之預算案則何有焉。收支不相償者數千萬。而公然敢以提出。其爲千古未聞之舛紕奇繆無論矣。而將來此預算案既已議決。資政院既已閉會之後。政府所以補此歲入之不足者。能保其不於本案所列歲入定數之外。更有所誅求於民耶。夫對於經議決之案而別有所誅求。則議決歲入果何取義也。其對於歲出議削議減。政府略爲磋商之後。亦漫然應之。彼明知應之於己無大損。而他日眞削減與否。仍惟所欲爲。即不爾而其展轉挪用亦綽有餘地也。夫於議決削減者而任意不削減。對於議決許爲甲項之用者而任意挪用於乙項。則議決歲出果何取義也。故吾常謂資政院之議決法律案。不過製造殭石。不過灑閑墨於廢紙。其議決預算案。不過如無的而注矢。如夢中與人要約。而合二百人以銷磨此百日之光陰。甚無謂也。爲資政院計。謂首宜請旨申明議決權之效力。夫既有章程以定本院所得議決之範圍。有百事於此。雖將九十九事列於範圍外可也。而其在範圍內之一事。政府萬不容不交議。若如湖南江蘇之不經局議而借公債。政府此次之不經院議而擬借一萬萬圓之外債。在法斷不許也。有百事經議決者於此。雖九十九事不裁可焉可也。甚而停會可也。解散可也。若已裁可之一事。政府萬不能不奉行。而不能通過之法案。政府不得揑作。若如今日雖可決而無由積極以促之進行。雖否決而無由消極以施其限制。在法斷不許也。而預算一事。尤關重要。預算不成立時。當作何處分。預算外之支出。當負何責任。一一皆須請特旨先爲宣示。令政府講明此法理。而思所以自處。庶幾議一事得有一效。而資政院不至成爲裝飾品矣。夫謂政府有意侮辱資政院而故蹂躪其議決權。此其論蓋未免太刻。實則我國官吏。伊古以來。未嘗認法規爲神聖不可侵犯屬吏對於長官之命令大臣對於君上之訓誥殆無一不弁髦視之而資政院之言論更何有焉而今日全國人所爲斯飢斯渴以冀憲政之一日實行者凡欲進吾國於法治國而已若有資政院而猶不能擁護法規則他更何望而將來雖開國會其有以愈於今日者幾何故及今請旨申明議決權之效力實院中第一天職也

第五、人有恆言曰立憲政治非有政黨則末由運用吾觀於今年之資政院而益信其不誣也今得舉顯著之現象數端以明之竊觀都中各報章所記本會期中各議員所提出之議案僅付審查而未及列於正式會議者不知凡幾其僅提出而並未及列於議事日程者亦不知凡幾其餘有所懷抱而覩此情形明知無列議之望因而逡巡不提出者恐更不知凡幾夫以會期如彼其促會議次數如彼其少每次晷刻如彼其暫而政府交議之案居一大部分各省諮議局申報之案居一大部分人民陳請之案居一大部分其間容議員提議之餘地者本已甚少而議員復漫無聯絡各憑其意想所及雜提出多數之議案其議題或大或小或輕或重或緩或急樊然雜陳無有系統及閉會期屆則一切悉歸閣棄夫人苟有所建議則莫不欲其有效欲其有效則先必欲其列於議案此常情也倘所提議始終不得列於議案行將觖望而灰心矣然一會期中不能徧議無量多數之議案情勢已昭然若揭今議員僅二百人耳而議案之擠擁已若是他日國會既開議員至七八百人以上又當若何倘有政黨則本黨所屬議員凡有提案必先經黨中協議自能彼此商榷出以互讓先其所急而後其所緩故不提則已提則必生效果夫如是然後提案有價値院中不至以疲於應接而生厭卽經手提出之人亦得以全其譽望今院案叢脞閣置實爲秩序不肅之一徵而皆由無政黨指導使然也第六、資政院者。國家所特設以爲代表民意之機關也。故其態度最當愼重。萬不可舉棋不定。以熒民聽而貽笑鄰國。即如第二次之彈劾軍機案。實爲院中最有名譽之舉。而既議決旋復取消。既取消又再復活。旬日之間。情實三變。翩其之反。事勢或有所不得已。且不遠之復。晚蓋亦殊足以相償。雖然。就表面觀之。其威望之所損蓋已多矣。使有政黨以爲院之中堅。則當未提議彈劾之前。必先經各黨會議。黨議既決。則全黨員必始終爲一致的行動。或贊成或反對。雖經數日夜論戰不決焉可也。而斷不至違反院章。爲重複表決之舉。即重複表決。而可否之數亦必前後略相若。斷無同是一人而數日之間贊拒異撰者。夫前後贊拒異撰之人。未必其悉爲變節也。或吾前所見爲是者。移時見以爲非。隨時發表所信。原不足以爲病。但爲全機關之名譽計。則狐埋狐搰之誚。恐所不免矣。且夫兩軍之交綏也。必先有司令部以定作戰計畫。熟料夫敵之所以遇我者而預籌因應之策。然後不至爲所乘而自亂其伍。今此案之中。經波折實由敵之亟肆以相疲。多方以相誤。而議員致有一部分失其常度。譬諸軍事。則紀律不嚴。號令不一之咎也。欲救斯弊。舍政黨何以哉。

第七、夫政治固難言之矣。非有高掌遠蹠之眼光。不能通籌全局。非有細筋入骨之手段。不能綜理密微。二者皆爲政治家不可缺之德。而欲以一人之身兼備之。爲事殆不可幾。故各國之有政黨也。聚多數主義相同之人爲一團體。常相討論。以期智識之交換。各據其學識之所長。分科調查各政務。於一事件之利害得失。研究務極詳盡。然後合各事件以觀其會通。以組織成一黨有系統之政策。此決非一手一足之烈所能致也。我國徒以無政黨故。故同屬一派之人。而對於同一事件意見抵牾者有之。兩事件性質本同一。而全派之人贊成甲事反對乙事者有之。兩事關係甚密切。或非先舉乙事則甲事萬不能舉。而當其討論議案。或取此而遺彼或舍本而逐末者有之。試舉其例。如新刑律之爭議。持反對論者本毫無價值。稍衡以法律之性質作用。則其說不攻自破。然院中有民黨驍將。爲舉國所崇拜者。或乃反辯護彼說。而與同志相衝突。甚可痛也。脫有政黨。則全黨對於此刑律之方針。必先協議決定。黨員若有懷疑。則當開黨議時。反覆辯難。必能相說以解。而安有臨時參商之爲病耶。吾於刑法學未嘗問津故對於此次新刑律不敢妄贊一辭但此次反對派所持論則雖以門外漢如鄙人者猶覺其可笑耳彼蓋以道德與法律混爲一譚欲將一切化民成俗之務盡納入於刑律範圍中故斷斷然以禮教爲詞而於新刑律所依據之法理動輒以干犯禮教誚之殊不知齊之以禮齊之以刑孔子原分爲二事董子亦云夫禮者正之於未然之前而法者禁之於已然之後兩者之非同物久矣若謂凡有犯道德之原則者即當科以刑吾恐罄南山之竹不能寫一刑律豈僅如反對派所舉之不受父兄教令與和姦之一二事云爾哉且如道德上之原則宜莫重於毋自欺苟口堯舜而心桀跖實可稱爲道德上之罪人然竟科以刑罰得乎夫國家者非於刑法外無所事者也若宗教若教育等皆所以坊邪辟於未然之前與刑律相輔爲用而反對派之意乃欲專恃刑律爲文致太平之具即衡以先聖教義其失之不亦遠耶夫新刑律者一種之法典也法典與單行法異全部皆爲有系統的組織互相聯屬若欲以門外漢而妄改其中一二條此猶以不知畫理之人而欲强畫師慘淡經營之畫幅令其改削一水一石必至全幅不復成片段而已原反對派所以攘臂相爭者諒非別有所爲而爲之不過出於維持德化之盛心耳此其意固可敬然惜用之非其地也因有感於議員某某兩君之附和失當略爲忠告如右　又如此次資政院之議預算案。銳意以汰除冗費爲事。方針誠不謬矣。然欲舉綜覈財政之實。必須使政府於預算案所許之歲入外。別無道以資其揮霍。然後彼乃得有所嚴憚。今政府固不敢輕言加稅。卽提出加稅案。亦決不能得贊成。此情勢之略可逆覩者也。而政府乃已擬別闢一可資揮霍之財源。蓋方託名改幣制以借外債一萬萬。又將以擴充海陸軍之目的而借五千萬。雖皆未有成議。然其方與外人磋商。則固已萬國周知矣。彼方有所恃而無恐。則其聽資政院之錙銖削減。不屑與校。固其所也。彼議員中之以政府黨自任者。其默爾而息。誠宜。旣以民黨自任。致命以肉薄政府。獨乃於此至緊要之關目。視若無睹。而惟與彼爭取與於豪釐之閒。其所補益者幾何。夫中國應借外債與否。別爲一問題。現政府是否爲能利用外債之政府。政府是否不必經資政院協贊而有擅借外債之權。外債宜用之於何途乃爲適當。此等又各各別爲一問題。今我國人動輒將此等問題混爲一談。其反對外債者。一聞此二字卽怒之以目。其歡迎外債者。則不問借之者爲何人借之以作何用。輙漫然應之曰可。豈計其後患之作何究極耶。吾以爲我國苟有健全之政黨。則當此問題之起。必當速開黨議以決定對之之方針。而其第一要著。則當責任內閣未成立以前。無國會之協贊。決不許擅借一文外債。卽在今日亦必將其用途及其所訂條件與夫償還計畫報告於資政院。經可決乃能執行。而尤當預防者。則政府乘資政院閉會後。竊竊與外人定約及次期開會時。任議員之質問掊擊。則已成爲國際契約上之義務。而不可復動。故宜請明降諭旨。申明院章第十四條第三項之權限。令政府毋得擅專。此實本會期一極重要之議案也。而始終未聞議及。則亦無政黨使然也。又如中國現行法律。强半等於殭石。固也。然資政院苟認議決法律爲絕無效力。而一切棄置不顧則亦已耳。旣已議決。則當先其大者遠者。吾初以爲縮短國會期限之詔旣下。資政院必有人將議院法選舉法草案提出。或催促政府於本會期提出。俾得早議決而使全國人民共研究講明之。以爲實施之預備。又此次之預算案。鹵莽滅裂。貽笑萬邦。吾以爲院中受此刺激。必應有感於會計法不頒定。則預算無從著手。而亟思以其草案付議決者。此外如資政院章程之改正。行政審判法。會計檢查法之頒定等。何一非本會期最重大之問題。顧乃一不議及。而於地方學務章程。墾務章程等。費去其極重之晷刻。夫此等章程。誰謂其不應議及。而大小緩急。抑不侔矣。又如質問案爲院中監督行政一重要之職權。最宜善用者也。現政府之失政。雖質不勝質。然其尤重要者。則如幣制旣經奏定。何故不實行。所鑄新幣。何故久不發。致市面金融愈緊。恐慌愈甚。銅元充斥。度支部宣言設法收回。何故不見著手。大清銀行名譽極壞。其內容究竟何如有足與資政院以共見者否全國金融勢力全在外人之手政府以何術挽救本國銀行業不能發達政府曾否思得政策以獎厲之官辦鐵路如京奉京津京漢津浦等積弊叢生久爲全國指目是誰之過諸如此類皆本會期斷不可少之質問案也今皆不一及其所已質問者雖非無一二要政然究以一局部之薄物細故爲多凡此亦皆由無政黨以先事整齊畫一之使然也要之國家政治莫貴於有系統故有建設政治與批評政治之責者亦莫急於自立系統而政黨也者實系統的政治論所由發生也今國中未有政黨故院中種種缺點實勢所不能免也

要而論之我國開前古未有之局創此合議的意思機關其發軔之第一次以秩序論以精神論皆斐然可觀爲外國人初料所不及置諸中國憲政史之第一葉良有足以自誇者而以之與政府相較其程度之高實倍蓰於彼輩尤足以增長我國民自信力而間執頑固者之口雖然若衡以我國民所懷想之議院政治其前途實至遼遠願議員諸君益勉之而已（宣統二年十一月二十二日稿）

將來百論

記曰凡事豫則立不豫則廢業無大小其成也非成於成之日其敗也亦非敗於敗之日蓋有筦之於其先者矣吾聞諸善弈者心力目力先人三著則所向無敵先人二著立於不敗先人一著可以自守雖小技也通乎道矣善治事者必謹觀天時人事察其勢之所趨而善應之每一舉措常計其利害之所究極故百變莫能撓也而不然者或委心任運或冥行銳進一遇事勢相襲則狼狽不知所爲蔑弗敗績矣夫神以知來談何容易雖有明哲固不能料事於幾先而悉中然而不之廢者人之有遠慮斯乃所以自別於禽獸也夫不知來視諸往比而推之不中不遠豈必明哲雖中人固可勉焉歲晏多感獨居深念流覽時事有所棖觸輒爲推論其方來所趨嚮譬諸覩月暈礎潤而說風雨也豈敢云當顧其事

大率爲人人所欲覩其後效而未有所決者擬議以窮其變化匪直可資談助抑亦以常識相淬厲也隨念所及都得百事名曰將來百論中外雜陳大小互見時復涉筆瑣末間以詼諧匪云述作故弗詮次也（宣統庚戌臘不盡五日）著者識

（一）責任內閣之將來

宣統三年春必建責任內閣茲事殆無復反汗之理然而舉國人屬望於新內閣者甚希蓋共知其無可望也易法而不易人無可望者一雖欲易人顧不知誰易而可無可望者二所謂易法亦不過名而非實無可望者三欲起中國於瀕死百事皆可緩惟以行政上綜覈名實爲第一義故將來爲新內閣大臣者其學識才略何如且勿論而其最不可缺者二曰公忠之心曰强毅之氣今舉朝中具此資格者求一人而不可得況內閣員非可以一人成哉

責任內閣與國會相依爲命稍知憲政性質者皆能言之今雖有內閣而無國會其第一不可解之問題則內閣果對於誰而負責任乎爲之說者必曰對於君上也然對於君上而負責豈必內閣卽軍機大臣亦何莫不然夫對於君上負責法理上容或可作此解釋若語於政治上之實際則最要當問糾察責任之權之誰屬若以此責諸君上匪惟大悖君上無責任之原則而事勢先有所萬不能周君上必且寄耳目於外吏或小臣已耳是尙得爲立憲國之內閣矣乎

我國將來之內閣無論在未開國會前在既開國會後欲期舉負責之實必以建置國務審判院爲之鍵此院不建凡百等於無有耳

（二一）司法獨立之將來

司法獨立。號稱今年實行。又將爲各省奏報憲政成績之一資料矣。然其結果如何。又不待智者而決也。欲使國民沐司法獨立之澤。（第一）當求所司之法善美完備。實足以爲人民公私權之保障。（第二）當求司法官有相當之法律智識。且有獨立不撓之氣節。第一事非一蹴可幾。今且勿論。但使司法官得人。則神明於法理。以爲比決。雖法文未具。而效固可漸覩。日本當民法未布以前。其法官率以法蘭西民法爲條理。（日本明治八年布告云法律無成文則依慣習成文慣習並缺則推條理以爲裁判條理者司法官所認爲有當於法意者也如漢代之以春秋折獄矣）是其例也。我國今日法文之闊疏陳舊陋劣。雖可患。而尚非不治之病。獨至法官不得人。則微論法之不善如今日也。卽有良法。其異於故紙者幾何。

去年試驗法官及第者數百人以上。其人則前此刑幕及候補官吏什之九。留學生及各省法政學生什之一。採用舊官吏及刑幕以充法官。驟視之若甚當於理。雖然。刑幕及舊官吏。什九皆人格卑劣。幾等於社會之蟊賊。（其中固非無自愛者此但就多數言耳）今賦以獨立權。得毋更爲虎傅翼乎。採用彼輩。謂其於舊法律之智識養之較有素也。然按諸實際。果爾爾乎。且法律各有系統。不能相蒙。今國家方將采歐美新法系。期與現社會相應。與彼輩之舊思想。能相容乎。彼輩以噉飯爲惟一之目的。且皆已逾中年。能望其於法理咀嚼有得乎。干進之念日橫胸中。能望其不畏强禦。以保司法之神聖乎。是皆不可望。然則司法獨立。不過爲無數老猾闢一仕進之途已耳。欲使司法獨立而民受其賜。其必自獎厲私立法律學校始矣。

（二二）銀價之將來

世界之銀價自康熙二十七年（西人記述多自此年起）至光緒元年大率來往於十五六換之間變動絕少自光緒二年至十七年漸次低下至二十換十八年低至二十三換七二十九年低至二十六換四七二十年更驟低至三十二換五六全由德國改行金主位幣制各國紛紛繼之也自茲以往更一落千丈每下逾況二十八九年兩年直落至三十九換有奇其最低時銀塊一安士値英幣二十一片士四七分之三實爲四十二換其時我國償還外債磅虧歲至千萬及二十九年忽然回復騰至三十五換七五三十年更騰至三十三換八七三十一年更騰至三十換五四三十二年稍落其年十一月且騰至每安士値三十三片蓋二十八換矣仍得三十一換二四則以此數年中日俄戰爭及戰後經營滿洲需銀至夥也三十四年又驟落至三十八換八四宣統元年更落至三十九換七二蓋最低時銀塊一安士値英幣二十二片士有奇耳昨年（宣統二年）上半年來往於二十三四片士之間陽歷七月忽騰至廿五片八分之五則以我國及印度皆有豐年之徵印度各銀行居積之爲奇貨也其月下旬仍落至廿四片八九兩月無甚變動十月中旬忽騰至廿六片四分之一約爲三十五換幾至光緒二十四三十兩年用價則以此兩地之豐穰已現於實出口貨漸增亦以我國新頒幣制暫用銀爲主位銀塊之見吸收者多也而近兩三月中仍復低落來往於廿四五片之間此近年來銀價漲落之大略情形也

銀價所以日趨於落之故（其一）由於銀之產額日增考同治十年全世界產銀僅六千三百二十六萬七千安士光緒六年僅七千四百七十九萬一千安士光緒十六年驟增至一萬萬二千六百零九萬五千安士十七年更增至一萬萬七千三百五十九萬一千安士自茲以往年年所產略同此數夫金銀之爲物與布帛菽粟異其損失毀滅蓋至不易故全世界每年增產若干卽增積若干（雖不能絕無損毀然以較於其歷年積存之總量則其細已甚）量多而値緣以賤

自然之數也（其二）由於銀之用途日狹銀之爲物除作幣材及裝飾品外更無他用前此各國幣制多用銀主位或金銀複主位及同治十二年德國改用金主位丹麥瑞典那威繼之美法比意瑞士希臘和蘭亦於先後三年間悉改跛行本位制光緒二十年奧匈亦改跛行二十三年日本改金主位二十五年俄羅斯繼之同年印度改虛金主位二十九三十三十一等年美屬菲律賓英屬海峽殖民地及巴拿馬墨西哥兩國繼之自茲以往全世界幾無復許銀幣自由鑄造之國之有銀塊除作輔幣及裝飾品外殆無用途夫供給既已歲增而需求又復歲減則價之滔滔日落固其所也

然學者亦有持今後銀價且將漸騰之說者蓋謂銀之歲產額雖增加而金之歲產額增加則又過之後此金銀比價之趨勢必且漸變也夫金價對於物價日見其落物價對於金價日見其騰此誠近十年來顯著之現象銀亦百物之一種安能獨逃此例故謂今後銀價下落之大勢猶復如十九世紀末之劇甚此殆爲事理所無雖然銀之爲物終不能謂與百貨同一性質其用途之狹罕與倫比雖人口歲增而利用之道絕不能比例之以俱恢則其徐徐下落之象終不能免論者徒見光緒廿九年至三十二年間偶然之現象而謂大勢將變未免太早計矣

自今以往銀價漲落其利害影響所及惟我國爲最我國苟不速行虛金本位制則全球之銀塊將悉以我爲尾閭銀等於瓦礫而米薪則等於珠桂矣可不懼歟

（四）英日同盟之將來

英日同盟實日本外交上莫大之成功而日人十年來所以能大得志於東方胥恃此也今有效期限僅餘五年此後當作何變遷實世界一大問題而我國人尤亟宜措意者也

英人之與日本同盟其動機全在防俄蓋俄人守大彼得遺訓以侵略爲國是者垂二百年所至皆與英利害相觸故英人所以防遏之者無所不用其極若巴爾幹半島若中亞細亞若印度皆其衝也而最近二十年來接軸衝突尤在中國自甲午乙未以還所謂極東問題者殆全決於英俄兩雄之折衝稍明史跡者當能知之矣乃忽焉而有杜蘭斯哇之事英人不能不竭師子搏兎之力以有事於南征俄乘其機急起直追併日以成西伯利亞及東清鐵路將長驅以蹂躪黃河以北英欲禦之則狼顧有所不及環顧全球惟日本與彼同一敵而力又足以爲援故數百年來以名譽孤立自豪於天下之英國乃忽然降心以交驩於蕞爾之日本凡以此也

至最近數年來則形勢既與昔殊菩孜瑪士條約既成俄人在極東之勢力所喪過半其結果略如柏林會議之取俄人在近東之勢力而摧壞之也英人疇昔所引爲嫉痛之現象今乃不在俄而反在日此與昔殊者一也俄經內亂之後變專制爲立憲今方汲汲整頓內治未暇有事於外復興海軍屢議無成邊境鐵路且作且輟此與昔殊者二也加以英俄協商之結果兩國百年來交訌之宿案解決什九夙憾既釋新交方睦此與昔殊三也由此言之英人與日本結盟之目的雖謂今者悉已消滅焉可也

凡物象緣一目的以搆成者目的既消滅則其象固不能以長存今日人與英結盟之目的雖尙在英人與日結盟之目的則既亡矣則此象之更能賡續與否殆不待智者然後能察也況乎日本今者朝野汲汲以改正條約恢復稅權爲事（日本當維新前與各國所結約權利不能平等略與我國現行條約同其最受虧者則領事裁判權與稅率協定權也甲午戰勝後改正條約之業略成其半則領事裁判權之拒回是也其稅權

則雖有國定稅率法頒行。然其與英法德奧四國。仍以協定稅率著諸約中。則國定法不能適用。然此四國既有協定。則他國又得引最惠國條款之義以相要求。故其國定稅率適用之範圍蓋至狹。日人今者爲生計上競爭起見。勢不得不采保護貿易主義。而欲實行此主義。非改正條約恢復稅權則無所用力。故舉國亟亟於此也。若惟英約不改。則他國之約雖改。亦等於無效。以其競援最惠條款也。最惠條款卽吾國約文所謂利益均沾是也。而英人則行自由貿易主義者也。英人於外國入口貨皆不課關稅。其烟酒等奢侈品雖課稅。然與本國所產者課同一之稅率。以期均衡。日人恃英援以有今日。日貨適英者。津梁無禁。英貨適日者。需索惟欲。此英人所爲大不平也。而日人又不能以媚英故而墮其百年大計。此所以進退維谷也。由此言之。則英日同盟之危機。可以思矣。

日本今歲衆議院第一日議事。卽有議員質問政府以關稅問題及對英外交之現狀。其外務大臣小村氏答言。現與英談判方極順適。政治現象決不至緣此而生波動。其言若深有所以自信者。然至於實際若何。尚疑莫能明也。大約英日同盟於此五年之有效期間。必當維持不至破裂。期滿以後。斯難言矣。

（五）資政院之將來

宣統五年開國會。既奉明諭。國會成立以後。則今之資政院。當遂廢止。卽不爾。亦當改爲上院。而現行院章。決不復適用。然則資政院之將來。爲時至有限。不過自今以往二年間耳。此二年間之資政院。當作何狀。此治國聞者所亟欲講也。

資政院之初開院。國民所以希望之者良厚。已而漸薄。薄之不已。迨閉院時而殆無復希望。資政院之初開院。政府所以嚴憚之者亦至。已而漸輕。輕之不已。迨閉院時而殆無復嚴憚。此其所以致此者有二。一則政府敢於靦然以不負責任自居。資政院失其對待之機關。凡所決議。如擊空氣。雖竭全力。終無回響。其令人失望宜也。二則資政院自身能力薄弱。其議員中之過半數。視其職爲兒戲。而少數之忠實者。亦復人自爲戰。未嘗能稍團結以爲一致的行動。而其學識能與其職務相應者。蓋寥寥無幾。政府之力雖極脆薄。而資政院之脆薄。抑又甚焉。其不爲所憚。亦宜也。

若現狀長此不變。則所謂爲議政基礎之資政院。遂將成爲一種無用之裝飾品。而中國憲政之前途。遂不可復問。雖然。責任內閣將以今春成立。其勢殆難反汗。彼組織內閣者爲何等人物。且勿論。要之終不能以不負責任昌言於衆明矣。則自今以往之資政院。已非復如前此之無的而放矢。其議決之效力。將次第表現。則其能造福於國家與否。亦在資政院議員之自身而已矣。

(六)弼德院之將來

新改正之憲政籌備案。定以今年設弼德院。此殆與新內閣同時成立。盡人所同懸揣也。其院章今尚未發布。吾儕聊欲臆測其將來。

我國之議設弼德院。其模範蓋取之於日本之樞密院。而日本樞密院。其淵源又出於歐美諸國之咯溫些爾(Council)。然日本之樞密院。與歐美諸國之咯溫些爾。其職權固大相逕庭。卽歐美諸國。其咯溫些爾之職權。亦各各不相襲。我弼德院制度。果將何采。此立法上一大問題也。

各國咯溫些爾制度之異同得失。今不能具述。(參觀次號論說門論弼德院)而要之有一公共之原則焉。曰與內閣權限不相侵越。而權力又常出內閣下也。若今置弼德院而不循此原則。則其敝也。非使一國中有兩政府。則使舉國等於無政府。二者必居一於是何也。弼德院與內閣爭權。是則有兩政府也。內閣服從弼德院。而弼德院自隱於君主大權之下而不負責任。內閣又自隱於弼德院之下而不負責任。是則仍以君主當人民之衝。而不覩有所謂政府也。信如是也。則立憲精神其必以有弼德院之故而破壞無復餘也。我國現在之政治現象為人擇官也。非為官擇人也。使以現在最有權力之人領內閣。則政權之中堅必在內閣。苟以其人領弼德院。則政權之中堅必移於弼德院。夫易法而不易人。則政權中堅在何機關。似無所擇。雖然。鈞是人也。吾以為與其使之弄權於弼德院。毋甯使之弄權於內閣。何也。陽惡有自斃之日。而陰惡則痡毒。恐將無已也。

（七）三國同盟之將來

德奧意三國同盟者。近三十年來歐洲外交界一最重要之現象。而舉世言國聞者所共注視也。其利害關係於我雖淺。然周知四國。固士君子所宜有事也。故吾儕樂揣其將來而論之。

三國同盟之趨勢。當由兩方面觀察之。其一則德與奧之關係。其一則德奧與意之關係也。德奧之交。久而彌篤。近者對外政策。互相倚重。蓋確舉同盟之實。四年以前。為摩洛哥問題。德法交惡。卒開列國會議於亞爾支士拉。而奧實為德人極有力之後援。及一九〇八年末（宣統元年）奧人背柏林條約。併吞坡士尼亞赫斯戈維納二州。雖列強責言紛起。卒貫其初志。則以德人立乎其後也。時則德人以忠於同盟國之故。蓄志執干戈以相衞。最近德皇如奧京語奧人曰『其時朕既擐先人之甲。思為我友邦有所盡』其果有愛於奧與否。雖不敢知。而事實則既不可掩也。夫奧國比年以來。以儲君飛蝶南之精明。佐之以宰相埃連達之勇毅。其必非復如前此之託德人之庇以自卽安固無待言獨至其對外關係則固常與德共其利害邦交之摯且有加無已此天下所共見也若夫德奧與意之關係則反是二三年來意人集兵力於東境且於亞多里遏狄海大加海軍力其意何居凡以待其同盟之奧大利而已而奧人陸海軍備之增加亦以意爲標準不肯稍讓夫以號稱攻守同盟之兩國而相猜至於此極驟視之若不可思議雖然苟深通於國故則知其所由來非一朝也夫意大利當獨立以前爲奧人所羈軛數百年至今宿憾未解而北部之意人含怒逾甚今者國基大定休養生息數十年其所謂「大意大利主義」(卽合一切意大利民族爲一國之意也)日思擴充殆無往而不與奧衝突當三國同盟之初締也意人方欲有事於非洲北境之周尼士厄於法而不得逞意人以敵法故不得不求同盟於德而德奧之同盟先已成立意之强交驩於其世仇之奧者爲德所脅而已意雖結德奧然遂終不能得志於周尼士及一八九六年(光緒二十二年)更大挫於亞比西尼亞於是意人經略非洲之念遂絕不得不轉其進取之方向於巴爾幹半島亟欲收亞多里遏狄海爲其領海且於其東岸之亞爾拔尼深不願有他國之蟠踞而奧人爲發達海權起見此二地又在所必爭近者奧人併吞坡赫二州其南下於巴爾幹之勢駸駸日著此意人所刻不能忍也故今者奧意二國以維持巴爾幹現狀相要約外觀若輯睦及窺其隱則杌隉之情殆岌岌不可終日也

夫意人所求於德者徒以抗法耳意法違言徒以爭霸於非洲耳近十餘年來意既棄非洲以圖巴爾幹則無取乎更結德以仇法且意之前相格里士比實爲排法政策之中堅秉政十餘年三國同盟實成於其手而於一九○一年則既奄逝故意法之交自茲一變一九○二年兩國遂結協約對於地中海問題一捐宿嫌比者英俄法結三國協商以抗德而意人之關於巴爾幹問題實與英俄同其利害故以歐洲外交大勢論之意大利雖爲三

國同盟之一主體而其意嚮乃大反與三國協商團相接印斯亦一奇也比年以來其國輿論厭三國同盟益甚一九〇八年末（即奧人併坡赫二州之時）其議員福爾特昌言於議會謂此同盟久已不適於歐洲之現勢彼以兵力威脅我者非他即我之同盟國也吾意人今日實不容不與奧分携此非吾私言實一國之公言也觀於此則意之民情亦可見矣今者此同盟有效之期限僅餘四年有奇故論者多謂至一九一四年則三國同盟殆將解體而歐洲均勢緣以破裂非無因也

雖然意之輿論縱極囂張而彼政府猶極力鎮壓之不肯妄徇者則以意奧之交雖在今日藉載書以相維繫然且不免於携貳若一旦逃盟益將儳焉不復能終日德奧相結而致命於一意非意之所能堪也然則此後同盟殆仍不免賡續惟其性質必且蛻變而有以異於前耳夫當一九〇二年尋盟之時意人已稍變其載書之條件而自弛其負擔之一部然則今後之尋盟其所弛者殆將益多三國同盟雖存其名實際膠漆不解者或僅餘德奧二國乎

（八）三國協商之將來

最近三四年間歐洲國際政局分野畫然著明則英俄法三國協商與德奧意三國同盟並峙對抗之局是也英國二百年來以名譽之孤立自豪於天下及愛華德第七嗣統乃盡變前代政策遂使倫敦忽成為歐洲外交之中心點其促此動機者則德人對英之野心使然也昔德相俾士麥欲就其統一守成之業常弄權術以陷法國於孤立何圖事過境遷英人反師其故智以蹙德人於孤立之地而其最有力之武器則三國協商也

三國協商之主動者其重要之人物有四。其一卽英前皇愛華德第七。其二則英前外相朗士達溫。其三則法前外相狄爾卡些。其四則俄前外相伊士倭士奇也。今者英先帝既卽世。而三相復相繼去其位。論者或疑協商之基礎。行將動搖。雖然。此協商之成立。非恃當局者私人之交誼。而實有一共同之目的以綰之。目的維何。則歐洲勢力之均衡是已。但使此目的一日未變。則三國協商終當維繫於不敝。當英法協商之初發表也。局外者每致疑於其效力之綿薄。後此屢經盤錯。而利器之實乃益着。蓋一試之於日戰役時。再試之摩洛哥會議。最近復試之於土耳其問題。兩國當局恆舉相友助之實。天下所同見也。卽英俄兩國之交。自一九〇七年協約成立以來。亦日似加密。一九〇八年兩皇會於黎拔爾。宣言關於遠東問題兩國政策互相一致。斯益可證也。

雖然。最近一二月間。而形勢若將驟變。夫三國協商之目的。原在與三國同盟對抗。更質言之。則與德對抗而已。德與法夙仇也。德與英將來之敵也。彼二國常以此目的相結。固不俟論。俄法本爲同盟。其不能任意分携。亦不俟論。所疑問者。則今後英俄兩國之關係而已。俄德之交夙睦。決非如英法之有所不慊於德。今必從兩國之後以自樹敵。則於俄何利焉。故去臘忽有俄德兩皇相會互訂協約之舉。此實足以殺三國協商之效力。而使英人相顧失色者也。其將來結果如何。吾將別爲專條論之(參觀次條論俄德協商之將來)。夫協商之爲物。不過取過去之懸案交讓以圖解決云爾。其效力之及於將來者本至薄。英人怖德之念既日熾。故其國中輿論。多有謂宜將英法協商變其性質。進而爲攻守同盟者。夫兩國既同以德爲公敵。則其計慮及此。良不足怪。雖然。果可見諸實行乎。此一疑問也。試就法國一面觀之。德法若有事。則勝敗全決於陸戰。然以英國現在陸軍之組織。其不能恃爲陸上同盟國。事勢至易覩也。英國陸軍額本已極少。且其價值亦遠出歐大陸兵之下。泰晤士報之通信訪事員嘗明言英陸兵與歐陸諸國陸兵遇，二不當一，其自知可謂極明，故法國「旦報」亦昌言云『英法同盟固我法之所願，但英國非採大陸各國徵兵制度以改良軍制，則殊不能有與法結盟之價值』此實一針見血之言也。夫同盟之爲物，必兩國各有所挾以爲重而互相倚賴，然後可以圖成，夫英人所挾以爲重者海軍也，而法人拒德曾無所借重於英之海軍，法之陸軍雖足以爲英重，而英殊無物焉足以爲法重，然則法人果何求而與英盟哉，是故英法之交今後雖可加親無已，然其形式亦不過賡續協商或擴充其範圍而止，若欲有進於此，則恐非旦夕所能幾也。

（九）俄德協商之將來

去冬十二月，俄德兩皇忽相會於德之砵丹，未幾而有兩國關於波斯之協商文牒出現，此實最近外交界之軒然大波也。

嘗俄之見蹶於日也，兵力銳減，內亂蠭起，德人乃以其時屯重兵於東偏，以壓俄境，其意非必謂遽可以蹙俄於死，不過欲示威而使之暱就已，以弱法人之援云爾，當此之時，俄方疲敝，其力固不敵方張之德，爲俄計者，非屈而就德，則別求繫援於與德積怨之英，以禦德，二者必當居一，於是廷議蓋久而不決，其毅然持親英主義者，則外相伊士倭士奇也，俄皇亦聽納之，此則英俄協商所由起也。

三國協商既成，全歐外交中心點移於倫敦，德遂陷於孤立者垂四五年，雖然，以德皇之雄鷙不可一世，決非肯以一時之困橫而自餒明也，故其前年大閱時，嘗申儆軍士曰『吾德人今已四面受敵，雖然必當有以勝之』

識者早有以察其幾矣夫法爲德世仇英又爲其將來所指目之敵德雖多謀而於此二國決無所施至易見也其可以有展布之餘地者則惟聞俄以弱三國協商之力而已果也去年十一月而有伊士倭士奇見放之事越一月而有俄德協商之事

伊士倭士奇之主親英也以謂既不能得志於東方則宜轉其鋒以向巴爾幹半島得英之助其將有所穫豈期事與願違前年末奧人併吞坡赫二州實舉俄人之巴爾幹政策摧於一擊之下英人雖與俄一致竭全力以抗議其奈德人之所以祖奧者尤力茲事終非可以口舌爭英既未能與德戰則力遂已窮於抵抗德皇復以此時親發璽書於俄皇隱示己之與國之不可侮俄人乃不得不忍辱含垢以恣奧之所欲自茲以往始甓然有感於三國協商之不可恃而伊士倭士奇之政策漸益爲俄皇所不能慊焉已矣夫俄之與德本無積嫌不甯惟是三帝神聖同盟之舊交積之殆將百年其相暱就本甚順也故自倭氏之去位識微者早有以窺大局之將變今兩皇之成言何若雖不可知然交驩之實則固章章不可揜矣

波斯者英俄之囊中物而以協約中分其利益者也波人不堪兩國之偪而欲引德以自衞德之染指於波斯其爲英俄公害明也故德人欲敷設巴克達特之鐵路俄人力沮其成相持久不決且法人亦以祖俄之故屢從金融市場上施以妨害此兩年來之情實也乃自砵丹燕會以後俄人忽認德人之敷設權且許其與俄國之波斯鐵路相銜接此實大反於英俄協商之精神而予英國以至難堪者也由此言之則俄德協商之效力與三國協商之效力正成反比例英人之嘖有煩言而舉世之治國聞者咸視爲歐洲外交界一大變動之徵兆亦何足怪

抑吾尙有一言欲警告我國民者俄德交驩其影響非徒在歐洲外交界耳行且將波及於我國據近二十年來

歷史所明示凡俄德目成之日卽遠東多事之日前此三國相結還遼未幾遂有膠州旅順之禍而團匪事變後俄踞滿洲不撤兵德實陰嗾之其祕密久已暴著於天下今者俄人旣許德以波斯之利德人甯能無所以爲償其所以爲償者何在舍中國外吾苦不能求得之吾深恐俄人前此受德之威偪而不克逞於巴爾幹者行將賴德之聲援以取盈於我耳由此言之吾國民於列强之操縱離合甯得漠焉不省若秦人視越人之肥瘠矣乎

（十）新外債之將來

一萬萬圓新外債之舉自去年秋冬間與美國交涉至今迄未有成議將來結果如何實內政上外交上之一大問題也

茲議之久不成則美人要求派財政顧問之一事實爲之梗也而反對此事者又有兩方面（其一）則英德法三國也蓋此事雖由美人向我政府承辦然草約初成士德列卽往歐洲（士德列爲美國前任奉天總領事卽此次外債之張本人）與英法德資本家協議公同引受於是一國借款遂變爲四國借款夫美人所以將此利權公諸四國者則亦有故前年川漢粵漢兩路之借款本由英法德引受而美則中途加入當時四國當有公約謂此後凡有中國借款必須利益均霑美人之不能單獨行動勢使然也然以中國今日之現象凡借款與我者殆莫不含有政治上之意味而財政顧問則於政治上之關係尤密切者四國旣公同引受此借款而美國徒以最初發起之故獨享此特派顧問之優先權是彼三國所不肯服也是故緣此猜忌久相持而不能下也

（其二）則我政府也夫以債務國而聘債權國之人以爲財政顧問本屬天下至險之事我國人驚心動魄而

思所以拒之宜也。惟現政府所以毅然反對此舉者。其用意或別有在。財政顧問之是否貽禍於國家。現政府或未暇深問。何也。國家利害問題。向來不足以芥蒂現政府之胸也。雖然。現政府別有其所私憂者一事焉。彼徒恃現在財政之紊亂。乃得以舞文作弊。以飽其私人之慾壑。而既有外國人爲顧問。彼自是乃不復得自恣。即如此次一萬萬圓之外債。政府之初與美人約也。固云借之以爲改革幣制之用也。而既聘美人爲顧問。（頗聞此次擬聘之顧問。即美人精琪氏首勸我國行虛金本位之幣制者也。）則除供改革幣制用外。勢不能挪動此款。然現政府則曷嘗有改革幣制之誠心者。不過欲借此名目。攫得巨款。則聚而咕嘬之耳。緣有顧問而不能挪用。則與政府借債之本來目的已大相反。其竭全力以反對之。亦固其所也。

然則玆事遂從玆罷議乎。恐未必然。就我政府一面言之。無論中央與地方財政。舍借債外復何道以自活。他勿具論。即以宣統三年豫算案不足者七千餘萬。外債不成。則今年既無以卒歲。其究也。則將無論以若何吃虧之條件。甯犧牲凡百利益以爲易。而惟求得債以救然眉。此事理之至易覩者也。就美國人一面言之。彼方藉此以市恩於我。且英法德三國之加入。亦由其所招致。若荏苒經歲。終成虛語。則彼籠絡我國之政策。遂從玆失敗。而其對於國際團體之信用。亦將緣而墮落。故美人之必排萬難以期其成。亦勢使然也。

然則此事之趨勢將若何。曰。美人對於英法德三國。必將大有所讓步。以期免衝突。其對於我國。必將乘其危而脅我以必從。大抵顧問問題。終不能免。或於四國之外。別求一無關係之國。而置其人以爲顧問。則債權團體。庶可免猜忌矣。特未審我政府將何以待之。我國民又將何以待我政府也。

（十一）　墨西哥革命之將來

自頃墨西哥共和國之革命軍頗極猖獗。蓋墨西哥之無內亂。三十餘年於茲矣。今茲警報。有心人頗欲觀其後也。

中美南美諸共和國。本皆葡西兩國之殖民地。自十九世紀之前半紀。紛紛獨立。雖然內亂曾無已時。大抵每經四五年。必起一次革命。此各國之所同。而墨西哥當四十年前。亦與彼諸國並爲一邱之貉者也。而墨西哥卒能翹然有以異於他國者。則現大統領爹亞士實再造之。

爹亞士之得政權。亦由革命來也。初墨西哥僧侶黨與自由黨之爭亘數十歲不絕。一八七二年。大統領福亞連卒。的查達代之。時爹亞士以一小兵官煽動叛黨。遂傾政府。旋被舉爲大統領。四年任滿辭職。一八八四年復被舉。自茲以往。賡續被舉。以迄於今。蓋爹氏爲墨國元首三十一年於茲矣。其位望之崇。權力之專。視世襲君主猶將過之。爹氏在職中。其所造於墨國者良厚。首裁抑僧侶。舉政教分離之實。使政權得歸於一。簡練少數精銳之軍隊。鎮撫反側。絕內亂之根原。教育事業。中美南美諸國所最漠視也。爹氏則全力注之。而於實業教育。盡瘁尤甚。大利用外債。以促進國內諸業。成鐵路七千餘英里。厲行法律。絕無假借。舉全國民整齊而畫一之。蓋爹氏者。實開明專制之模範也。求諸他國。則俄之大彼得。普之腓力特列。英之克林威爾。法之立殊理。庶足比之。論者謂近三十年來。並世諸國之元首。無一人能逮爹氏。非虛言也。

雖然。爹氏今年則既七十有九矣。最近數次任滿選舉。彼皆以極懇摯之辭。向國民乞骸骨。卒以不得替人。牽率留任。蓋墨西哥之命脈。全繫於爹氏一人之手久矣。論世者咸謂爹氏一旦不諱。則墨國前途。實可寒心。而初不謂其禍遽發於今日也。

夫以爹氏本以峻整爲治國中不平之徒自所不免特憚其威望不敢發耳而爹氏則已達頹齡積勞嬰病固不能無倦勤而所屬閣臣德望無一足以服衆者此今次革命之第一原因也加以美人復從中煽之此今次革命之第二原因也

夫墨之與美其地勢本相毗連合併爲一於事至順且其歷史上關係本極頻繁一八四五年墨美交戰美人奪其領土五分之二一八六一年以內亂故爲英法西三國聯軍所陷戴奧國皇族爲帝其後亦藉美援始能光復（一八六七年事也）自爹氏受事以來大利用外債以圖殖產興業而現在美國資本之在墨境者其總數實十萬萬打拉以上（此非專指公債蓋合外國人投資企業者而言若以公債論則墨政府財政基礎甚鞏固未嘗予人以藉口干涉之機也）而彼此皆行保護關稅其於兩國產業發達之自由滋多不便故美人日眈眈其側狡焉思啓亦不足深怪者

煽亂之舉吾固信其非出自美政府也然美爲民主國往往以一部分人民之意嚮漸積成爲輿論而政府乃不能不舉國以從之前此古巴之亂亦由英國少數冒險任俠之士陰爲構煽遂釀成美西戰爭其已事矣然則今茲之亂倘久而不戢其能否不擾及美墨和平之局吾不敢言果不幸而出於此則墨之存亡未可知耳

嗚呼以一英雄數十年締造之而不足者數豎子一旦敗壞之而有餘有心人不禁爲爹亞士下一掬同情之淚耳

長輿案據八月來外電所報則爹亞士扶病厲精從事鎭撫正月間亂事殆就熄滅而所擒獲叛黨之將官則美國人蓋二十有三人云二月初旬則報爹亞士疾大漸殆將不起革命軍之勢力亦日益猖披而美政府忽下動員令以陸軍二萬由舊金山向散地哥進發以壓墨境復以四軍艦監其港口美政府宣言有事演習絕無他意然列國莫之肯信也自今以往墨其益多事乎

（十二）中國冗官之將來

人生於天地間。不可以無事而食。凡國中有游手無業之一階級。則其國必殆。此階級之人數愈多。則其國愈以衰頽。此階級之人既多。而又居國中最上流之位置。則國之亡必矣。百年前歐洲各國之無數貴族僧侶。是其例也。而我國現在之無數大小官吏。亦其例也。

官吏在理宜非游手無業之民也。孟子曰。或勞心。或勞力。又曰。不素餐兮。孰大於是。是其義也。在完全法治之國。一切官吏皆以相當之勤勞。受分內之俸給。故無所於怍。就中如英美等國。其官吏之多數皆名譽職。（不受薪水）則只負特別之義務耳。而更無特別之權利。故官吏宜爲社會所敬也。我國官吏不然。社會上有此種人不爲多。無此種人不爲少。惟優游暇逸。自恣於宮室之美。妻妾之奉。日爲鼠以盜大倉之米。受社會莫大之恩惠。而曾無絲毫報答社會。此等人有一於此。固足以減殺社會自存之力。今盈目皆是。則社會如之何其不乾癟以死也。

夫不勞而獲。無事而食。此志行薄弱之徒。所最歆慕也。以故國運愈蹙。民生愈艱。而官吏之數乃愈增。近十年來。國中百業皆廢。凡求衣食者。皆輻輳於官吏之一途。官吏之供給。固日增加。而其需要增加之速率。則又過之。律以生計上原則。則官吏一業。已入於報酬遞減之限界。向此途以投資營利者。不復如前此之易易矣。而近者復以財政竭蹶。豫算實行之故。不得不裁減冗員。於是供給之途益驟狹。今後一二年間。誠官吏市場之恐慌時期哉。

凡負債者終必無所逋。不如期如分以償之。及乎後期。則所償或有逾於其分者矣。今我國官吏。皆逋社會之債者也。自今以往。恐社會索償之期至矣。不償以相當之勤勞。行且償以無量數不可堪之苦痛。彼其人者。除做官外。一無所知。一無所能。官既無可做。則雖欲執一賤役以餬其口。亦將不可得。何則。凡世界上有獨立之人格者。無不自食其力。彼輩則無自力可食。而惟食他人之力者也。彼輩在此高天厚地中。全然無獨立之資格。無獨立之能力者也。夫以盜賊爲生涯者。至於無可盜。則餓死乃其分。今舉國中官吏之大部分。皆盜社會共同生活之資料以自肥其身而長其子孫者也。可盜之資料既盡。則其宛轉就死也亦宜。

問者曰。今之投身於官吏社會者。多半皆出於不得已。未必皆其所自召。詩曰。行有死人。尙或殣之。吾子見彼輩之失職凍餒。曾無所惻隱於中。乃視溺而笑乎。且官吏中豈無賢者。而子乃一概儕之於蠹鼠盜賊。毋乃太善罵乎。應之曰。吾儕有惻隱之心。其於鰥寡孤獨廢疾者。固當憐之。雖彼無所貢獻於社會。而社會各人出其共同生活之資料以養之。亦義所宜。何也。以彼所受於天者本薄。其聰明才力不能完全發達。其能力不足自給。非其所自取也。若官吏豈非齊民中之優秀者乎。誰令其自幼及壯。曾不自愛。不務正業。以致成爲世界上一物不知。一藝不能。蠢如鹿豕。脆如蒲柳之一種厭物乎。故凡百皆當惻隱。獨對於彼輩。則眞無從行其惻隱也。抑傳不云乎。善牧馬者。則去其害馬者而已。以彼一人一家之飽暖淫泆。而舉國中坐是以轉於溝壑者。不知幾何人幾何家矣。何也。全社會共同生活資料。只有此數。而此等無業游民。乃耗其三分之二。不必其直接以操刀殺人。而所殺已不可以數計矣。吾儕宜惻隱此終歲勤動之良民乎。抑惻隱彼游惰之敗類也。若夫官吏中自當有賢者。則正孟子之所謂不素餐兮。彼固終不至爲社會所淘汰。而我雖善詈。亦非所以施於彼耳。

問者曰。今茲之汰裁冗官。苟所汰者果皆爲蠹食之人。而所存者則皆有相當之能力。則被汰者亦將無怨。其奈結果終非爾爾。其失職者。不過競爭於官吏社會中而劣敗淘汰耳。夫競爭於官吏社會中而劣敗者未必不爲全社會之健全分子。而官吏社會中之優勝者正乃對於全社會而肆毒最甚者也。子言負債者終無可逋此又何說。應之曰。是固不足以破吾說也。吾固言之矣。愈後期而償則所償將愈逾於其分。夫今日我國之官吏與百年前法蘭西之貴族皆以無業游民而握社會之大權以蠧社會者也。今日被汰之官吏不過以將來生計上之苦痛償其前此非分之逸樂云耳。法蘭西之貴族。乃至捧其財產之全部分以償之。捧其生命以償之。然則今日之被汰者亦安知其非福也耶。夫全社會之物力而許無業游惰之民得安坐而久享。伊古以來未之聞也。吾所最慜者。今以多少之少年好身手積歲月之力以游學於數萬里外。亦既有所成就矣。此其人實社會健全分子中之尤健全者。苟稍自振以奮鬭於社會中。亦豈患無立足地。顧乃歆羨彼無業游民之所享。囁嚅廁身於其間以圖與雞鶩爭食卒至漸斲喪其獨立之資格以與彼等俱斃。噫嘻。是亦不可以已乎。

（十三）北京之將來

昔唐人朱朴之論建都也曰。關中周隋所都。我實因之。凡三百歲。文物資貨奢侈僭僞皆極焉。又曰。自古中興之君去已衰之衰。就未王而王。宋鄭樵作通志論長安洛陽三都。謂雖金湯之業。屢爲車轂之場。驕士既多。地絕其豚積汚復久。水化其味。所謂甚不宜人者也。其言蓋含至理。說地運者常稱道焉。

北京之爲帝都。蓋自黃帝邑於涿鹿之阿。然遐哉邈乎。不可深考矣。石晉以燕雲入契丹。耶律德光於晉之天福二年始號爲南京。耶律隆緒又於宋之祥符五年改爲燕京。及女眞得其地。廢主亮以宋之紹興二十三年定都於燕。改爲中都。蒙古鐵木眞於宋之嘉定八年克燕。謂之燕京路。忽必烈以至元元年復號爲中都。四年更置城郭而徙都焉。北京者實遼金元之故都也。明成祖本分藩於燕。既篡大統。取爲帝家。本朝承之以迄於今。於是帝王之宅於茲。蓋九百二十餘年矣。地運之久。雖長安洛陽未之或逮。他更無論也。夫遼金元皆起朔漠。安其所習宅此固宜。明成祖雖云顧戀潛邸。然當時亡元餘孽猶盛。歲事征討。居燕資控馭。良稱得地。本朝起遼瀋。因明故宅。於勢亦順。北京之久爲帝京。其所由來深厚也。雖然。地本寒苦。瀉鹵物產觳薄。自千年來。恆仰東南之漕以爲養。自昔引爲博患。而又以政令所出。冠蓋所輳。洶有如朱朴所謂文物資貨奢侈僭僞皆極者。昔人常稱京師爲首善之區。今京師實首惡之區也。蓋舉世界之千䆁萬詬奇毒瘤病。無不叢集於京師。又豈僅如夾漈所謂地絕其脉水化其味而已。自今以往。苟一國政治之中點不移於他地。恐中國遂永無清明之日也。

且北京疇昔之所以可都者。東距海以爲固。而北界以長城。於以控制西南。有建瓴之勢。利甚博也。自西力東侵。海道撤險。庚申之役。庚子之役。外敵乘陷。殆如破竹。甲午之役。苟和議稍濡滯者。事蓋未可知耳。加以近年以來。南滿爲人外府。旅順天險。又以資敵。北京藩籬盡撤。建都之價值。蓋久失矣。自今以往。爲利用東南物力計。則或徙宅江關。爲鞏固西北國防計。則或返居豐鎬。要之中國而亡則已。苟猶不亡者。則將來政治之中心點。其必不復在北京也。

（十四）上海之將來

自海禁既開以後。上海遽一躍而成中國之第一都會。非直中國第一都會。抑亞細亞東部之中樞也。然自西伯利亞鐵路與東淸南滿兩鐵路既開通。我京奉京漢兩路與之接續。形便漸移於陸運。而上海大受其影響。近數年來上海寥落蕭索之象。視二十年前如隔世矣。將來粵漢川漢兩路既通。或在北方絡之以錦愛張恰。則歐亞通道之中軸將全去上海。而之漢口。上海衰落或更當數倍於今日。此稍明地勢者所常稱說也。雖然上海之趨勢果如是。其每下愈况乎。一方面則日本之產業界歲歲向榮。方將以我國爲尾閭。其在北部固以大連及滿洲各口岸爲策源地。其在中部南部。仍集散於上海。再東則美國亦乘方興之運。而距今四年以往。巴拿馬運河開通。其東部南部物產。取道以轉輸諸我。視前利便數倍。而皆走集上海。卽以歐洲論。雖有鐵路之便。而貨物輸送。終以海運爲廉。鐵路不足以妨海港之發達。自昔然矣。况乎印度澳洲及南洋羣島將來之興。且未有艾。其與中國貿遷。皆不能不取徑上海耶。然則上海前途。至竟樂觀多於悲觀耳。比年上海之彫敝。非上海一隅之彫敝。實全國國民生計之彫敝。而上海不能以獨榮也。全國生產力消費力日日減殺。則小都市蕪廢。而大都市衰謝。斯豈獨上海之憂哉。

（十五）　羅馬敎皇之將來

凡天下不適於時勢之物。未有能終存者。雖其陳跡。至極盛大。亦秖以供後人考據憑弔之具。殭石層中之恐龍飛鼉。是其類也。今後之羅馬敎皇。亦其類也。

歐洲中世史之後半期。全歐稱黑闇時代。其一綫光明。惟有羅馬敎會。當時羅馬敎會。固時勢所必需也。當其全盛也。列國帝皇必待教皇灌頂加冕然後即眞。受教皇宣告破門之罰。則如墮深淵。不能自拔。以亨利第四。號稱不世出之英主而跣足垢面冒風雪立加那薩城外者三日。以冀回教皇之怒。舉天下之物。其勢力之偉豈有比教皇者哉。然而權力濫用之既極。則人厭之。天亦厭之。馬丁路得也。喀爾溫也。無拳無勇一布衣耳。振臂一呼。天下響應。宗教革命之巨浸。遂汎濫全歐。間接以助國家主義之發達。展轉數百年。懸崖墜石之勢。愈接愈厲。至意大利建國。奠都羅馬。盡籍沒教皇所領地。則固已爲羅馬教會屬纊之時。過此則營魂已謝。餘息空留於世界史上。不復有絲毫之價値焉矣。而近數十年來。意法葡班等國。尙頻頻以政教分離問題。勞政治家之旰食。則直餘孽之未肅清者而已。

羅馬教皇若能審大勢所趨。知白守黑。稍紆降尊貴。以與時推移。則此虛號尙或可更擁數紀。而教皇之舉措。一若猶夢想千年前之盛軌。不能去懷。傲然自謂尊無與上也。最近之事實足徵矣。去年美前大統領盧斯福游歐洲。竭誠請謁。而教皇乃要以不許往訪美棱的士特教會。盧氏憤其干涉箇人之行動自由。拂衣而去。今年陽歷二月十九日。爲意大利統一建國五十年紀念之期。意帝既以恐傷教皇感情。不肯盛張祝宴。而各國君主有欲修私覲者。教皇輙下令尼之。坐是與德帝生意見。此皆其最近而最著之事實也。嗚呼。教皇若猶率此度不變。吾恐其並此虛號且不可以久耳。

嗚呼。彼過去時代之遺物。瞢然不知量。楞然自大。逆時勢之潮流以自取滅亡者。又豈獨一羅馬教皇乎哉。

（十六）朝鮮貴族之將來

日本併韓。網羅其門第華貴者與夫功在新朝者。賚以五等之爵。列爲貴族。復應於其分位。授以公債。俾得豐殖其子孫。此輩新貴族。咸高天厚地之恩。囂囂然其有以自樂也。未半歲。朝鮮總督下令。命新貴族散其傔從。舉所得公債量給之。使各歸鄉里。毋得屬聚坐食於京城。其萬不得已者。只准留少許。而其數當俟命於總督。凡貴族當盡其力所能至。自治其生。毋許不事事而役人。以天理論。以人道論。此令原殊不爲苛。蓋天地物力。本待農而食之。虞而出之。工而成之。商而通之。或勞心。或勞力。各應於其勤勞之分際。以受報酬。夫安可有無事而食以蝨於社會者哉。雖然。朝鮮之兩班。其壟斷全社會之生活資料者已數百年。直至今日。脂膏腴盡。皮骨僅存。猶復養尊處優。侈然迥異於齊民。巨室動役數百人。次者亦數十。執唾壺虎子香爐麈尾者。列侍左右。一步趨須人扶掖。蓋朝鮮貴族。雖穿衣吃飯。亦幾於不能自了。其四肢五官。皆久已棄塞不用。失其本能。僅能借他人之耳目手足。以爲己視聽言動之助。今茲總督之命令。實不啻加彼等以劓刵刖黥之刑也。嗚呼。此輩在理本宜列於天然淘汰之數。今復加以人爲淘汰。其化爲糞壤。可立而待。夫此輩則何足憐惜。最可笑者。則方揚揚然以賣國爲得計。至今不寤也。

嗚呼。應受天然淘汰者。豈惟朝鮮貴族。中國最高貴之無業游民一階級。視此矣。

（十七）中國政黨之將來

立憲政治。惟有政黨爲能運用之。今中國固儼然號稱立憲。且國會之開。距今不過兩年。則政黨之發生。在今日已相需甚殷。更遲焉。益恐不及事。今國中先覺之士。汲汲焉從事於此。誠知務也。自去冬以來。其以政黨之名義報部存案者。亦既三四。其將來影響如何。此治國聞者所亟欲知也。

立憲政體。固非藉政黨不能運用。然政黨尤必在立憲政體之下乃能發育。是故政黨所標之政綱。必以不搖動政事基礎爲界線。蓋凡行立憲政體之國。必有政治上種種共通之原則。爲舉國君民上下所公認。而凡活動於政界者。皆遵此原則而莫敢犯。故學者或稱憲法爲政黨之交戰條規。洵不誣也。若政府於此種原則漫無所知。或雖知之而敢於悍然犯之。則雖託名立憲而實與專制無異。既在專制政體之下。則人民所當有事者。其第一着惟在改革政體。而改革政體。決非堂堂正正之政黨所能奏功也。故政黨之爲用。恆遠不逮秘密結社。今中國之國民。實生息於專制政體之下。而非生息於立憲政體之下者也。此政黨之所以難成立。其原因一也。

復次。政黨之所以發生。必賴國中有多數人具政治上之智識。感政治上之興味。其人皆視國事如私事。確見夫一政策之得失。其利害實切於我躬。故其對於一切政治現象。恆留心觀察。絲毫不肯放過。聞先覺之士與之剖說政策利病。則聽之津津有味。而自己復略具判斷力。能聽言而擇所從違。夫如是。然後結集政見相同之人以爲一黨。故摶而不易散也。我國人政治思想太不廣被。能領略政治興味之人。舉國中殆稀如星鳳。此政黨所以難成立。其原因二也。

復次。政黨之所以發生。必由多數人欲達一公共之目的。而各自感其力量之不足。乃皇皇然求友求助。彼此皆有是心。則相倚以爲重。故當其既以公共之大目的相結集也。則私人之小目的。不攙雜乎其間。故常有私交極乖睽而同盡瘁於一黨者。亦常有私交極濃密而各投異黨以相爲政敵者。苟非有此精神。則强固之政黨。決不可得見矣。今我國政客。其眞能認實一公共大目的。死生以之者。雖不敢謂無其人。然其欲借政治活動爲達私人目的之一手段者。亦所在皆是。故陰險傾軋之風。所在皆是。而永久持續之團體。殆無可望。此政黨所以難成立。其原因三也。

復次。政黨之結集。其最要之條件。在得領袖一黨之人物。而凡能領袖一黨者。其人必須具有若干之資格。若德量也。學識也。才氣也。地位也。名譽也。皆其不可缺者也。今國中能具備以上之資格者。在朝在野。皆無一人。即或有人能具其一二。而其人又不肯投身於政黨。欲求如美國之遮化臣哈彌爾頓。如日本之大隈重信板垣退助其人者。杳然不可得。故欲組織政黨者。以失其中心點。而末由吸集分子。此政黨所以難成立。其原因四也。

準此以談。則欲我國政黨之成立。欲政黨能爲重於國家。其前途亦遼乎遠哉。願國中言政黨者。先措意於此諸點。而思所以排除其魔障也。